证据科学技术译丛/丛书主编：李玉基　郑志祥/丛书主审：魏克强　郭武

Forensic Plant Science
法医植物学

〔美〕J. H. 博克（Jane H. Bock）
〔美〕D. O. 诺里斯（David O. Norris）　著

张子龙　主译
孙红兵　主审
甘肃省证据科学技术研究与应用重点实验室　组译

科学出版社
北京

图字：01-2022-6574号

内 容 简 介

本书通过法医科学中常用的植物学研究领域，包括植物解剖学（第四章）、植物分类学（第六章）、植物生态学（第八章）及种子植物（如有花植物和针叶树），向读者介绍了基础植物生物学和植物法医学的相关内容、植物证据在法庭上的应用、植物学检材收集以及分析的流程。同时，本书还对基于植物 DNA 的法医学应用进展（第三章）、硅藻、花粉（雄性生殖细胞），以及孢子的法医学检验（第十章）进行了简要介绍。

本书适合于希望系统了解法医植物学的一线法医检验人员、现场勘验人员以及参与刑事科学技术的植物学家、生态学家等，并能够在一定程度上拓宽案件侦办的思路，起到推广法医植物学的作用。

图书在版编目（CIP）数据

法医植物学／（美）J. H. 博克（Jane H. Bock），
（美）D. O. 诺里斯（David O. Norris）著；张子龙主译；
甘肃省证据科学技术研究与应用重点实验室组译.—北京：科学出版社，2023.4
（证据科学技术译丛／李玉基，郑志祥主编）
书名原文：Forensic Plant Science
ISBN 978-7-03-075250-5

Ⅰ．①法… Ⅱ．①J… ②D… ③张… ④甘… Ⅲ．①植物学—应用—法医学—研究 Ⅳ．①D919

中国国家版本馆 CIP 数据核字（2023）第 047033 号

责任编辑：谭宏宇／责任校对：宁辉彩
责任印制：黄晓鸣／封面设计：殷 靓

科学出版社 出版
北京东黄城根北街 16 号
邮政编码：100717
http://www.sciencep.com

南京展望文化发展有限公司排版
上海锦佳印刷有限公司印刷
科学出版社发行 各地新华书店经销
*
2023 年 4 月第 一 版 开本：B5（720×1000）
2023 年 4 月第一次印刷 印张：15 1/4
字数：253 000
定价：130.00 元
（如有印装质量问题，我社负责调换）

Forensic Plant Science, 1st edition
Jane H. Bock   David O. Norris
ISBN: 9780128014752

Copyright © 2016 Elsevier Inc. All rights reserved.

Authorized Chinese translation published by China Science Publishing & Media Ltd. (Science Press).

《法医植物学》(第一版)(张子龙 主译)
ISBN: 9787030752505

Copyright © Elsevier Inc. and China Science Publishing & Media Ltd. (Science Press). All rights reserved.

No part of this publication may be reproduced or transmitted in any form or by any means, electronic or mechanical, including photocopying, recording, or any information storage and retrieval system, without permission in writing from Elsevier Inc. Details on how to seek permission, further information about the Elsevier's permissions policies and arrangements with organizations such as the Copyright Clearance Center and the Copyright Licensing Agency, can be found at our website: www.elsevier.com/permissions.

This book and the individual contributions contained in it are protected under copyright by Elsevier Inc. and China Science Publishing & Media Ltd. (Science Press) (other than as may be noted herein).

This edition of Forensic Plant Science is published by China Science Publishing & Media Ltd. (Science Press) under arrangement with ELSEVIER INC.
This edition is authorized for sale in China only, excluding Hong Kong, Macau and Taiwan. Unauthorized export of this edition is a violation of the Copyright Act. Violation of this Law is subject to Civil and Criminal Penalties.

本版由 ELSEVIER INC.授权中国科技出版传媒股份有限公司(科学出版社)在中国大陆地区(不包括香港、澳门以及台湾地区)出版发行。
本版仅限在中国大陆地区(不包括香港、澳门以及台湾地区)出版及标价销售。未经许可之出口,视为违反著作权法,将受民事及刑事法律之制裁。
本书封底贴有 Elsevier 防伪标签,无标签者不得销售。

注　意

本书涉及领域的知识和实践标准在不断变化。新的研究和经验拓展我们的理解,因此须对研究方法、专业实践或医疗方法作出调整。从业者和研究人员必须始终依靠自身经验和知识来评估和使用本书中提到的所有信息、方法、化合物或本书中描述的实验。在使用这些信息或方法时,他们应注意自身和他人的安全,包括注意他们负有专业责任的当事人的安全。在法律允许的最大范围内,爱思唯尔、译文的原作者、原文编辑及原文内容提供者均不对因产品责任、疏忽或其他人身或财产伤害及/或损失承担责任,亦不对由于使用或操作文中提到的方法、产品、说明或思想而导致的人身或财产伤害及/或损失承担责任。

证据科学技术译丛
编委会

丛书主编： 李玉基　郑志祥

丛书主审： 魏克强　郭　武

编　　委：（按姓氏笔画排序）

丁要军　史玉成　安德智

李玉基　郑志祥　郑永红

秦冠英　郭　武　魏克强

证据科学技术译丛为甘肃省级一流学科——证据科学学科建设特色成果之一。本书的翻译和出版得到了甘肃省科技重大专项计划项目(21ZD4FA032)、甘肃省高等学校产业支持计划项目(2020C32)、陇原青年创新创业(团队)人才项目(2020 RCXM 140)、兰州市科技计划项目(2021-1-134)、甘肃省重点人才项目(2022 RCXM 085)的支持。

丛 书 序

证据是"以审判为中心的刑事诉讼制度改革"的核心要素。证据科学是研究证据采集、物证鉴定、证据规则、证据解释与评价的一门证据法学与自然科学的交叉学科，其理论体系与应用研究是一个具有创新性和挑战性的世界性课题。证据科学是发现犯罪、证实犯罪的重要手段，是维护司法公正和公平正义的有力武器之一。随着科学技术的迅速发展和我国法治化进程的快速推进，我国证据科学技术研究、学科发展和人才培养取得了长足发展，国内专家也已出版多部证据科学技术领域的著作，并形成了一套相对完善的证据科学理论和方法体系。然而，相对欧美等国家对证据科学研究和应用，我国对于证据科学的研究仍处于起步阶段，对国外证据科学体系了解相对欠缺，在一定程度上限制了我国证据科学技术与国际前沿的有效衔接。为顺应学科交叉融合发展和司法实践需要，甘肃省证据科学技术研究与应用重点实验室以甘肃省级一流学科"证据科学"为依托，历时三年完成《证据科学技术译丛》系列丛书的编译工作，为我国证据科学技术注入了国外血液，有力推动了我国证据科学技术的发展与实践应用。

该译丛遴选了国外证据科学技术领域最前沿或影响力较大（多次再版）的经典著作，其内容涵盖了犯罪现场勘查技术、血迹模拟技术、枪伤法庭科学技术、文件检验技术、毒品调查技术、反恐程序与技术、火灾现场证据解读技术、网络及数字取证与调查技术、指纹技术、法医植物学、法医微生物学、法医毒理学、法医病理学、爆炸物识别调查与处理技术、法医影像技术、法医人类学、毒品物证信息解读技术、犯罪现场毛发和纤维、爆炸物和化学武器鉴定技术、法医埋葬学土壤分析技术、环境物证及犯罪心理学技术等多个领域。该译丛是我国第一套证据科学技术领域的译著，是一套物证信息解读技术研究与应用及我国法庭科学/司法鉴定高层次专业人才培养和科学研究工作非常有价值的国外参考资料，对推动我国证据科学学科发展、法学与自然科学的深度交叉融合发展具有十分重要的意义。该译丛汇集了领域多位知名专家学者的集体智慧,可供广大法庭科学/司法鉴定从业人员和相关研究人员借鉴和参考。

中国工程院院士,法医毒物分析学家

2023 年 1 月 16 日

译 者 序

植物是地球上最重要的生命形态之一,同时也是地球生态系统中最基础、最重要的组成部分。在整个地球生态系统中,植物无处不在且与人类活动息息相关,涵盖了人类衣食住行的方方面面。如果留心观察,在各类犯罪活动中也同样残留着各式各样的植物信息。例如:衣物鞋帽、交通工具上残留的植物碎片和组织;受害人胃肠道的食源性植物残留;呼吸道黏附的花粉(孢子)颗粒;溺亡时肺部吸附的硅藻等。

目前,法医植物科学作为一个新兴的交叉研究领域在国内还未受到广泛的关注,作为一名有着生物学专业背景且从事法医物证研究的工作者,深知其中的原因:首先,传统的法医植物学检验严重依赖于参与者的专业背景,植物界庞大的物种数量要求极高的专业素养;其次,国内一线刑事检验人员的整体数量不足,对于新手段、新技术的应用推广难度较大;最后,植物物证检验需要建立一整套标准的工作流程以及大量的样本采集工作。因此,在第一次读到这本书时就被书中的内容深深吸引。

为了使更多的植物学家、生态学家、现场勘验技术人员及其他有志于刑事科学技术的研究人员能够了解到更多的法医植物学知识,拓宽刑侦一线的技术人员的办案思路,笔者尝试开展翻译此书的工作,希望能够在一定程度上起到在国内推广法医植物学的作用。此书比较系统地简述了目前法医植物物证工作的各个关键环节,同时结合具体案件阐述植物物证需要注意的细节问题,具有十分重要的现实应用价值。

本书涉及知识面广,包括植物解剖学、孢粉学、植物生态学、植物分类学,以及人体消化系统等,翻译难度较大,幸得笔者法医植物学团队成员杨鑫和马丽英的帮助才得以顺利完成,在此表示衷心的感谢。感谢西南林业大学田斌教授、云南大学贾东瑞副教授给予本书专业方面的指正,同时还要感谢孙红兵主任多年的悉心教导,感谢甘肃省公安厅刑警总队和兰州市公安局刑警支队领导和同事对笔者初涉法医植物学的支持。由于笔者的专业知识和语言功底有限,翻译的语句有不到位之处,望予以批评指正,谢谢。

张子龙

2022 年 5 月,兰州

原作者传记

Jane H. Bock 博士

  Jane H. Bock 博士是科罗拉多大学博尔德分校生物学名誉教授。她在杜克大学获得学士学位,在印第安纳大学获得硕士学位,1966 年在加州大学伯克利分校获得博士学位。Bock 博士所学的专业都是植物学。她在博尔德从事种群生态学和法医植物学的教学、科研工作 30 多年。退休后,Bock 博士继续从事法医植物学研究,并在凶杀案中担任辩方或控方的专家证人,同时她还会定期讲学并出版著作。Bock 博士是美国法医学科学院(American Academy of Forensic Sciences)院士,是法医科学的创始成员之一,也是国际墓穴搜寻组织(NecroSearch International,NSI)和美国植物学会生态学分会的创始成员。

David O. Norris 博士

  David O. Norris 博士从事环境内分泌学和神经内分泌学研究 50 余年。他是科罗拉多大学(University of Colorado)整合生理学系的名誉教授。他在鲍德温·华莱士学院获得学士学位,1966 年在华盛顿大学获得博士学位。自 1982 年以来,Norris 博士与 Bock 博士合作开展法医植物学工作,主要研究利用胃肠道中的植物细胞协助凶杀案调查。Norris 博士与 Bock 博士参与了科罗拉多州以及多个州的犯罪调查。Norris 博士是科罗拉多州公认的专家证人。同时 Norris 博士与 Bock 博士还为刑事案件调查提供植物学证据方面的咨询。2014 年,Norris 博士当选为美国法医学科学院院士,同时他也是 NSI 创始成员之一。

原著序一

我很高兴收到老朋友、同事 Norris 和 Bock 的邀请,为他们所著的这本书写序。多年来我一直关注着 Norris 和 Bock,其中一部分信息是来自他们在我的植物学课上的演讲。因为人们总是着迷于刑事案件中科学原理的应用、观察及分析,因此我总是能够通过他们关于植物与犯罪的精彩演讲来得到帮助。

Jane H. Bock 和 David O. Norris 在运用科学原理协助侦破犯罪方面有超过 50 年的应用经验。他们融合了各自的学科专长,包括 Bock 的植物生态学和 Norris 的内分泌学,形成了令人印象深刻的基于犯罪现场、嫌疑人和受害者的植物证据收集、分析及解释的法医科学团队。因此,他们是法医植物学教科书撰写的不二人选。

作为一名植物分类学家,我拥有将植物解剖学和形态学、生态学、分子系统学和生物地理学的数据应用于基础科学研究的经验,我非常欣赏本书对细节的高度关注,特别是严谨地科学研究协助案件侦破。作为一名资深的植物标本馆馆长,我也知道,当本地执法部门要求协助解释植物学证据时,在专业上"游刃有余"是何等重要。这本书不仅能够帮助培训法医植物学领域新人,同时也将帮助有经验的植物学家和其他专业人士将植物学知识应用于犯罪调查工作。

2009 年,美国国家科学院报告批评法医学的研究现状,报告中指出,最主要的问题之一是在法医实验室、警察部门和司法管辖区缺乏标准程序。因此《法医植物学》的出版显得尤其及时。这本书将有助于解决法医学面临的困境,至少通过该书为读者提供:① 基础植物生物学和植物法医学的介绍;② 基于植物的实际案例证据如何在法庭上使用;③ 实用的检材收集操作手册,分析和解释各种各样的法医植物学证据。

Tom A. Ranker 博士
夏威夷大学玛诺阿分校植物学系教授
美国植物学会原主席

Foreword by Tom A. Ranker

I was delighted when I received a request from my long-time friends and colleagues Jane Bock and Dave Norris to write a foreword to this book. For many years now I have heard various bits and pieces about the court cases that Jane and Dave contributed to as scientists, partly from a number of presentations they gave to my botany classes at the University of Colorado. Since people are always fascinated to hear how the application of scientific principles, observations, and analyses can be applied to criminal cases, I knew that I could always rely on them to give stimulating talks about plants and crime.

Jane Bock and Dave Norris have over 50 years of combined experience of applying sound scientific principles to help solve real crimes. They have blended their scientific specialties of plant ecology (Bock) and endocrinology (Norris) to form an impressive forensic scientific team that gathers, analyzes, and interprets a wide array of plant-based evidence from crime scenes, suspects, and victims. Thus, they are ideally situated to write a textbook on forensic plant science.

As a practicing plant taxonomist with experience applying data from plant anatomy and morphology, ecology, molecular systematics, and biogeography to basic scientific research, I appreciate the great attention to detail provided in this book and, in particular, on the emphasis of doing excellent science to provide the best possible evidence to help solve crimes. As a long-time herbarium curator, I also know the importance of "knowing your stuff" when called upon by local law enforcement to assist with the interpretation of botanical evidence. This book will not only help train novices in the field of forensic botany but also will assist experienced plant scientists and other professionals to apply botanical knowledge to criminal investigations.

Forensic Plant Science is particularly timely in light of the 2009 report of the

National Academy of Sciences that decried the state of forensic science. One of the primary concerns expressed in that report was the lack of standard procedures employed across forensic labs, police departments, and jurisdictions. This book will help resolve this dilemma at least for plant forensic science by providing readers with (1) introductions to basic plant biology and the subdisciplines of botany needed for forensics, (2) actual examples of how plant-based evidence can and cannot be used in court, and (3) a critical "how to" manual for gathering, analyzing, and interpreting all sorts of botanical forensic evidence.

Tom A. Ranker, PhD, Professor
Department of Botany
University of Hawai'i at Mānoa
Past President, Botanical Society of America

原著序二

当被邀请为一本书写序时,你得到的好处之一是可以读到未经编辑的原稿,来帮你判断这是否是一本好书。

多年来,法医学家一直致力于协助司法体系确保法律的公平正义。Norris博士与Bock博士用他们在这一领域工作30多年的经验,写了一本11章并附有七个详细的附录和引用的著作。《法医植物学》为进一步提高法律工作者对植物科学的认知和应用,协助解决民事和刑事案件提供了丰富的信息,并借用此书,把他们丰富的知识财富与读者分享。

作者从第一章开始便用生动的案例和植物引起读者的注意,并指导读者在哪里可以找到证据和如何在法庭上呈现。

所有的照片和说明都精美详尽。附录和在线显微照片将是帮助收集和处理证据的宝贵工具。这本书不仅是对植物科学本身的系统阐述,而且也是一些与植物有间接关系问题的全面研究。这些资料将解决植物证据涉及的法律问题。

Norris博士与Bock博士探讨了过去、现在以及未来可能遇到的植物科学问题,并给予相应的解决方案。同时本书涉及多方面的信息,包括公众对法医学的看法和"犯罪现场调查效应",以及如何掌握植物科学和这样做的利弊。

在相对较短的几年里,DNA已成为权威的鉴定标准。植物也有DNA,这将有助于证据的发展。花粉和硅藻研究可以用来定位犯罪现场人员和物品。

作者还建议建立法医学专业协会,认可植物科学家对法医学的贡献,包括对法医学植物科学家的认证。

无论情况如何变化,植物科学的进步将继续为那些努力在法律体系中寻找真相的人带来有力的帮助。

值得祝贺的是,作者以一种简单的方式提供了如此多的信息供调查人员、律师和法官使用和理解。

希望读者能够享受本书的内容并从中汲取知识和力量。

Haskell M. Pitluck

巡回法院退休法官

伊利诺伊州前州长

美国法医学学会 1995—1996 年

Foreword by Haskell M. Pitluck

One of the perks you get when asked to write a foreword of a book is the galley copies of the unedited final draft to assist you to make an assessment which in this case is that this is a good book.

Forensic scientists have been working for years to assist our legal system in assuring that innocent people are not convicted and those who are guilty are convicted. Drs. Jane Bock and David Norris have used over 30 years of experience in their field to author a book of eleven chapters with seven detailed appendices and citations. *Forensic Plant Science* is packed with excellent information to further the knowledge and use of plant science forensically in assisting the conclusion of legal cases, both civil and criminal. Their combined knowledge is an asset that they are sharing in a well-organized fashion with their readers.

The authors capture your attention from the first chapter with a basic introduction of plants as well as interesting cases with direction as to where to find evidence and how to present it in court.

The photographs and explanations are excellent. The appendices and online photomicrographs will be valuable tools to aid in the collection and processing of evidence. This book is a comprehensive study of not only plant science itself, but also of issues not directly related to plants. The information will assist in preparing for a legal matter involving plant science evidence.

Drs. Bock and Norris discuss issues of plant science in the past, deal with present situations, and give insight into what may evolve in the future. Topics as diverse as the public's perception of forensic science and the "CSI effect" as well as how to get into the plant science field and the pros and cons of doing so. In a relatively few short years, DNA has become the standard for positive identification. Plants have DNA as well, which will aid in the development of evidence.

Studies of pollen and diatoms can be used to place people as well as items at a crime scene.

The authors also make a case for a forensic science professional society recognizing contributions by plant scientists to forensic science, including the certification of forensic plant scientists.

Whether or not that happens, the advances made in plant science will continue to bring a strong arrow in the quiver of those striving to find the truth in the legal system.

The authors are to be congratulated on producing a book that gives so much information in an uncomplicated way so as to be used and understood by investigators, attorneys, and judges.

Read it. Enjoy it. Learn from it.

Haskell M. Pitluck
Retired Circuit Court Judge, State of Illinois
Past President, American Academy of
Forensic Sciences 1995 – 1996

前　言

Norris 与 Bock 在博尔德作为年轻的助理教授一起教授普通生物学时就成了朋友。工作初期，我们享受教学乐趣的同时确定了各自的研究方向。Bock 致力于研究科罗拉多州的植物区系，Norris 建立了一个研究鱼类和两栖动物内分泌学实验室。Norris 有良好的植物学背景，Bock 通过野外工作了解蝾螈。Norris 发现 Bock 对动物生物学知之甚少，所以我们形成了一个教学团队，一个专注于植物学，另一个专注动物学。

Norris 在《普通生物学》中描述了人类的消化系统，而 Bock 对人类生物学一无所知。因此他们形成了 Norris 专攻人类消化系统，Bock 则研究食源植物解剖学的合作关系。Norris 的消化系列讲座是基于对 Big Wally 芝士汉堡的消化研究。Big Wally 的芝士汉堡效仿了一个知名的食品连锁品牌。Big Wally 这个名字是为了借用知名产品的广告效应进行宣传，同时避免因为商标权引起的纠纷。

秋季的一天，William（Ben）Galloway 医生打电话给 Bock，询问她能否为谋杀案受害者胃里的植物进行鉴定。而此时，Bock 已经从普通生物学研究转向植物解剖学和植物系统学研究，Norris 博士在从事比较内分泌学及相关学科工作。

由于 Galloway 所述案件的严重性以及我们对本案的贡献，当地警察部门开始关注我们的工作。Norris 与 Bock 参与成立了国际墓穴搜寻组织，这是一个寻找隐秘墓地的组织。Norris 与 Bock 选择加入美国法医科学院，多次在验尸官大会上发言，并从司法部获得了一笔小额拨款。在此之后，Norris 与 Bock 参与到科罗拉多州弗朗特山脉的植物学刑事调查中。合作之初，Norris 与 Bock 只鉴别自然界中的植物物种，受害者胃中的食源植物，并分享关于植物分布的生态学知识。随着时间的推移，Norris 与 Bock 工作的范围已大大增加。最初的案例只限于科罗拉多州，现在案例来源遍布美国甚至海外。

在工作中，Norris 与 Bock 制定了严格的工作程序，包括尽可能独立开展工作，然后汇总我们的发现。Norris 与 Bock 尽可能寻求达成意见一致。有时会因为专业的限制或工作需要,Norris 与 Bock 无法解释或没有时间接新案子。Norris 与 Bock 会优先考虑涉及儿童死亡和疑难案件,比如"你能从最后一餐中判断出凶杀案发生在哪里(在哪个司法管辖区)吗?"

为了让更多的人了解我们的工作,Norris 和 Bock 在全美以及英国、澳大利亚和新西兰的大学和科学会议作报告。Norris 与 Bock 在美国植物学会(Botanical Society of America,BSA)的会议,美国法医学科学院(American Academy of Forensic Sciences,AAFS)、科罗拉多州警察学院(Colorado State Police Academy)以及俄勒冈州警察法医学实验室(Oregon State Police Forensic Laboratory)开设了短期课程。特别感谢 AAFS 以及科罗拉多大学博尔德分校(University of Colorado,Boulder)对 Norris 与 Bock 最近的一次面向美国各地的高中教师课程的赞助。

当收到援助请求时,Norris 与 Bock 会从离犯罪现场较近的知名的植物学家那里寻求帮助。这些案例涉及分类学和生态学,其中有的还涉及木材解剖学鉴定。通常情况下,植物学家愿意帮助解决问题,尽管在少数情况下拒绝提供帮助,因为他们觉得美国的司法系统处理凶杀案的方式威胁到了他们的人身安全。

众所周知,胃肠道及体外残留的食源性植物细胞可以被识别。Norris 在一起强奸案中发现受害人衣服上粪便样本,并最终锁定犯罪嫌疑人。同时也可以从呕吐物样本中鉴定食源植物种类。Bock 负责人类学专业研究生的论文答辩,这些研究生研究的课题包括与植物细胞相关的木乃伊和早期户外厕所的粪便。这些研究可以揭示以前人类的饮食习惯。许多本科生曾在 Norris 与 Bock 的实验室从事与法医植物学相关的研究项目,而法医植物学一直是 Norris 在科罗拉多大学讲授法医生物学和实验课的一部分。Bock 也将这一课题纳入了她的植物学课程。

Norris 与 Bock 的案件调查工作有很多来源。早期只有懂电脑的刑事调查人员通过电脑向他们寻求帮助。现在由于 Norris 与 Bock 校友们的宣传以及《法医植物学》的出版,越来越多的人向他们求助解惑。

Norris 与 Bock 写这本书的目的首先是向法律界推广植物学证据的价值和作用。其次是鼓励对植物学感兴趣或受过植物学专门训练的人从事法医植物学。

Preface

Jane Bock and David Norris first became friends while teaching General Biology together as young assistant professors in Boulder, CO. We enjoyed teaching together as we set about establishing our research careers. Bock was preoccupied with learning the Colorado flora and Norris with establishing a lab where he could work on the endocrinology of fishes and amphibians. Norris had a sound background in general botany and Bock knew about salamanders from fieldwork. Norris discovered that Bock new very little about animal biology, so we formed a team teaching approach in which one did plant biology and the other covered the animals.

In General Biology, Norris described human digestion while Bock remained largely ignorant of human biology in general. A partnership was formed, Norris for human digestion and Bock for plant anatomy of food plants. Norris based his digestion lecture on human digestion of a Big Wally cheeseburger. Big Wally contents mimic those of a famous food chain's cheeseburger. Big Wally was born lest we run afoul of the big burger franchise by naming the lecture after their product.

One autumn day, Dr. William (Ben) Galloway called Bock to ask if she could identify food plant cells from a murder victim's stomach contents. By this time Bock had moved on from General Biology to teaching Plant Anatomy and Plant Systematics while Norris was teaching Comparative Endocrinology and related subjects.

Because of the notoriety to Galloway's case and our contribution to its solution, regional police noticed us. We became involved in forming NecroSearch International, an organization that continues to lead in the search for clandestine graves. Bock and Norris spoke at some coroners' conventions, wisely joined the

American Academy of Forensic Sciences and received a small grant from the Department of Justice. Soon they became associated with the general subject of botany by criminal investigators in the Front Range of Colorado. From the start of our collaboration we were asked to identify plant species in nature, food plant cells in the stomach of homicide victims, and share ecological knowledge concerning plant distributions. We continue to do this today, but the geographic distribution of our work has increased greatly. Our cases at first were from Colorado, but cases now come from other states and even outside the US.

Along the way we have developed working procedures including working independently when possible and then sharing our findings. We seek consensus whenever possible. Sometimes we are unable to answer questions or lack time to take on a new case because of other career demands. We try to give priority to child deaths and cases asking unusual questions such as "Can you tell from the last meal where (in what jurisdiction) the homicide took place?"

To spread information about our work, Norris and Bock have given lectures at colleges and scientific meetings throughout the US as well as in England, Australia, and New Zealand. We have given short courses at the conventions of the Botanical Society of America (BSA), the American Academy of Forensic Sciences (AAFS), and the Colorado State Police Academy as well as the Oregon State Police Forensic Laboratory. Especially rewarding was our recent course for high school science teachers from around the US that was sponsored by the AAFS and the University of Colorado, Boulder.

Sometimes when we receive requests for assistance, we solicit help from botanists of good reputation who are located nearer the crime scene. These cases involve questions of taxonomy and ecology and, in one case, identification of wood anatomy. We usually find people eager to help, although in a few cases people refused because they felt threatened by how our justice system deals with homicide investigations.

Of course, plant food cells can be identified past the stomach in the digestive tract and even outside the human body. Norris furthered our investigations by using crime scene fecal samples (on clothing) from a victim and a suspect in a rape homicide that inked that victim with a suspect. We also have identified food plants from vomitus samples. Bock serves on thesis defenses from Anthropology graduate students who study such subjects as plant cells associated with mummies and fecal remains from an old outhouse. Such studies can reveal dietary habits of people from past times. Numerous undergraduate students have worked in our labs on research projects related to forensic botany, and forensic botany has been a part of Norris's lecture and laboratory class, "Forensic Biology" at the University of Colorado. Bock integrated this subject into her botanical courses as well.

Bock's and Norris's investigative work comes from many sources. In the early work, computer literate police investigators sought help in some aspect of botany. In more recent times, word of mouth and alumni from Bock's and Norris's classes and our forensic publications have brought us inquiries.

An important goal Bock and Norris have for this book is to advertise to the legal community the value and efficacy of evidence from plant science. A second goal is to encourage those who have interest in or are trained in plant science to pursue forensic botany as a career.

致　谢

按照惯例,致谢时应该最后提及家人。虽然这种做法不合适,但我们还是首先对卡尔·E. 博克(Carl E. Bock)和凯·W. 诺里斯(Kay W. Norris)的耐心和支持深表感激。当我们全身心投入到案件或法医问题时,已经记不清有多少次毁了约定好的晚宴。这本书的内容描述了一些通常不适合在晚餐时谈论的话题。我们的女儿劳拉、萨拉和琳达身陷其苦,怨言满腹。但正是这些人让我们的生活变得真实和有意义。

我们还要感谢激励我们从事这项工作的人们:

William(Ben)Galloway 医生,一位指引我们开启犯罪调查之路的法医病理学家

Jack Swanberg,国际墓穴搜寻组织的创始人

Thomas Trujillo,博尔德市警探

Thomas Faure,前博尔德县验尸官

Tom(Grif)Griffin,科罗拉多州调查局(已退休)

Dorothy Sims 先生

Jose Baez 先生

Lawrence W.(Tripp)DeMuth 先生

与我们合作过的植物学同事包括:

Meredeth A. Lane 博士

William(Ned)Friedman 博士

Pamela Diggle 博士

Yan B. Linhart 博士

在实验室帮助我们的学生,尤其是:

Scott G. Clarke

Janessa(Jacobs)Jacarrith

Collin Knaub

Laura Young

Mark Norman

Adelita Mendoza

Ryan Kuenning

直接为本书撰稿的同事包括：

感谢 Meredith A. Lane 博士、Patrick Kociolek 博士和 Joshua Stepanek 提供扫描电子显微照片

感谢科罗拉多大学 Stephanie Mayer 在生态学和进化生物学方面的帮助

感谢 Deane Bowers 博士、Adrian Carper 博士和 Virginia Scott 在种子显微照片方面的帮助

感谢 *NecroSearch International* 的 Lee Reed 博士、William（Ned）Friedman 博士在照片上的帮助

感谢 Wendy Beth Jackelow 将我们的原图渲染成丰富多彩且有用的插图

特别鸣谢 Thomas Ranker 博士和 Hon. Haskell Pitluck 阁下为本书撰写序言

最后，同样要感谢我们的编辑 Josyln Chaiprasert-Paguio，感谢爱思唯尔学术出版社的项目经理 Lisa M. Jones，是她促成了本书的出版。

目 录

第一章 法医植物科学导论 1
1 植物科学简介 2
   1.1 种子植物 2
   1.2 种子植物细胞 3
2 早期植物科学历史 7
   2.1 植物药理及毒理学 7
3 植物中毒 8
   3.1 几种植物来源的有毒物质 8
4 植物来源的非法物质 18
5 20世纪的法医植物科学 20
6 我们的法医植物科学之路 21
参考文献 22

第二章 法医植物科学证据在司法实践中的适用性 24
1 美国法医科学现状 24
   1.1 公众认知问题："犯罪现场调查效应" 25
   1.2 现代法医科学问题 25
2 法庭裁决中的科学证据和专家意见 26
   2.1 衡量数据有效性的标准是什么？ 30
   2.2 客观的法医分析至关重要 30
   2.3 可重复性（Repeatability） 31
   2.4 法医界该如何回应？ 32
3 Daubert规则与法医植物学的联系 33
参考文献 33

第三章　法医植物科学证据的来源 …… 36
1　植物解剖学 …… 36
2　植物分类学 …… 39
　　2.1　双名法 …… 39
　　2.2　分类学证据的收集方法 …… 40
3　植物生态学 …… 41
4　遗传分析：脱氧核糖核酸的应用 …… 43
　　4.1　核 DNA …… 43
　　4.2　细胞核外 DNA …… 45
　　4.3　法医 DNA 分析 …… 46
　　4.4　DNA 条形码技术 …… 49
　　4.5　植物 DNA 的应用前景 …… 49
参考文献 …… 50

第四章　法医植物解剖学 …… 54
1　植物学常识 …… 54
　　1.1　植物种类 …… 54
　　1.2　开花植物细胞类型 …… 57
　　1.3　果实与种子 …… 67
　　1.4　木材 …… 67
2　人体消化系统 …… 70
　　2.1　人体消化和消化系统概述 …… 70
　　2.2　胃排空实验 …… 72
　　2.3　常见食源性植物 …… 78
3　植物细胞及人死亡时间认定 …… 78
4　消化道物质的收集和取样方法 …… 79
　　4.1　样本采集 …… 79
5　利用植物解剖学处理法医样本 …… 80
　　5.1　胃肠道样本的处理 …… 80
　　5.2　鉴定已知植物的准备工作 …… 80
　　5.3　已知胃肠道内容物中植物的鉴定和参考文献 …… 83

  5.4 粪便样本的处理 ……………………………………………… 84
  5.5 衣物上粪便或呕吐物的处理 …………………………………… 84
6 统计学在消化道内容物评估中的作用 ………………………………… 85
7 小结 ……………………………………………………………………… 86
参考文献 …………………………………………………………………… 86

第五章 使用植物解剖学证据的案例 ………………………………… 89
1 死亡时间认定与法医植物解剖 ………………………………………… 89
  1.1 男友没有杀人(The Boyfriend Didn't Do It) …………………… 89
  1.2 黑寡妇案(The Black Widow Case) ……………………………… 90
  1.3 里兹·波顿披萨(Lizzie Borden Style Pizza) …………………… 92
  1.4 小天使之死(Death of a Tiny Beauty Queen) …………………… 92
  1.5 机构配餐可以帮助确定死亡时间 ……………………………… 93
  1.6 虐待狂丈夫之死(Abusive Husband Gets the Axe) …………… 93
  1.7 识别食源性植物(Sometimes Plant-Derived Food Can Be Identified)
    ……………………………………………………………………… 94
2 法医植物解剖与隐秘墓穴 ……………………………………………… 95
  2.1 雪儿·埃尔德案:追根究底 …………………………………… 95
3 涉及粪便物质的案件 …………………………………………………… 96
  3.1 涉及"粪便印迹"的奸杀案(A Rape-Homicide Case Involving
    "Poo Prints") …………………………………………………… 96
  3.2 教堂"救济箱"抢劫案(The Church "Poor Box" Robbery) …… 98
  3.3 虐童指控(A Charge of Child Abuse) ………………………… 98
  3.4 利用粪便中植物来源分析并迫使嫌疑人认罪 ………………… 99
参考文献 …………………………………………………………………… 99

第六章 法医植物分类学 ……………………………………………… 101
1 植物分类学研究 ………………………………………………………… 101
  1.1 分类学野外工作准备 …………………………………………… 102
  1.2 样本采集 ………………………………………………………… 102
  1.3 植物鉴定 ………………………………………………………… 103
  1.4 识别的权限 ……………………………………………………… 104

1.5　忠告 ·· 106
参考文献 ·· 107

第七章　植物分类学案例 ·· 109
1　含有"兴奋类"物质的植物 ·· 109
2　有毒的信件 ·· 109
3　没有什么比在高尔夫球场开车更爽的了 ································ 110
4　苔藓不是草 ·· 110
5　燃烧的尸体 ·· 111
6　莫名其妙的想法 ··· 112

第八章　植物生态学 ·· 113
1　法医生态学概述 ··· 114
　　1.1　生态景观 ·· 115
　　1.2　陆地生态 ·· 118
　　1.3　水生环境 ·· 120
2　法医植物生态学调查的可用资源 ·· 120
　　2.1　生态学证据的收集、保存和鉴定 ······························· 121
　　2.2　生态资源 ·· 122
　　2.3　化学分析 ·· 123
3　植物生态学家的来源 ··· 123
参考文献 ·· 125

第九章　法医植物生态学案例 ······································· 127
1　利用植物碎片将嫌疑人与犯罪现场联系起来 ························ 127
　　1.1　受虐母亲之死 ·· 128
　　1.2　绑架及性侵女大学生案 ·· 129
　　1.3　她的车从未到过山里 ··· 129
2　利用法医植物生态学寻找隐秘墓穴 ······································ 131
　　2.1　Michelle Wallace 案：云杉针叶是定位的关键 ············ 131
3　法医植物生态学的其他用途 ·· 132
　　3.1　连根拔起的植物有助于时间的判定 ··························· 132
　　3.2　物候指标：佛罗里达州中部的植物分布 ···················· 133

3.3　案件审理中：公开调查 ·· 134
参考文献 ·· 134

第十章　法医植物科学的其他方法 ································· 135
1　孢粉学 ·· 135
　　1.1　花粉的生物学特性 ·· 136
　　1.2　法医孢粉学 ·· 139
　　1.3　花粉样品的采集与处理 ·· 144
　　1.4　花粉鉴定 ·· 145
　　1.5　涉及法医孢粉学的案例 ·· 145
2　硅藻 ·· 147
　　2.1　水体中硅藻样本的收集和制备 ······························ 150
　　2.2　法医硅藻学的相关案例 ·· 150
参考文献 ·· 151

第十一章　总结与展望 ·· 154
1　法医植物科学方法概述 ·· 154
　　1.1　植物解剖学 ·· 155
　　1.2　植物分类学 ·· 155
　　1.3　植物生态学 ·· 160
2　如何成为法医植物学家 ·· 161
　　2.1　科学和植物学培训 ·· 161
　　2.2　参与专业法医组织 ·· 161
　　2.3　法医分析中团队合作的重要性 ······························ 161
3　法医植物学的法庭实践 ·· 162
　　3.1　出庭作证前的准备工作 ·· 164
　　3.2　庭审过程 ·· 164
　　3.3　阻碍植物科学家参与司法调查的因素 ················ 165
4　21世纪的法医植物学 ·· 167
　　4.1　科学守则：法医工作者的职业准则 ···················· 168
　　4.2　美国国家科学院建议 ·· 168
5　将法医植物学作为法医学和植物学的一个分支 ········ 170
　　5.1　建立法医植物科学组织的必要性 ·························· 171

参考文献 ………………………………………………………………………… 172

附录Ⅰ 解剖分析所需的材料 ……………………………………………… 174
附录Ⅱ 用于复合光学显微镜镜检胃肠道标本或新鲜/冷冻/煮熟的食品样品的载玻片制备技术 ……………………………………………… 177
1. 胃肠道样本的制备程序 …………………………………………………… 177
2. 镜检片的制备程序 ………………………………………………………… 177
3. 制备永久玻片的程序 ……………………………………………………… 178
   3.1 准备永久玻片 ………………………………………………………… 179
4. 观察前对植物材料进行染色 ……………………………………………… 180
5. 对新制备的切片进行染色及将新鲜玻片制作成永久切片 ……………… 181
6. 用复合显微镜检查载玻片 ………………………………………………… 181
7. 用双目解剖显微镜检查材料 ……………………………………………… 182
附录Ⅲ 使用显微镜精确测量 …………………………………………… 183
附录Ⅳ 制备植物细胞显微镜检查用的溶液组成 ……………………… 185
1. 复方碘溶液（鲁氏碘液） ………………………………………………… 185
2. 番红O溶液 ………………………………………………………………… 185
3. 甲苯胺蓝溶液 ……………………………………………………………… 185
4. 乙醇溶液 …………………………………………………………………… 186
5. 清洁剂 ……………………………………………………………………… 186
6. 福尔马林溶液 ……………………………………………………………… 186
附录Ⅴ 粪便和呕吐物检验方法 ………………………………………… 188
1. 粪便 ………………………………………………………………………… 188
2. 呕吐物 ……………………………………………………………………… 188
附录Ⅵ 用显微镜检查浸渍木材样品 …………………………………… 189
附录Ⅶ 植物名录 ………………………………………………………… 191

主题词表 ……………………………………………………………………… 194
方言名表 ……………………………………………………………………… 202
科学名表 ……………………………………………………………………… 206

第一章

法医植物科学导论

由于电视节目等媒体的影响,犯罪相关的"法医"一词已被公众所熟知。法医科学涉及两个方面:一是理论层面,主要是专业院校的法医科学俱乐部举办的辩论及演讲。但就实际工作而言,法医科学广泛涉及法律有关的事务。因此,法医植物科学的定义是植物证据在法律问题上的应用。有趣的是,目前对法医科学的争论还在继续,并有愈演愈烈之势。

我们写这本书的目的是阐述几个过去很少受到关注,但在法医科学中可能特别有用的植物学研究领域,包括植物解剖学(第四章)、植物分类学(第六章)、植物生态学(第八章)及种子植物(如有花植物和针叶树)。本书的研究、教学和案例都集中在这些领域。此外,植物遗传分析的最新进展为基于植物 DNA 的法医学应用带来了新的手段(第三章)。最后,硅藻和花粉(雄性生殖细胞)以及孢子的检验也成为法医学检验的工具(第十章)。

虽然我们主要研究命案,但植物科学在强奸、入室盗窃及其他犯罪活动的法医分析中也十分有用,我们将在后面的章节中描述。例如,可以通过分析胃肠道内容物的植物细胞种类来帮助确定死亡时间;木材的识别与比较可以帮助确定嫌疑人;鞋底(图 1.1)、衣服及附着在车辆上的植物碎片,可以将嫌疑人或受害者与特定地点联系起来;植被分析可以帮助确定尸体的位置或隐秘墓穴;硅藻不仅可以用来验证受害者是否溺水,也可以用来描述地域特征;不同种类的花粉可以帮助确定受害者被害的时

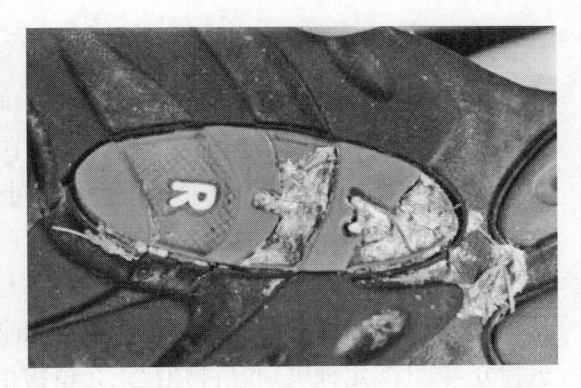

图 1.1 可疑人员鞋底嵌有植物碎片。识别这些植物碎片可以将嫌疑人与特定地点联系起来(照片由原作者提供)

间和地点,并将嫌疑人与犯罪现场联系起来。

在接下来的章节中,我们将为法医学家、犯罪调查人员和法医学专业的学生介绍如何使用植物学的相关知识进行工作,如何上庭质证,以及如何降低成本。我们希望致力于实践应用的植物学家和学生能因此书而在日后的法医检验工作中受益。首先,我们简述植物科学以及法医植物学。

1　植物科学简介

植物科学是生物学中研究植物的一个分支。关于什么生物应该被称为植物,人们还没有达成共识。在本节中,我们将主要讨论种子植物,大部分的种子植物能进行光合作用。在过去的几十年里,植物科学(plant science)比它的前身植物学(botany)更加容易被人所接受。植物科学已成为公认的用于植物研究的术语。随之而来的便是植物学这一名词出现得越来越少。也许,植物学家这一称谓会让人联想起采摘植物的人,那些研究植物的生物学家和生化学家在被称为植物学家而不是植物科学家时,会感到自己的地位降低了。植物泛指一大类生物体,从单细胞个体到大型生物体,包括:藻类、苔藓、蕨类、裸子植物及开花植物或被子植物。种子植物仅指能产生种子的裸子及被子植物。我们重点介绍陆地景观生态中占优势地位的种子植物,以及其他具有法医实践意义的生物群体。

1.1　种子植物

众所周知,种子植物有三个器官:根、茎、叶(图1.2)。这些器官比脊椎动物(相对于棘皮动物、软体动物、扁形动物、环节动物、腔肠动物等无脊椎动物而言)的结构更简单。花是被子植物中由植物叶演变而来的生殖结构。花的一部分会发育成一到多枚的果实。在结构上,裸子植物和被子植物的茎和根之间有许多相似之处。针叶树的生殖结构称为球果。

就法医工作而言,我们仅能通过植物解剖学的手段来处理植物样本。通过植物分类学(鉴定种属)和植物生态学(植物相互作用)来解决法医问题。当处理完整植物的器官时还要考虑植物生理学和植物地理学等其他因素。研究植物形态的科学称为植物形态学。植物形态学与动物学家所说的"解剖学"含义相

第一章 法医植物科学导论

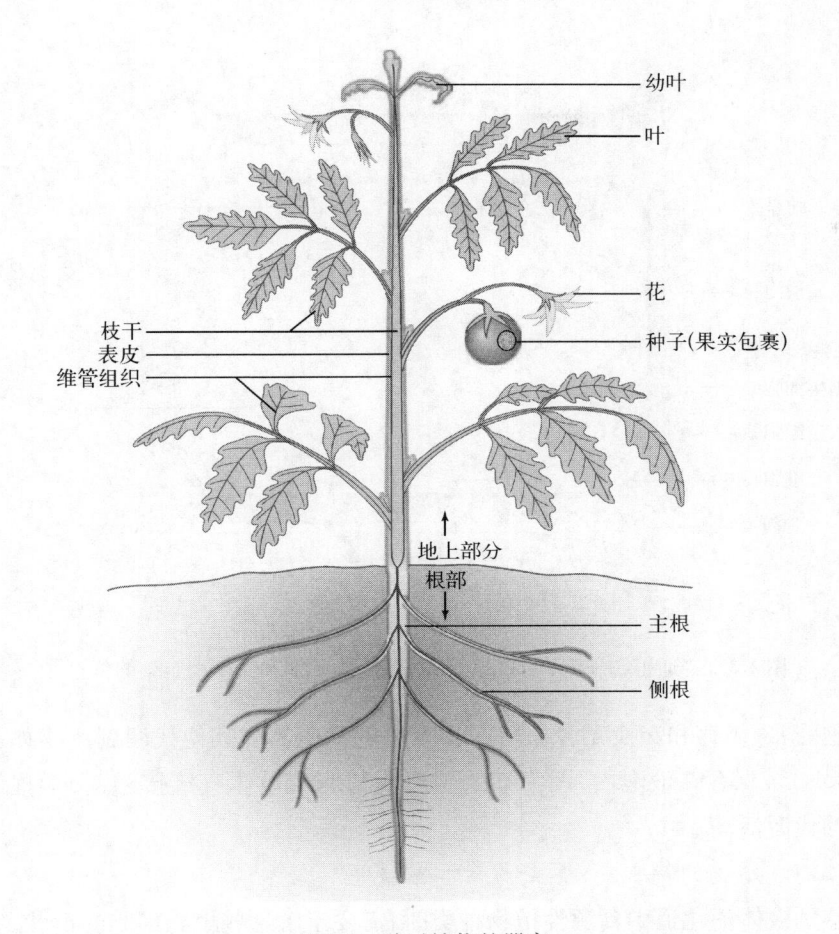

图 1.2 种子植物的器官

同。关于此领域的详细信息可以查阅相关文献获得（如：Mauseth，2012；Raven et al.，2012）。

1.2 种子植物细胞

植物解剖学在凶杀案调查中的成功运用是基于对食源性植物细胞结构的了解（大部分是被子植物）。和动物细胞一样，植物细胞的活性物质——原生质体被细胞膜包裹着。植物细胞原生质体（protoplast）内包含细胞核（nucleus）、线粒体（mitochondria）、高尔基体（golgi apparatus）和核糖体（ribosomes）等细胞器，以及植物细胞特有的叶绿体和液泡。液泡是原生质体内由特异的液泡膜包裹形成的（Marty，1999）（如图 1.3 所示）。液泡具有多种功能，在活细胞中，它们是维

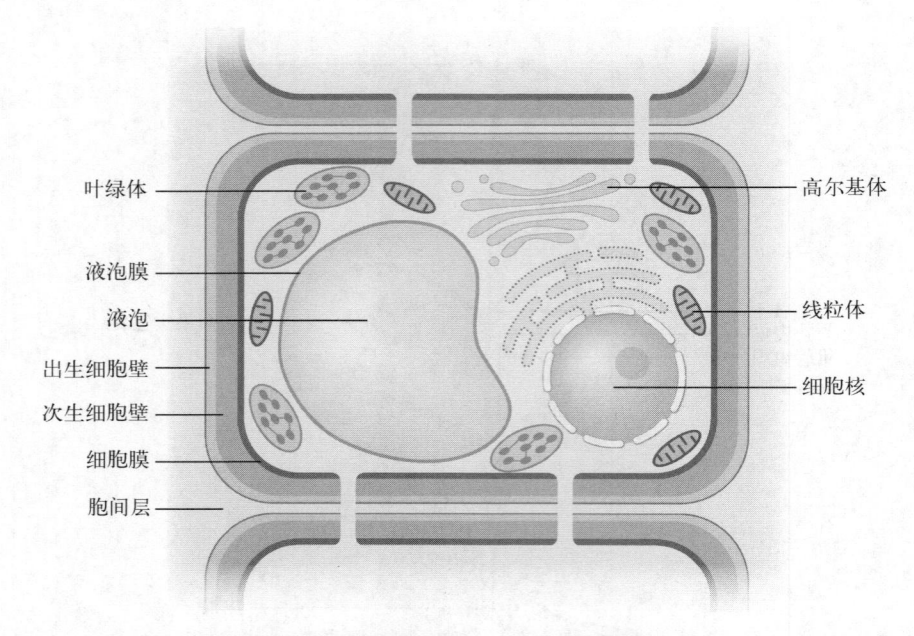

图 1.3 普通植物细胞。注意胞间层、初生细胞壁和次生细胞壁的位置

持细胞膨胀、储存和交换光合作用产物重要的细胞器。其他代谢副产物如晶体（crystals）被保存在液泡内，因为如果副产物与原生质体直接接触，会干扰细胞正常的代谢活动。

1.2.1　植物的特有成分：纤维素和细胞壁

鉴别人体消化道中食源性植物种类时，需要了解这些植物细胞的形状、大小以及它们是如何出现在消化系统中。和许多非种子植物的细胞一样，种子植物的细胞被细胞膜外坚韧的细胞壁包裹着，而非动物细胞的细胞膜那样直接裸露在外。

下文基于种子植物进行阐述。

当植物细胞分裂并形成两个新细胞时，第一层形成于细胞膜的外部，被称为胞间层（图1.3）。这是在细胞分裂时形成的，并将分裂的细胞连接在一起。它的主要化学成分是果胶（pectin）、多聚糖（polysaccharide）及其他成分，用于提供黏合植物细胞的黏合剂。

第二层细胞壁称为初生细胞壁，在胞间层的内部形成（图1.3）。它的主要成分是纤维素（cellulose）及一种复聚糖$(C_6H_{10}O_5)_n$（图1.4）。因此，纤维素是以独特方式将葡萄糖单元连接在一起，这种方式使纤维素非常耐分解。

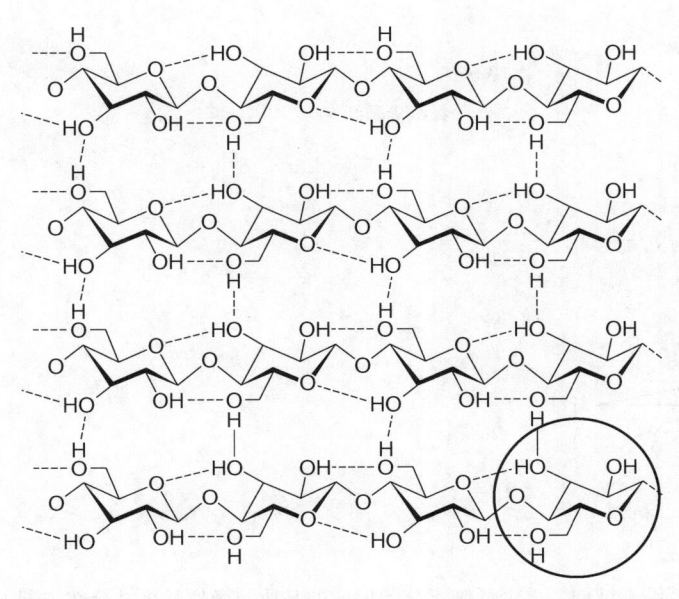

图1.4 通过氢键(H—OH)连接葡萄糖分子的纤维素总体结构(圆圈表示一个葡萄糖分子)

成千上万的纤维素分子串联起来,形成细链或微纤维(图1.5)。这些微纤维以篮子编织的形式相互缠绕。其他分子附着在纤维素链上,增加细胞壁的强度。初生纤维素细胞壁像胞间层一样,保留了一定的活性,它的多孔特性允许在细胞间进行物质交换。这时,新生细胞可以扩展。

一旦初生细胞壁完成扩展,其大小和形状将不再发生变化。形成初生细胞壁的植物细胞可以继续分化为特殊功能的细胞。只有胞间层和初生细胞壁的细胞称为薄壁细胞(parenchymal cells)。它们构成了植物体的大部分结构。薄壁细胞具有多种功能,包括光合作用(photosynthesis)、转运(transport)和储存光合产物,同时,它们也参与土壤与植物体之间水和矿物质的交换。一些薄壁细胞分化成功能细胞,如有超厚细胞壁并柔韧的厚角细胞。芹菜丝就是由厚角细胞组成的(参见第四章)。

一旦细胞停止增大,就会形成次生细胞壁(secondary cell wall)。次生细胞壁在初生细胞壁内部形成。部分植物的次生细胞壁主要由纤维素形成,分散在纤维素微纤维中的木质素分子会增加次生细胞壁的强度。次生细胞壁的细胞通常在成熟后死亡,增加植物的强度和硬度。次生细胞壁木质化的细胞

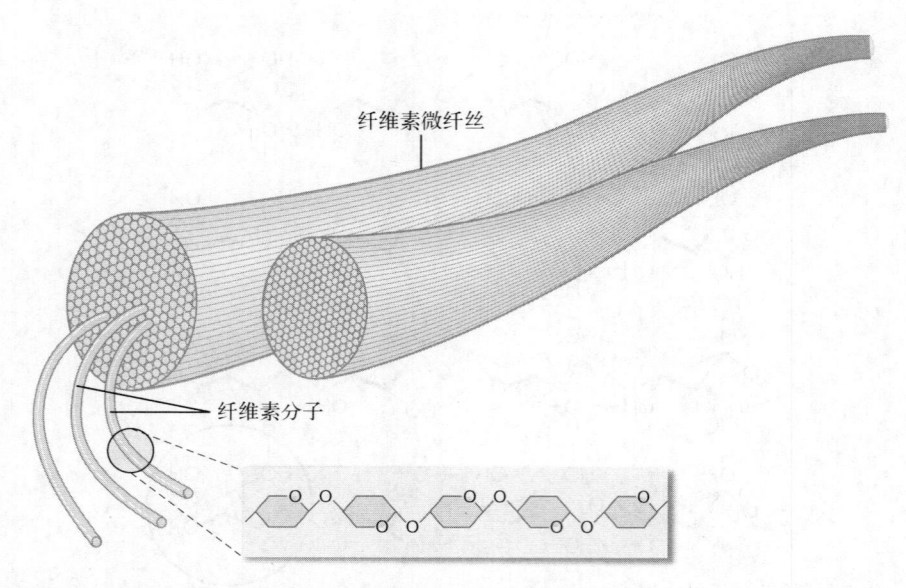

图1.5 纤维素结构。单个纤维素分子形成的基质与微原纤维结合在一起。其他分子可以添加到微纤维中。

称为厚壁组织。

纤维素在包括冷冻、干燥、蒸煮以及烘干等大多数条件下都能保持其形状和大小。这就意味着植物细胞可能在不同烹饪方式下保持其独特的形状。但是剧烈地研磨或焚烧会破坏纤维素细胞壁。

由于纤维素是由独特的葡萄糖聚合结构组成的,使得人类和大多数动物无法在体内消化纤维素。然而,某些微生物可以消化纤维素,其中包括在白蚁肠道和反刍动物如牛的瘤胃中发现的微生物。人体消化系统无法消化多数植物细胞的细胞壁,因而植物细胞可以保持原有形状和大小。但食源性植物的细胞壁是多孔结构,消化酶可以进入原生质体内部消化细胞内容物。虽然人类学家很早就通过鉴定古代人类胃肠道化石中和粪便内容物的植物细胞,重建了古代人类的饮食特征。但直到二十世纪后半叶,胃内容物和粪便中植物样本的鉴定才被用于刑事案件的侦破工作(见第五章)。

纤维素有助于人体"高纤维饮食"的构建。木材主要由纤维素组成,纸张和硬纸板也是如此。虽然我们通常不食用木材以及木制品,但一些所谓的"高纤维"食品的纤维素含量已经被不法商贩通过添加木屑人为提高了,因此有时会在人体内发现木屑成分。人类无法消化纤维素,因此在饮食中添加木屑以减少热量摄入的做法不建议使用。然而在食品加工中,木屑会被添加到一些预先包装的奶酪碎块中,以防止奶酪粘连。

2　早期植物科学历史

植物最早是应用于农业和医疗方面。人类很早就尝试使用植物作为食物来源,而另一些有毒性但具有治疗和止痛作用的植物则用来治疗疾病。最早的法医植物学著作记载了部分植物的药性和毒性。事实上,植物衍生毒素在犯罪领域有着悠久的使用历史。

2.1　植物药理及毒理学

通过不断地尝试,人类很早便掌握了植物在镇痛、治疗某些疾病、植物中毒以及解毒等方面的知识,这些知识代代相传。目前,仍有超过75%的世界人口依赖草药(Simpson and Ogarzaly,1995)来治疗疾病。北美的许多化学合成药物的主要成分最初都是从植物中提取而来的(Simpson and Ogarzaly,1995)。但在美国,只有大约10%的《美国药典》内容与植物直接相关。

关于植物的用途不仅在梵文中有大量的记载,在中国古代医学著作中同样也有相关记录。中国上古炎帝神农(公元前3245年—公元前3080年)采集了1 000多种草药,并亲自尝试以确定它们的疗效和毒性。神农可能死于服用过量的有毒植物(Magner,1992)。1998年Simoons描述了不同时期及地区出现的中毒现象,其中包括古埃及、希腊和罗马。

希波克拉底誓言(Hippocratic Oath)源于公元前400年左右。它至今仍是许多美国医疗从业者所遵循的职业道德标准。如今,大约60%的美国医学院在授予医学博士学位时还沿用这一标准(Jhala and Jhala,2012)。旧版的希波克拉底誓言虽然禁止医生在治疗中使用毒药,但现代修订的版本中除了在警告中"不造成伤害"有所体现以外,没有出现禁止医生使用毒药的内容。或许禁止使用毒药的这一规定与许多用于治疗的高浓度药物可能致命有悖。尽管如此,在十九世纪中期和二十世纪初,随着对砷等金属毒物化学检测技术的改进,在命案中使用植物源毒物的情况变得更加普遍,医疗从业人员也经常使用(Blum,2011)。

3 植 物 中 毒

在中世纪,重金属(如锑、砷等)在意外中毒和谋杀案中频繁出现。许多活性毒物成分极易获得。砷被称为"继承粉",因为它经常出现在财产继承相关案件中。然而,到了十九世纪,化学家开发出了检测这些毒物的方法,有效地降低了其在犯罪中的使用频率。尽管许多植物毒素很早便为人熟知并运用到医疗方面,但直到二十世纪初,生物碱和其他来自植物的化学物质才取代重金属毒物成为毒杀案件的首选手段。

目前,植物毒素及其衍生物仍在法医植物调查中发挥着重要的作用。在现代医学著作和一些江湖偏方中,植物毒素被用来治疗重症,但过度使用这些植物成分可能致命。一个植物中毒的例子是饮用者饮用了白蛇根草(*Eupatorium rugosum*,菊科)喂养的印第安纳奶牛的牛奶。这种被称为"牛奶病"的疾病夺去了亚伯拉罕·林肯(Abraham Lincoln)的母亲 Nancy Hanks Lincoln——那个一直负责教导他的人的生命。Lincoln 说(Holland,1866):"无论我是谁,或将成为谁,我都感谢我天使般的母亲——永远怀念她。"Carlier 等(Carlier et al., 2014)指出,因人类使用或食用植物而中毒的情况仍然很常见。

3.1 几种植物来源的有毒物质

我们选择了一些熟知的植物毒素来进行具体阐述,其中包括:生物碱、苷类和外源性凝集素。所有这些植物毒素在古代都被用于治疗某些疾病,并且许多种类植物毒素至今仍在使用。Levine 等对植物毒素中毒的一般症状进行了总结(Levine et al., 2011)。

3.1.1 生物碱

生物碱(alkaloids)是一类含氮的碱性化学物质。它们主要由碳(carbon)、氢(hydrogen)、氮(nitrogen)组成,并可能含有硫、氧,小部分生物碱含有氯(chlorine)、溴(bromine)、磷(phosphorus)等元素。

3.1.1.1 秋水仙碱

希腊人和罗马人喜欢的一种植物毒药是来自一类统称为鸢尾(秋水仙属,鸢尾科)的植物。这类植物是秋水仙碱的主要来源(图 1.6)。目前,秋水仙碱仍被少量用于痛风、关节炎及便秘型肠易激综合征的治疗。秋水仙碱（colchicine）是一种公认的细胞分裂抑制剂。它来自鸢尾的球茎和种子。误食秋水仙碱很可能致命，因为目前尚无特效解药。在服用致死剂量的秋水仙碱后的 24~72 h 内，人体多器官会发生功能性障碍。科罗拉多州曾发生了一起秋水仙碱中毒事件，事件的起因是一名小偷看错了他从医生保险柜内偷来的药瓶上的标签，之后他在服用这些药片后死亡（Bock 亲自观察）。

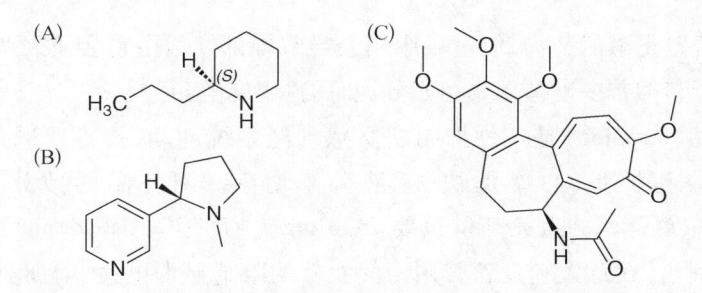

图 1.6　生物碱毒素：（A）毒芹碱；（B）尼古丁；（C）秋水仙碱

3.1.1.2　毒芹碱

另一种从古希腊时期起就被人熟知的有毒植物是毒参（*Conium maculatum* L.），属伞形科。在古希腊，被判处死刑的重要人物可以选择服刑的方式。苏格拉底（Socrates）选择饮用毒参制成的茶来服刑。他忠实的学生柏拉图（Plato）目睹了他的服刑过程，并详细记录了 Socrates 中毒反应各个阶段的特征（Gallop，2009）。Plato 的记录符合现代医学对毒参中毒症状的描述（Lewis and Elwin-Lewis，2003）。毒参的活性成分是毒芹碱（coniine）（图 1.6），食用毒芹碱后会引起呼吸肌麻痹，甚至死亡。毒芹碱的致死剂量约为 100 mg（即 60 kg 体重的成人每 kg 体重 1.6 mg），相当于 6 至 8 片毒参叶片中活性物质的含量。毒参广泛分布于北半球，因此每年都有少数中毒事件发生。

3.1.1.3　莨菪碱

茄科中致命的植物有颠茄（*Atropa belladonna*）、被称为"疯草"的曼陀罗（*Datura* spp.）、木曼陀罗（*Brugmansia* spp.）以及天仙子（*Hyoscyamus niger*），这些植物是莨菪碱、东莨菪碱、阿托品这几种致幻剂和潜在致死剂的来源植物（图 1.7）。当然除此之外，茄科还有我们熟知的马铃薯和西红柿等食用性植物。

东莨菪碱（scopolamine）具有抗抑郁、抗恶心效果。它是抑制副交感神经系

图 1.7 莨菪碱的分子结构。(A) 阿托品；(B) 东莨菪碱；(C) 莨菪碱

统冲动和抗蕈毒碱的药物，但过量服用会导致抑郁。服用它会使人产生不适的幻觉。东莨菪碱曾一度被用作孕妇分娩时的"半麻醉药"。

阿托品(atropine)是一种抑制副交感神经系统冲动、抗毒蕈碱的药物，服用后可使瞳孔扩张、心率加快、唾液分泌增多。阿托品的致死剂量超过 10 mg，而东莨菪碱的致死剂量只要 2～4 mg。"莨菪"(belladonna)这个名字源自意大利语，在意大利莨菪曾用于使女性的眼睛显得更大，增加对男性的吸引力(bella)。

莨菪碱(hyoscyamine)是阿托品的左旋异构体，也是合成东莨菪碱的前体。其作用类似于东莨菪碱和阿托品。莨菪碱主要存在于天仙子属植物中，该属植物在叶子和种子中富集莨菪碱(图 1.8)。

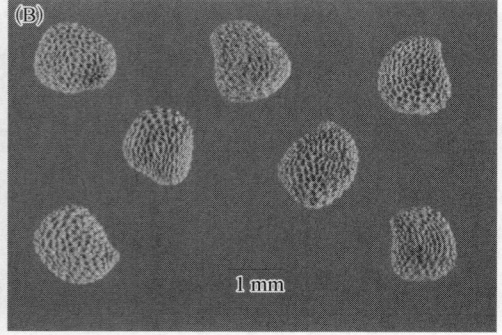

图 1.8 （A）致命的颠茄，*Atropa belladonna*（图片由 Kurt Stüber 提供，图片源自 www.biolib.de.caliban.mpizkoeln.mpg.de/mavica/index.html）；（B）天仙子，*Hyoscyamus niger*（图片由美国农业部 Steve Hurst 提供）

导致最多中毒事件的茄科植物也许是曼陀罗。早在 20 世纪 60 年代，Carlos Castaneda 在多部著作中就将这种植物作为案例植物进行讨论（http://en.wikipedia.org/wiki/Carlos_Castaneda）。曼陀罗具有极强的致幻效果，同时极易致命。

3.1.2 其他生物碱

3.1.2.1 士的宁

士的宁(strychnine)是马钱子碱的化学品名(图1.9A),它是一种能阻断骨骼肌胆碱能受体的强效神经毒素。士的宁的致死剂量为32 mg/kg,过量服用会导致呼吸肌肉麻痹,引起窒息和死亡。士的宁通常来自原产于印度南部的马钱子(*Strychnos nux-vomica*)种子,以及原产于菲律宾的同属的攀缘灌木吕宋豆(*Strychnos ignatii*)。在欧洲,从17世纪开始它就一直被用作灭鼠药,因此人类意外中毒事件时有发生。据推测,1905年利兰斯坦福大学的联合创始人Jane Stanford就死于士的宁中毒(Cutler,2003)。士的宁极有可能会被用于谋杀。有人认为,公元前323年Alexander中毒身亡的原因就是服用了士的宁(Phillips,2004)。然而,由于士的宁中毒的症状明显且易于检测,所以在当今士的宁很少被用于谋杀。尽管如此,在1990年圣地亚哥Sue Morency非正常死亡案件中,因为受害人体内的士的宁浓度是致死剂量的4倍,所以Morency的丈夫被指控犯有杀人罪(Bellandi,1990)。

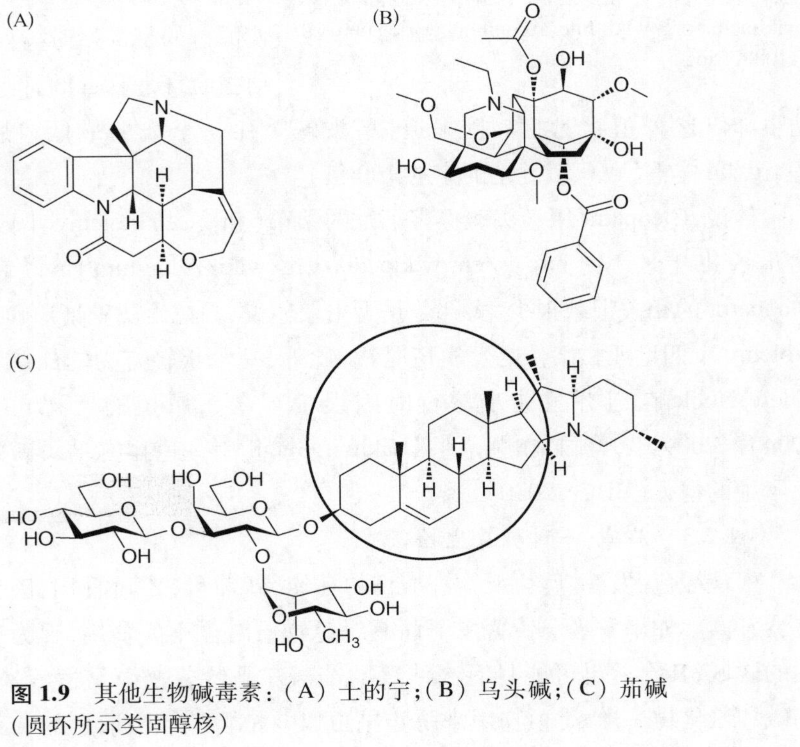

图1.9 其他生物碱毒素:(A)士的宁;(B)乌头碱;(C)茄碱(圆环所示类固醇核)

3.1.2.2 乌头碱

乌头碱（aconitine）（图 1.9B）来源于俗称附子的乌头属 250 种植物（图 1.10）。这类植物的所有部分都有剧毒，尤其是根部。在古代这类植物除了用于治疗某些疾病之外，在中国、日本、阿留申群岛等国家地区它还被用来制作狩猎和战争用的毒箭。

乌头碱能有效地打开钠离子通道，使肌肉和神经元不再极化。因此，乌头碱可引起室性心律失常从而导致死亡。同时乌头碱还可以穿过血脑屏障，产生神经效应。在早期的欧洲，乌头碱的用途之一是猎杀狼，因此，这种植物有了另一个响亮的名字——狼毒。乌头碱的致死剂量约为 32 mg/kg。令人惊讶的是，尽管这种植物对许多动物而言是有毒的，但多数蛾类的幼虫却以这种植物为食。据报道，乌头碱杀死一个人的最低口服剂量仅为 29 μg/kg 体重（致死率是士的宁的 100 倍）。

图 1.10 附子，彩斑乌头（图片由德国 Bernd Haynold 先生提供，来源于 http://commons.wikimedia.org/wiki/File:Aconitum_variegatum_110807f.jpg.）

传说，Cleopatra 用乌头碱毒害了她的弟弟（和丈夫）Ptolemy 十四世，并将她的儿子推上王座（http://en.wikipedia.org/wiki/Aconitum）（译者注：关于 Cleopatra 的相关记载很少，大部分是野史及传说，因此无法查证原作者所述关于 Ptolemy 十四世死亡案件的真实情况）。此外，一个年轻有为的加拿大影视演员 Andre Noble 在纽芬兰徒步旅行时因误食了乌头属植物后死亡（Gallagher, 2004）。2009 年，英国"咖喱杀手" Lakhvir Singh 用一道掺有乌头碱的咖喱菜杀死了她的情人（BBC, 2010）。

3.1.2.3 茄碱，一种糖苷生物碱

出现绿色、发芽、腐烂或物理损伤的马铃薯（茄科）不可食用，因为其茄碱浓度会升高。如果发现马铃薯皮下面有绿色物质时也不应食用，因为这是茄碱富集的区域，其附近也可能具有高浓度的茄碱。马铃薯变绿是过度暴晒的结果。茄碱和氰化物一样，是植物用来防止昆虫以及植食性动物取食的一种自我保护

机制。在食源性植物中含量较低,如茄子和青椒。

在美国,每个成年人每年大约消耗 65 kg 马铃薯。据证实,许多中毒和少量死亡案例与摄入富含茄碱和卡茄碱的马铃薯有关(Morris and Lee, 1984;表 1.1)。这些化学物质会导致神经功能障碍、呕吐和腹泻。此类化合物在多数马铃薯中含量低于 5 mg/kg。茄碱和卡茄碱浓度为 14 mg/kg 时,马铃薯会产生苦味,当浓度升高至 20 mg/kg 时,可使口腔和喉咙有灼烧感。

表 1.1　富集茄碱和卡茄碱的马铃薯在人体中的毒性效果[a]

受测组	马铃薯种类	消耗量	TGA[b]浓度 (mg/kg bw)	估计毒性剂量 (mg/kg bw)	效果
56 名士兵	去皮,煮熟 (生食)	1~1.5 kg	24(38)	3.4~5.1	痊愈
60 名成年人,1 名儿童	马铃薯	500 g? 200 g?	41	3.4 4.5(致死)	致死剂量痊愈 (5 岁)
7 组家庭	绿化的马铃薯	?	?	?	致死 2
50~60 名塞浦路斯人	根、叶	?	27,49	?	致死 1
囚犯	经验	?	?	2.8	痊愈
儿童	马铃薯泥	?	?	?	致死 1
4 组家庭成年人	带皮烤制马铃薯	1~3 个马铃薯,150~450 g	50	1.2~3.2	剂量内自愈
78 名在校男学生	不新鲜的马铃薯	2 个小马铃薯 200 g	25~30	1.4~1.6	3 人昏迷,均痊愈;年龄小的更易受影响
阿尔伯塔 61 名在校学生	烤制马铃薯	200 g	49	2.5	痊愈

? 不确定
[a] 选自 Kuiper-Goodman, T. and Nawrot, P.S. Solanine and Chaconine. http://www.inchem.org/documents/jecfa/jecmono/v30je19.htm.
[b] TGA,有毒的糖苷生物碱

3.1.3　苷类(glycosides)

糖苷是由一个糖分子(saccharide)和一个化学功能基团形成的,连接它们的糖苷键通常通过氧、硫或氮原子形成。例如,带有硫键的糖苷就是硫代糖苷。

3.1.3.1　地高辛(digoxin),一种强心苷(cardiac glycoside)

茄科中有毒或药用物种的数量仅仅是植物界中的冰山一角。毛地黄属(*Digitalis* spp.)约有 20 种植物。地高辛(图 1.11)是从毛地黄属中提取的一种强心苷,通常被称为洋地黄(digitalis)。尽管现在很少使用,但仍然有一些正在接受充血性心力衰竭和心房心律失常治疗的心脏病患者携带洋地黄药片。患者会在感到有症状且无法得到快速有效治疗的情况下自行服用。值得注意的是过量服用洋地黄会致人死亡。有时人们会误将毛地黄和聚合草(*Symphytum* spp.)混淆,并酿造一种有毒的"聚合草茶"(图1.12)。另外,聚合草含有具有肝毒性的吡咯里西啶类生物碱——野百合碱(图1.12),其与肝癌形成机制有关,也不

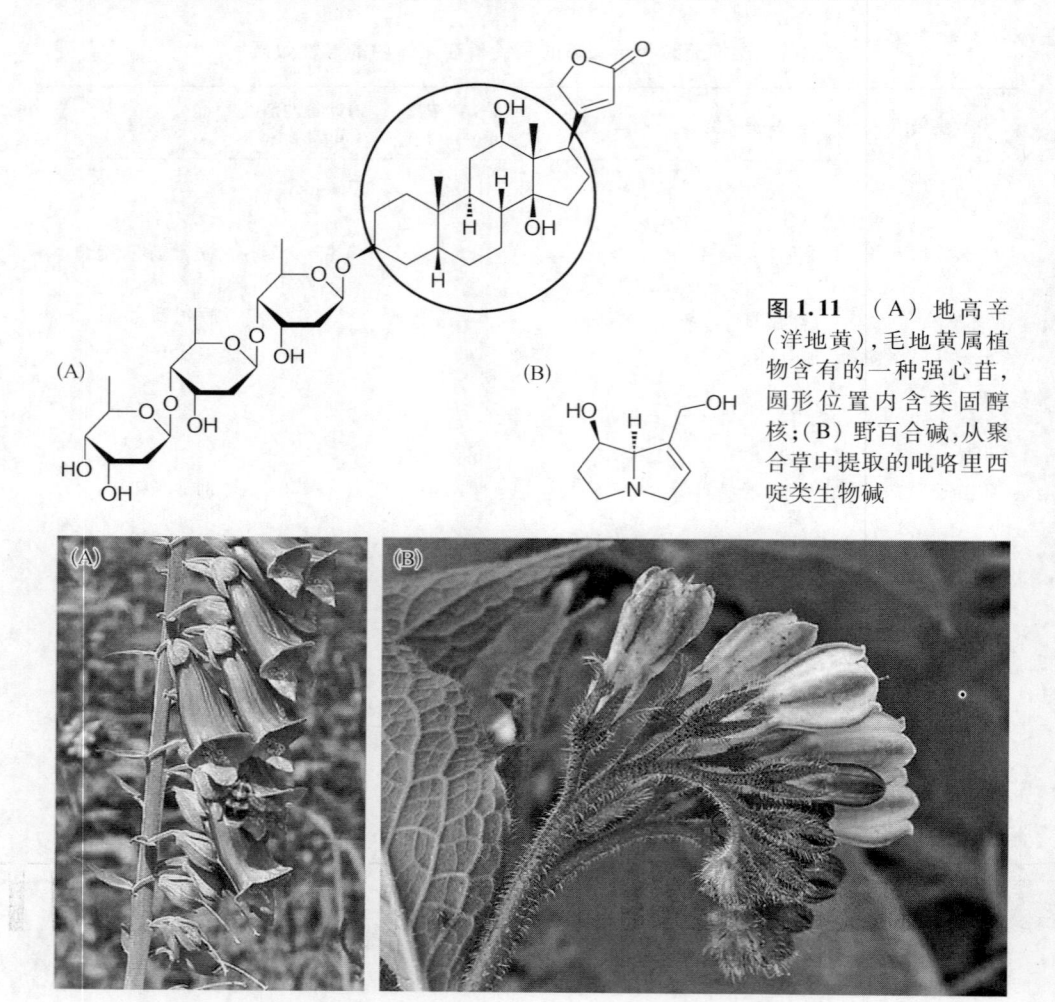

图1.11 (A)地高辛(洋地黄),毛地黄属植物含有的一种强心苷,圆形位置内含类固醇核;(B)野百合碱,从聚合草中提取的吡咯里西啶类生物碱

图1.12 (A)毛地黄属(*Digitalis* spp.)(紫花洋地黄,图片由 *Kurt Stüber* 先生提供,图片来源于 www.biolib.de caliban.mpizkoeln.mpg.de/mavica/index.html);(B)聚合草(*Symphytum* spp.)(杂交聚合草,图片由 en.Sannse 先生提供,图片来源于 http://upload.wikimedia.org/wikipedia/commons/0/0b/Russian_comfrey_close_800.jpg)

应摄入。目前,治疗过量服用这些药物的方法仍然是一个主要的研究领域(Levine et al.,2011)。

3.1.3.2 氰苷(cyanogenic glycosides)

氰化物是凶杀和大规模屠杀时常用的毒药。氰化物能抑制线粒体细胞色素 c 氧化酶,抑制细胞呼吸,并导致人在数分钟内死亡。氰化物可以以气体(氰化氢或氢氰酸)或固体(如氰化钾、硫氰酸钠)形式保存。2013 年,家住芝加哥的 Urooj Khan 在兑换了 60 万美元彩票的第二天死亡。一直以来他的死被认定为自然死亡,直到他的一名亲属要求警方对 Khan 的尸体进行毒理学检验后,才证实他死于氰化物中毒。

虽然氰化物是通过人工合成而来的,但有超过 1 500 种植物(其中大部分是被子植物)能够产生氰苷类物质用于威慑捕食者。这些化合物虽然对人体有害,但浓度是不致命的。旱期缺水会使植物氰苷的浓度增加,事实证明,氰苷对以其叶、茎或根为食的昆虫及植食动物更具毒性。

苦杏仁苷(amygdalin)(图 1.13A)存在于扁桃(*Prunus dulcis*)的果实中。它的名字源自古希腊语"杏仁"一词。杏仁分两种,一种是甜的(variety *dulcis*),另一种是苦的(variety *amara*,也叫苦杏仁)。在苦杏仁中,苦杏仁苷被酶降解为有毒的氢氰酸(toxic prussic acid)和苯甲醛(benzaldehyde),这种化学物质使杏仁有苦味。在美国可食用的甜杏仁很常见,但苦杏仁只能去专卖店购买。

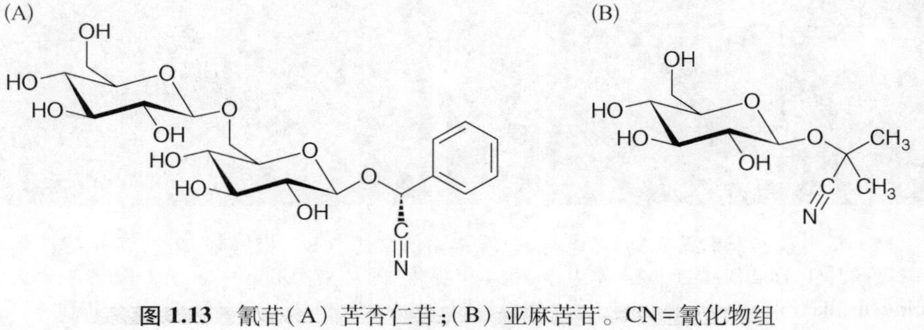

图 1.13 氰苷(A)苦杏仁苷;(B)亚麻苦苷。CN=氰化物组

许多可食用的水果中都含有氰苷,包括苹果、桃子、梨、覆盆子、樱桃、杏子和李子,但氰苷均富集在这些水果的种子里。进入人体消化道的种子通常会完整地被排出。虽然不同的烹饪方式会使接骨木属植物果肉中的氰化物释放到空气中,并不会对人体造成危害,但我们还是强烈建议不要生吃。竹笋和木薯根都含

有高浓度的氰苷类物质。木薯根是剧毒的,木薯根(木薯粉的来源)的加工过程使得其中含有的氰化物得以释放(图1.13B)(在利马豆和亚麻中也含有氰化物,但含量较低)。燃烧的烟草也释放出一定数量的氰化物,尽管吸入的氰化物数量远低于致死范围。

3.1.4 有毒的植物凝集素

蓖麻毒素(ricin)和相思豆毒素(abrin)是两种毒性很强的植物凝集素(富含碳水化合物的蛋白质或毒白蛋白)。蓖麻毒素是在蓖麻的胚乳组织中产生的,吸入或摄入(致死剂量为22 μg/kg)时对人体危害非常大,但口服时毒性要小得多(致死剂量为1 mg/kg)。蓖麻毒素会抑制蛋白质的合成,但如果治疗及时,通常不会致命。蓖麻籽(图1.14A)的蛋白含量高达43%,因此蓖麻籽通常被压缩成"蓖麻饼"用作有机肥料。由于蓖麻饼毒素含量高,因此不宜用作动物饲料。蓖麻毒素也被用作化学武器涂抹在邮寄给美国政要的信件上,用于暗杀活动。

相思豆是一种起源于印度的亚热带植物入侵物种,也是相思豆毒素的主要来源植物。相思豆毒素同样能抑制蛋白质的合成,但其毒性比蓖麻毒素大得多。成人口服的中毒剂量为10~1 000 μg/kg,而吸入的中毒剂量为3.3 μg/kg。相思豆的种子相思籽(*A. precatorius*)(图1.14B)常被用于制作首饰。

图1.14 凝集素毒素来源 (A)蓖麻籽,蓖麻毒素的来源;(B)相思籽,相思豆毒素的来源。蓖麻豆图片由HediBougghanmi先生于2014年提供,图片来源http://en.wikipedia.org/wiki/Ricin#/media/File:Castor_beans1.jpg。相思籽图片由美国农业部Steve Hurst先生提供

3.1.5 双香豆醇和抗凝血剂

1948年,华法林阻凝剂,俗称灭鼠灵(warfarin)取代了士的宁成为有效的灭鼠药。在20世纪20年代,出现一种能够造成牛流血而死的疾病。研究发现,这种疾病是牛食用了草木樨(sweet clover)干草制成的变质青贮饲料引起的。草

木樨能产生一种无毒的甜味化合物香豆素（coumarin），而青贮饲料中的某些真菌可以将其代谢产生一种高效的抗凝血剂——双香豆醇（dicoumarol）（图1.15B）。双香豆醇会抑制血液凝结。威斯康星州立大学的研究人员将双香豆醇改良成为更为高效的抗凝剂——华法林阻凝剂（图1.15C）。长期使用华法林作为灭鼠药让很多老鼠种群对其产生了抗药性，于是化学家们开发出另一种高致命性的抗凝血剂——溴鼠灵（brodifacoum）。目前溴鼠灵被用于消除鼠患及消灭其他有害的哺乳动物如负鼠。因此这种新药（图1.15D）通常被称为"超级华法林"。溴鼠灵在虹鳟鱼的 96 h LC_{50}（致死率50%）的实验中浓度仅为 40 μg/L。一个 60 kg 男性的溴鼠灵致死剂量是 15 mg（250 μg/kg）。目前华法林有时会被作为治疗过程中的抗凝血剂。

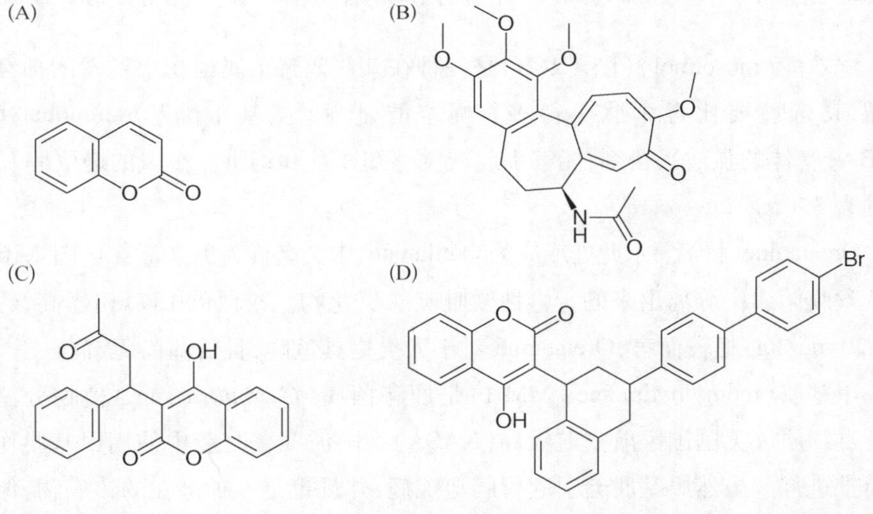

图 1.15 源自草木樨的抗凝血剂。（A）香豆素母体化合物；（B）双香豆醇，由真菌代谢香豆醇得来；（C）华法林，实验室中由双香豆醇合成的抗凝血剂；（D）溴鼠灵或"超级华法林"。

3.1.6 蘑菇毒素

大多数蘑菇中毒案例是由于人类采集并误食有毒的野生蘑菇引起的（Levine，2011）。有时有毒蘑菇也被用于谋杀。最著名的蘑菇毒素是在鹅膏菌属等发现的毒伞肽（amatoxins）。毒伞肽（图1.16A）可以通过抑制 RNA 聚合酶Ⅱ活性，破坏蛋白质合成。当机体摄入毒伞肽后，首先会引起肝脏损伤，即便侥幸存活也只能通过肝移植治愈。成年人毒伞肽的致死剂量约为 100 μg/kg。

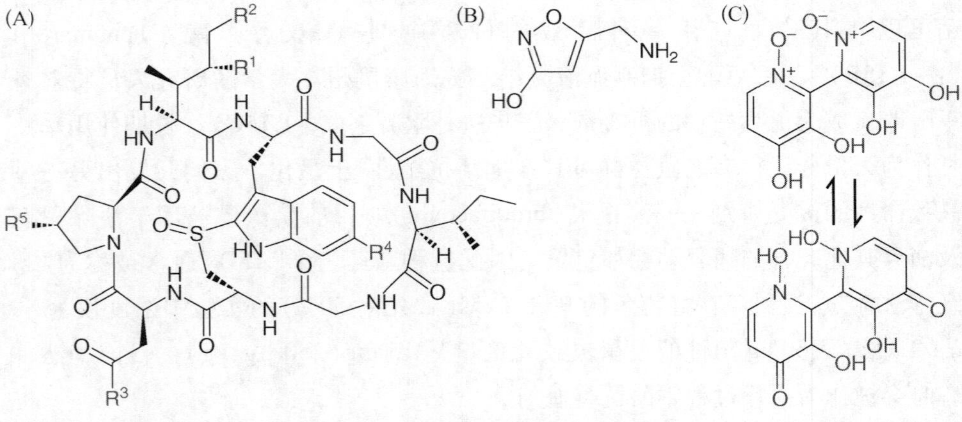

图 1.16 蘑菇毒素。(A) 毒伞肽，在"R"位置有不同的替换结构；(B) 蝇蕈醇；(C) Oreleanine。

蝇蕈醇(muscimol)(图 1.16B)是一种在某些鹅膏菌属植物中发现的神经生物碱，其毒性要比毒伞肽小得多。蝇蕈醇是 γ-氨基丁酯(γ-aminobutyric，GABA)受体的强效兴奋剂，能够引起视觉感知紊乱和幻听。小鼠的蝇蕈醇 LD_{50} 浓度为 3.8 mg/kg。

Oreleanine(译者注：此处或应为 Orellanine，中文名称为奥来毒素)(图 1.16C)是从丝膜菌属中分离出来的肾毒性联吡啶二氧化物。小鼠的 LD_{50} 相当高，约为 12~20 mg/kg，相较而言，Oreleanine 对于人类更具危险，且目前尚无解药。

甲基肼(methylhydrazine，MMH)是鹿花菌属(*Gyromitra* spp.)植物分泌出的有毒物质。美国国家航空航天局(NASA)在阿波罗登月舱中使用甲基肼作为火箭推进剂。虽然甲基肼会引起胃肠道疾病，并且也是一种潜在的致癌物，但通常不会致命。

4　植物来源的非法物质

毒品非法交易主要集中于成瘾性植物，这些植物有着易于种植、提取、提纯以及成本低的特点。此类物质能够使人产生愉悦感和幻觉，高剂量会致命。执法部门可能会邀请植物科学家对这类植物进行鉴定。

传统的毒品贸易集中在罂粟制品上(*Papaver somniferum*)(图 1.17A)。这种植物的止痛效果从石器时代就为人所知。罂粟中提取的乳液主要含有三种的成瘾性成分：吗啡（morphine），可待因（codeine），蒂巴因（thebaine）（图1.18）。吗啡和可待因在医学上被用作止痛剂。此外，人类用化学方法处理吗啡生成的海洛因，其成瘾效力是吗啡的两倍。

图 1.17 （A）罂粟果实；（B）佩奥特掌（*Lophophora williamsii*），墨斯卡灵的来源植物（图片由原作者提供）

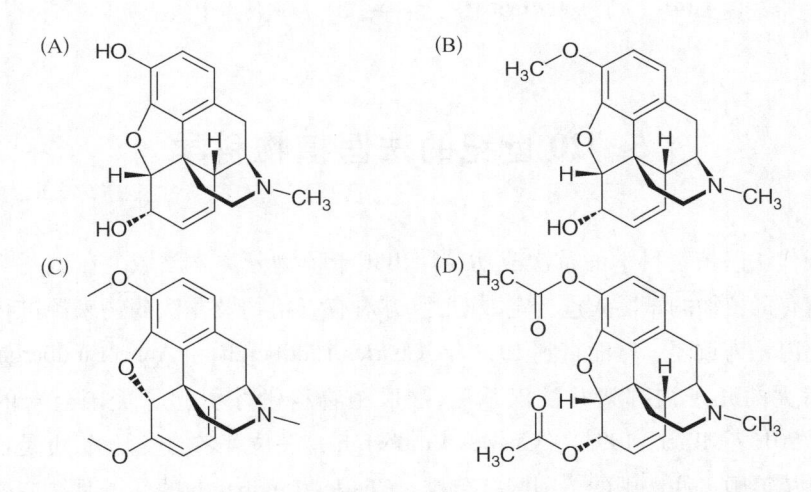

图 1.18 罂粟的主要化学成分和海洛因（A）吗啡；（B）可待因；（C）蒂巴因；（D）海洛因

大麻属（*Cannabis* spp.）植物是大麻（marijuana）的来源。大麻中的主要精神活性成分为四氢大麻酚（tetrahydrocannabinol，THC）（图1.19A）。大麻因其精神活性作用而被用于非法活动，也因其止痛特性而被用于医学。在撰写本文时，美国有一半以上的州将大麻列为合法药物，并有两个州将大麻销售合法化（科罗拉多州和华盛顿州）。四氢大麻酚会像乙醇一样损害汽车司机，因此除了医疗用途外，在美国大多数州大麻都是非法的，所以大麻合法化对执法部门来说是一个令人头疼的问题。

使用从仙人掌（cacti）中获得的神经活性生物碱通常也是非法的。但含有生物碱墨斯卡灵（mescaline）（图1.19B）的佩奥特掌（*Lophophora williamsii*）（图1.17B）一直被美国西南部的土著人民用于各种仪式和医疗。在许多仙人掌类植物中都发现含有神经活性物质，遗憾的是，其中一些剧毒物质的发现是以生命为代价换来的。

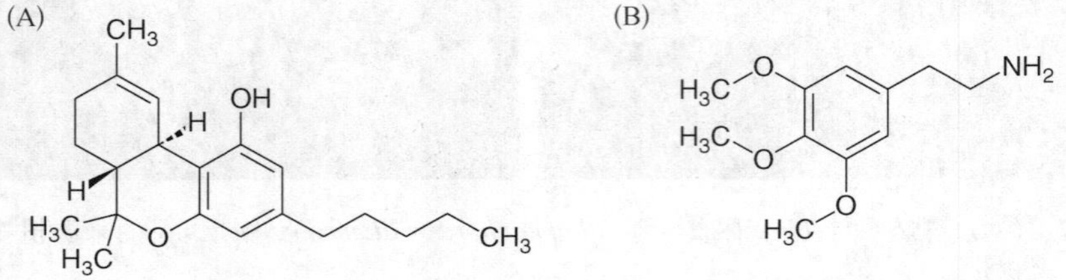

图1.19 （A）大麻中的四氢大麻酚；（B）佩奥特掌中的墨斯卡灵

5　20世纪的法医植物科学

现代法医植物科学的首次成功应用出现于植物分类学领域。在试图对持有或种植有毒植物的嫌疑人进行定罪时，警方对有毒植物及非法药物来源进行种属鉴定变得尤为重要。然而直到1932年，Charles Lindbergh 和 Anne Lindbergh 夫妇20个月大的儿子被绑架并被谋杀后，法医植物科学才引起了美国公众的关注（PBS，2013；Miller，1994）。Charles Lindbergh 是一位著名的飞行员，也是首位单人单机从美国飞往法国的美国国家英雄。Charles Lindbergh 的儿子是从二楼被绑架的，嫌疑人在现场留下了一个简易的木制梯子。两年后，Bruno Hauptmann 因持有部分赎金而被以绑架罪逮捕。Hauptmann 声称，这笔钱是他的前同事留给他的，而且他对绑架案毫不知情。木材专家 Arthur Koehler 将 Hauptmann 家阁楼上的木材样本与绑架中使用的木制梯子进行了材质比对，分析结果证实梯子所用的木头来自 Hauptmann 家的阁楼上的木材，同时梯子切口处发现的工具痕迹与 Hauptmann 的工具在测试木头上留下的痕迹相匹配。梯子的复制品成了法庭给

Hauptmann 定罪的关键证据,而他被判有罪并被处以死刑。[①]

6　我们的法医植物科学之路

　　我们首次接触法医学是在 1982 年。当时科罗拉多大学丹佛健康科学中心的病理学教授兼科罗拉多州杰斐逊县法医的 William B. Galloway 联系到了 Bock。Galloway 从一名凶杀案受害者的胃里收集了一些食物样本,这些样本与已知的受害者最后一顿的食物不符,同时他也无法识别这些样本。当 Galloway 在得知 Bock 当时在科罗拉多大学博尔德分校讲授"植物解剖学"的课程后,便给 Bock 寄了样本幻灯片,希望 Bock 能协助确定死者胃内容物中植物的种类(详见第五章)。Bock 请 Norris 与她合作开展这项工作。很快,另外一些机构也向 Bock 和 Norris 发出了类似的邀请。这些经历促使两人开发出了食源性植物细胞及组织检查和鉴定的工作流程。通过工作的积累,他们于 1988 年编写了一本由美国国家司法研究所(the National Institute of Justice,NIJ)出版的工作手册(Bock et al.,1988),其中包括大量食源性植物的显微图谱。NIJ 将手册免费配发给美国各地的法医实验室。Meredith Lane 博士参与了手册的编撰工作,提供了一些食源性植物的扫描电子显微照片,并帮助构建了微观层面识别食源性植物的关键技术。那本手册已经出版 20 多年了,这也是我写这本书的动机之一。

拓展阅读

总论
General Botany
Evert, R., Eichhorn, S. E., 2012. Raven Biology of Plants, eighth ed. W. H. Freeman.
Mauseth, J., 2012. Botany: Introduction to Plant Biology, fifth ed. Jones and Bartlett Learning.
Raven, P. H., Evert, R., Eichhorn, S. E., 2012. Biology of Plants, eighth ed. W. H. Freeman.
Plant Anatomy
Evert, R. F., Eichhorn, S. E., 2006. Esau's Plant Anatomy: Meristems, Cells, and Tissues of the Plant Body: Their Structure, Function and Development. John Wiley & Sons, New York.
Winton, A. L., Winton, K. B., 1935. The Structure and Composition of Foods. Vol. 2., Vegetables,

---

[①] 译者注:此即著名的林德伯格绑架案。

Legumes, Fruits. John Wiley & Sons.
Plant Identification
Cullen, J., 2006. Practical Plant Identification: Including a Key to Native and Cultivated Flowering Plants in North Temperate Regions. Cambridge University Press, Cambridge GB.
Ecology
Cain, M. L., Bowman, W. D., Hacker, S. D., 2011. Ecology, second ed. Sinauer, Sunderland, MA.
Gurevitch, J., Scheiner, S. M., Fox, G. A., 2006. The Ecology of Plants, second ed. Sinauer, Sunderland, MA.
Smith, T. M., Smith, R. L., 2012. Elements of Ecology, eighth ed. Benjamin Cummings, New York.
Plant Toxins
Levine, M., Ruha, A., Graeme, K., Brooks, D., Canning, J., Curry, S., 2011. Toxicity in the ICU part 3: natural toxins. Chest 140, 1357-1370.
Roberts, F., Wink, M., 1998. Alkaloids: Biochemistry, Ecology, and Medicinal Applications. Springer.

参考文献

BBC, February 10, 2010. Poisoning in West London in 2009. BBC TV News.
Bellandi, D., August 25, 1990. Husband Arrested in Woman's Poisoning Death. Los Angeles Times. http://articles.latimes.com/1990-08-25/local/me-818_1_strychnine-poisoning.
Blum, D., 2011. The Poisoner's Handbook. Penguin Books, New York.
Bock, J. H., Lane, M., Norris, D. O., 1988. The Use of Plant Cells in Forensic Investigation. U. S. Department of Justice, National Institutes of Justice, pp. 130.
Carlier, C., Guitton, J., Romeuf, L., Bevalot, F., Boyer, B., Fanton, L., Gaillard, Y., 2014. Screening approach by ultra-high performance liquid chromatography-tandem mass spectrometry for the blood quantification of thirty-four principles of plant origin: application to forensic toxicology. Journal of Chromatography B 975, 65-76.
Cutler, R., 2003. The Mysterious Death of Jane Stanford. Stanford General Books.
Gallagher, S., August 10, 2004. Andre Noble. Filmmaker Blog. http://www.filmmakermagazine.com/blog/2004/08/andre-noble.php/#.VQtKzWYWFFU.
Gallop, D., 2009. Plato's *Phaedo*. Oxford University Press, Oxford.
Holland, J. G., 1866. The Life of Abraham Lincoln. Gurdon Bill, Springfield, IL.
Jhala, C. I., Jhala, K. N., 2012. The Hippocratic oath: a critical analysis of the ancient text's relevance to American and Indian modern medicine. Indian Journal of Pathology and Microbiology 55, 279-282.
Levine, M., Ruha, A., Graeme, K., Brooks, D., Canning, J., Curry, S., 2011. Toxicity in the ICU part 3: natural toxins. Chest 140, 1357-1370.
Lewis, W. H., Elwin-Lewis, M. P. F., 2003. Medical Botany: Plants Affecting Human Health. John Wiley & Sons, New York.

Magner, L. N., 1992. A History of Medicine. Marcel Dekker Inc., New York.
Marty, F., 1999. Plant vacuoles. The Plant Cell 11, 587–599.
Mauseth, J., 2012. Botany: Introduction to Plant Biology, fifth ed. Jones and Bartlett Learning.
Miller, R. B., 1994. Identification of wood fragments in trace evidence. In: Proceedings of the International Symposium on the Forensic Aspects of Trace Evidence. U.S. Department of Justice, Federal Bureau of Investigation, Quantico, VA, pp. 91–111.
Morris, S. C., Lee, T. H., 1984. The toxicity and teratogenicity of *Solanaceae* glycoalkaloids particularly those of the potato (*Solanum tuberosum*): a review. Food Technology in Australia 36, 118–124.
PBS 31 July 2013. Who killed Lindbergh's baby? http://www.pbs.org/wgbh/nova/tech/killed-lindbergh-baby.html.
Phillips, G., 2004. Alexander the Great. Murder in Babylon. Virgin Books.
Raven, P. H., Evert, R., Eichhorn, S. E., 2012. Biology of Plants, eighth ed. W. H. Freeman.
Simoons, F. J., 1998. Plants of Life, Plants of Death. University of Wisconsin Press, Madison, WI.
Simpson, B. B., Ogorzaly, M. C., 1995. Plants in Our World. McGraw Hill, New York.

第二章

法医植物科学证据在司法实践中的适用性

法医科学已成为现代犯罪调查工作中不可或缺的重要侦查手段。法医科学的作用在于它通常能够根据法医检验的结果锁定犯罪嫌疑人,并迫使嫌疑人供认其所犯罪行。然而,当法医科学的实验结果及数据进入法庭审理阶段作为证据时,情况却完全不同。

2009年,美国国家科学院发布的《国家研究报告》(NAS报告)(National Research Council of the National Academies, NAS, 2009)在相当程度上起到了阻碍美国法医科学发展的消极作用。NAS报告指出,法医科学的研究现状对案件调查的准确性和被告构成了潜在的威胁。NAS报告提出了10条有助于提高美国法医科学检验水平的建议。Risinger在2010年总结了这些建议(表2.1)。

表2.1 NAS报告的建议摘要[a]

首先,应该建立一个全新的政府独立机构(国家法医科学研究所,简称NIFS),并负责为法医科学实验室的建立和专业人员的培养提供规范,包括进行实验室资质的认证和认可工作,以及开展可行性研究。NIFS应资助相关研究工作,以确定现行技术的准确性、数据缺乏时技术的可靠性及适用性。
就实验室而言,所有的法医学实验室都应该脱离执法机构的行政管理。
NIFS应确保法医实验室的所有工作都使用标准程序及术语进行适当记录,确保所有的证词准确清晰,确保使用标准计算程序表述法医实验结果的真实含义。各实验室均应建立质量控制体系,旨在纠错并保障实际应用。
应强制对法医实验室和法医从业人员进行认可认证。同时,针对所有法医学从业人员制定可执行的职业标准守则。
NIFS应资助关于影响观察者效应的研究,以确定其影响了法医检查结果的程度。
NIFS应提供资金来资助法医学人员的学术培训,建立正规的学术研究基地。

[a] 经Risinger许可转载(2010)。

1 美国法医科学现状

现代法医科学的挑战主要来自两个方面:一是公众认知;二是科学团体(如

NAS 报告)。

1.1 公众认知问题:"犯罪现场调查效应"

由于犯罪现场调查(crime scene investigation, CSI)节目对法医科学真实情况的不实描述造成公众对法医能做什么、速度有多快产生了一种不切实际的印象。陪审团希望检方提供陪审团认为真实的证据,但这些"真实的证据"可能是被影视节目美化或完全捏造的。尽管有人声称公众认知不会影响陪审团的决定(Sheldon, 2008),但另一些人却能提供受影响案件的审理实例(例如 Willings, 2004;被 Stevens, 2008 引用)。因此有人得出结论,"犯罪现场调查效应"是真实存在的,并正在影响刑事司法系统的各个方面(Dural, 2010)。

1.2 现代法医科学问题

因误判和伪造数据现象以及 NAS 报告的发布,美国的法医犯罪调查实验室备受谴责。虽然司法不公有可能是由调查程序的错误和起诉文件的不规范引起的,但由此导致的冤案却影响了法医科学的发展。2013 年,由 Jon Gould 负责的美国司法研究国家委员会列举出了 10 个容易导致错误判决的原因(http://www.prweb.com/releases/2013/3/prweb10513834.htm)(表 2.2)。

表 2.2 导致错误判决的 10 个原因[a]

美国死刑文化/惩罚制度
案件控方的影响力
控方拒绝提供案件相关证据(Brady 规则)
错误的法医证据
被告方的社会背景
被告方的年龄
被告的犯罪史
故意误认
目击证人非亲眼所见作假证
家庭证人为被告作证

[a] Gould 提供(2013)。

高效 DNA 检测技术的广泛应用是许多案件推翻重审的原因之一(如无罪计划)。大量靠 DNA 证据推翻重审的案件都涉及虚假的目击者证词(没有在表 2.2 中明确指出),但剩余的重审案件却牵扯法医实验室的工作。近年来,全美各地的法医实验室的劣行和故意伪造结果的事件被频频曝光(Hansen,

2013),导致许多案件被重新审理。为了回应公众对法医结果的质疑,NAS在报告中指出,司法实践工作中不应过分强调"法医"而忽略"科学"。因此,美国司法部和商务部成立了美国国家司法科学委员会,为加强法庭科学的建设提出建议(U.S. Department of Justice, 2014)。

对于法医学的应用前景,悲观者认为美国国会不会为必要的改革提供足够的资金支持,又或者美国国会将组建一个只会阻碍技术进步的官僚机构。此外,一些涵盖法医工作的政府机构[如美国联邦调查局(FBI)、美国国际调查人员协会(IAI)、指纹分析工作组(SWGFAST)、火器和工具标记人员协会(AFTME)]建议,无须在有关技术领域进行大范围的标准修订(Cole, 2010;Gabel, 2014)。还有人认为,许多冤案错案是基于间接证据或由于确认偏差造成的,而非法医学本身缺陷造成的(Collins, 2015)。可以说美国法医学的发展举步维艰。

2　法庭裁决中的科学证据和专家意见

法医学不仅是惩治犯罪的重要手段,同时也必须是能够被法庭所接受的科学。因为即使是最权威的法医学技术也要依靠律师和司法人员在法庭上继续其使命。

Frye证据科学标准[①]于1923年被引入美国司法审判流程,并且在1993年之前它一直是美国法庭唯一能接受的科学标准。从本质上讲,如果用于获取数据的科学方法被相关领域(例如毒理学、分析化学等)的大多数研究人员普遍认同,那么其对证据的检验结果就具有可信性。除了提供数据外,法医科学家经常被要求在法庭上就本人及别人收集的数据提供专家意见,并推断其他可能发生的情况。专家意见与我们普遍信奉的"公众观点"有何不同呢? 事实上,公众观点可能与事实没有逻辑上的联系。在一本词典中将公众观点定义为"一种有信心的,但没有充足理论或证据支撑的信念或结论"(http://www.thefreedictionary.com/opinion)。公众观点会受到非理性压力、特殊利益及各种诱惑的影响。公众观点通常充满激情,但却脱离事实。我们经常能在一些名人或政治家的声明

---

① 核心思想是:只有当证据背后的科学方法在科学界被广泛使用并认可时,其关联的证据才有效。(译者注释)

或广播电视访谈节目中看到。相反,专家意见是基于经验或经过验证的科学数据而得出的理性推理和解释。

1975年,《联邦证据规则》(Federal Rules of Evidence)第702条第一次阐述了专家意见的含义,即基于科学、技术或其他有助于案件审判者理解证据或确定案件事实的专业知识,而由具有专业资格或拥有相关技术领域的专家证人提出的意见或其他证明。目前,现行的专家意见标准来自三个法庭案件(表2.3)即:1993年Daubert诉美林道制药公司案;1997年通用电气诉Joiner案;1999年锦湖轮胎有限公司诉Carmichael案(Risinger et al., 2002; Houck and Siegel, 2006)。

表 2.3 法医证据适用标准

FRYE 诉美国(1923)[a]
科学技术必须能被相关的学术界普遍接受,"……作出推论的事物必须足够肯定,以便在其所属的特定领域中获得普遍接受"
规则第702条,专家证人的证词(1975)[b]
基于科学、技术或其他有助于案件审判者理解证据或确定案件事实的专业知识,而由具有专业资格或拥有相关技术领域专家证人提出的意见或者其他证明
规则第702条(2000年,2011年两次修订)[c]
具有专业资格或拥有相关技术领域的专家证人可以提出意见或者其他形式作证,或其他情况: 1. 专家的科学、技术或其他专业知识,有助于案件审判者理解证据或确定所述事实的; 2. 证词以充分的事实或资料为依据; 3. 证词是科学原理和方法的产物; 4. 专家已将该原理和方法可靠地应用于案件事实。
Daubert 诉美林道制药公司(1993)[d]
"主审法官必须确保所有用于诉讼的证词或科学证据不仅是相关的,而且是可靠的。" "证据的可靠性是建立在科学的有效性之上。" 证词内容必须包括: 1. 可测试并已通过科学方法验证; 2. 被同行广泛接受; 3. 建立了标准; 4. 有已知或潜在的错误风险; 5. 得到了相关科学团体的广泛认可。

[a] Houck, H. M. and Siegel, J. A., 2006. Fundamentals of Forensic Science. Elsevier Academic Press.
[b] Risinger, M. D., Daks, M. J., Thompson, W. C., Rosenthal, R., 2002. The Daubert/Kumho implications of observer effects in forensic science: hidden problems of expectation and suggestion. California Law Review 90, 1–56.
[c] Cornell Law School. http://www.law.cornell.edu/rules/fre/rule_702.
[d] USDOJ, 2014. http://www.justice.gov/opa/pr/2013/February/13-dag-203.html.

1993 年 Daubert 诉美林道制药公司案：Daubert 夫妇生下了一个畸形的孩子，并声称造成孩子畸形的原因是母亲在怀孕期间服用的一种名为本迪汀（Bendectin®）的药物。他们向法庭提交了本迪汀可能导致出生缺陷的专家证据。然而，这些证据是基于体外和动物体内实验的药理学结果，并且这些研究所使用的方法尚未得到科学界的普遍认同。Daubert 案的法庭裁决书指出，证据必须具备：① 可测试并已通过科学方法的验证；② 具有被同行广泛接受的科学方法；③ 相关检验程序已建立标准；④ 有已知或潜在的错误风险评估；⑤ 得到了相关科学界的广泛认可。因此，对于 Daubert 夫妇提供的证据，法庭不予接受。

1997 年通用电气诉 Joiner 案：Joiner 声称，他的肺癌是由于暴露于通用电气公司生产时产生的多氯联苯（PCBs）而引发的。他的说法是基于小鼠的科学研究结果。此案的法庭裁决书指出，实验小鼠所患的肺癌与 Joiner 所得的症状不同，而且在对成年小鼠的研究中，多氯联苯并不会导致其患肺癌。法院最终裁定，Joiner 所提供的数据不能作为索赔的支撑证据。

1999 年锦湖轮胎有限公司诉 Carmichael 案：Carmichael 起诉锦湖轮胎有限公司的起因是：一辆小型货车的轮胎爆炸导致小型货车发生事故，并致车内人员伤亡。Carmichael 提供的专家证词没有被法庭采纳，原因是 Carmichael 没有采用类似的法庭证据标准。此案的裁决是在征求了拥有专业经验技能的专家而得出的意见。锦湖案裁决的结论是：① 专家证人可以根据自己的观察和经验建立相应的理论体系，并将这些理论应用到法庭案件中；② 所有形式的专家证人证词都应以同样严格的标准进行评估；③ 并且要考虑到 Daubert 规则（Daubert trilogy）是相对灵活的，但不一定适用于所有的专家证言。

"Daubert trilogy"最终促使了《联邦证据规则》第 702 条的修订（表 2.3）。其核心内容是：① 证词必须基于充分的事实或数据；② 证词必须是科学原理和方法的产物；③ 证人必须将科学原理和方法可靠地应用于案件。

对法官、检察官、辩护律师和陪审员来说，具备能够区分专家假设与基于科学的合理概括的能力异常重要。他们需要甄别证词的可靠性，并分辨专家意见是否受到偏见或公众观点的影响。这也就是说，执法人员需要合理地推断出基于某些数据而得出的专家结论，以及是否仅是专家证人的猜测。通常而言，专家证人必须向法庭解释他们所用的方法如何消除证据和结论之间的偏差。换而言之，专家必须证明其结论的准确性，而最终由法官决定是否接受专家证词。

Daubert 调查是在没有陪审团在场的独立听证会上进行的工作。如果没有听证程序,会导致上级法院撤销判决(http://www.ims-expertservices.com/bullseye-log/december-2012/no-daubert-hearingequals- $10-million-error-in-9th-circuit/)。

值得深思的是,法官是如何获得评估科学证据的专业知识以及识别相关专家证人证词的能力的?这样的能力在某些科学领域较易做到,因为数据可以说明一切,因此专家的推断也是合理的。例如,毒物分析是以化学和生理学的一般原理和方法为基础,经过多年的深入研究而形成的,并且这些原理和方法均已经得到科学性验证。法医毒理学家所用方法的可靠性和结果的准确性极高。同样,通过解剖学和形态学特征来鉴定植物物种的方法,也是经过数百年细致、反复的工作而发展建立起来的。理化检验是对未知化学物质进行测定,并将结果与已知的标准化学物质进行比较的过程。同样,植物科学家也是通过已知的植物及组织与未知的植物组织、碎片或整株对比而得出结论。法官或陪审团可以根据现行标准轻易地得出清晰明确的结论。

相较而言,其他几个需要科学家给出结论或意见的领域正饱受美国公众指责。其中两个领域分别是指掌纹识别(即摩擦脊皮肤模式,可参考 McMurtrie,2010;Dror and Mnookin,2010;或登录 http://en.wikipedia.org/wiki/Brandon_Mayfield)和咬痕识别(Rix,2007;Balko,2015a,b,c,d)。据报道,这些领域的实验结论均具有极强的主观性。这就导致人们对这些领域的专家结论存在相当大的质疑。例如:批评人士声称,摩擦脊皮肤模式尚未通过严格的可重复性和可靠性测试(Haber and Haber,2008;Cole,2010;Dror and Mnookin,2010;lrey et al.,2014;Mustonen et al.,2015),不同指纹专家检测相同材料得出的结果可能大相径庭。然而,最近一项由美国国家司法研究院支持的,109 名来自美国 76 个联邦、州及地方机构的指纹专家参与的研究,使用了标准化测试程序(Pacheco et al.,2014)。该项研究报告指出,使用他们的指纹测试标准化模式会有效降低错误率。然而,这份报告还没有经过同行的评审,还需等待评审专家对其技术进行专业评估。

Daubert 规则存在一种固有偏见,即在没有法医科学家或技术人员在场的情况下,可以引入法医证据,这对诉讼的另一方是十分不利的。而且 Daubert 规则表明可以在得到法官允许的情况下,不需要专家证人上庭质证。Melendez-Diaz 诉马萨诸塞州案的判决书显示此类没有专家证人上庭质证的"证据"侵犯了宪法赋予被告的权利(Moreno,2010)。

2.1 衡量数据有效性的标准是什么?

一定要使人们认识到,科学事实与统计学含义和实验结果的可重复性始终无法做到完美的统一。几十年来,人们习惯性地认为,如果对实验结果的统计学检验概率 $p<0.05$,就意味着实验数据和相关结论是有效的。如果 $p<0.01$,则实验结论是"非常显著"。这种定势思维被解释为,如果重复同样的实验研究,那么至少分别在 95% 或 99% 的概率情况下能够得到一致的实验结果。p 值越低,实验结果越可信。但遗憾的是,这种对显著 p 值的追求有时会导致所谓的数据"挖掘"。例如:如果 $p>0.05$,研究人员可能会通过增加实验次数来提升实验结果的"显著性",甚至有人可能会通过消除所谓的"异常值"来改变数据集(http://en.wikipedia.org/wiki/Outlier)。如果使用两种不同的统计学方法得到的数据测试结果正好相反,我们应该保留哪一个方法的实验结果?在实验数据统计学分析时,确认偏差是否起了作用(见前文内容)?

当今,统计学家认为过度依赖 $p<0.05$ 是对 p 值所代表含义的曲解(Nuzzo,2014)。更确切地说,p 值是数据能否支持概率的零假设①,而不是用来衡量一般假设重复性的标准。

2.2 客观的法医分析至关重要

法医科学家和调查人员必须时刻保持客观的评价,同时远离观察者效应影响(表 2.4;Risinger et al.,2002)。法医调查人员要尽可能避免受到犯罪的社会

表 2.4 法医学中一些观察者效应

1. 随机误差效应	观察时产生的随机误差;而非偏见
2. 确认偏差效应	观察者看到的是他期待或想看到的,这会影响他的决策阈值,从而导致假阳性或阴性(Phillips et al.,2001)
3. 从众效应	倾向赞同他人的感知、信念和行为(Risinger et al.,2002),尤其是对领导、英雄或专家等
4. 锚定效应	由外部信息引起的偏见,从而影响主观判断(Mussweiller and Stack,1999)
5. 角色效应	一旦角色确定,观察或记忆数据的方式就不同于别的角色。例如,法医工作者在为控方工作,且试图将嫌疑人绳之以法时,会失去对案件判断的客观性(Starrs,1971)

---

① 零假设是一种统计结构,表明两者(或两者以上)没有区别。科学家通常不会去作零假设,当科学家制定一个假设时,往往需要通过实验来验证这个假设,如通过实验来验证某种治疗方法的疗效。

学细节(特别是犯罪嫌疑人个人习惯)、检察官以及现场调查人员意见的影响。行为分析可能影响法医工作的客观性(Whitman and Koppl, 2010)。

执法人员或上级的意见会产生从众效应,从而改变法医工作的客观性。因为无关人员的意见会影响人客观性的判断。反之,一个毫无经验人员的意见可能会在没有充分考量的情况下被法医调查人员完全忽视。这种偏见是锚定效应的结果。

确认偏差是最危险的观察者效应之一,即倾向于寻找能够证实自己假设的证据(Byrd, 2006)。法医科学家可能会不断地重复测试或寻找新方法,以获得支持其假设的结果,而不是接受已经获得的数据结果。可重复性是科学方法及理论优秀的标志,不必要的重复只会浪费宝贵的时间和资源。法医科学家和其他领域的科学家一样容易陷入误区,因为通常情况下人是很难接受自己的假设被否定这一事实的。在整个证据取证过程中,观察者效应会导致采集错误(表 2.5)。

表 2.5 观察者效应引起的误差[a]

阶段	类型描述
理解错误	初始知觉错误
记录错误	初次观察时假设有书面记录上所犯的错误(可能包括与观察者效应无关的随机错误)
记忆错误	由欲望和一致性需求引起的错误(在没有书面记录或只有粗略的笔记时尤其重要)
计算错误	使用不正确的方法转换数据或仅仅是随机错误而可能发生的错误
解释错误	得出结论时的错误

[a] Risinger, M. D., Daks, M. J., Thompson, W. C., Rosenthal, R., 2002. The Daubert/Kumho implications of observer effects in forensic cience: hidden problems of expectation and suggestion. California Law Review 90, 1–56.

有人认为,即使法医科学家能够得出完整且理性的结论,也不可能消除固有的偏见对其结论的影响(Whitman and Koppl, 2010)。因为法医学家在对证据进行检验的过程中,必然要掺杂许多主观因素。而且通常一项证据分析只会在一个法医实验室完成,而同一个实验室又将负责解释自己实验的数据。

2.3 可重复性(Repeatability)

科学基于以下结论,即重复设计良好的实验将产生相同的实验结果。一方面,可重复性被认为是优秀科学的标志,但目前的出版商和项目资助者不鼓励科学家重复他人的研究。另一方面,科学家们过度甚至是盲目地依赖于数据的统计分析对数据集的重要性,尽管有些分析不是绝对正确的,甚至经常出错(见上文)。不能提供统计学支持或错误率高的法医证据可能会受到大众质疑。另外一些分析技术并不适合用于标准的统计学检验,虽然这些分析技术可能同样有效。

2.4　法医界该如何回应?

不出意外的是,《美国国家研究报告》一经发布就引起了不同的反应。历史上对法医学政策修订的尝试表明,尽管这些修订工作对法医学可能有推动作用,但报告中概述的问题不会在短时间内得到解决(Gabel,2014)。有人相信美国国家法医实验室的认证认可工作将会解决目前所有问题,并且将会影响到国家实验室。另外有人指出,法医实验室在认证前需要进行大量的研究以检验制定的标准。想要消除对法医实验室的控方偏见,就需要将实验室从根本上与执法或公共安全机构分离。一项基于 300 个法医实验室参与的调查表明,79%的参调实验室在管理或财政方面与执法或公共安全机构有关(Giannelli,2010)。有人提议设立合理的大学科研部门与一线法医实验室联盟,以改进报告中针对法医学的建议,而非建立庞大的官僚机构(Gabel,2014)。

反对人士认为,负责法医工作的主要组织将会根据报告作出变革(Cole,2010;Koehler,2010)。还有一些人则坚持认为,他们使用的法医方法虽然存在不足,但历史悠久,这足以证明其方法的可靠性。报告中还指出,政府相关机构需要对主观因素影响较强的技术方法(包括基于经验的判断)进行标准的程序性及准确性的测试(例如,在摩擦脊皮肤分析、咬痕证据、工具标记、血迹图像等)。

对法医科学家的培训程序也必须重新审核。值得庆幸的是,最近俄克拉荷马州立大学成立了法医科学研究所(the Forensic Science Institute,FSI)。该研究所提供法医科学的本科及研究生培训,建立了包括针对数字和网络犯罪的多个实验室(Adams et al.,2013)。此类培训的宗旨是希望加强对证据的可信性和可重复性的验证,以便使证据的使用更接近报告中概述的标准。

最后,由于美国各联邦、州和地方所属的各级犯罪调查实验室缺乏足够的财政支持,阻碍了法医技术的进步与发展(Gabel,2014)。许多人质疑美国国会是否会为改善此种情况提供必要的资金支持。对报告中所明确问题的所有努力是否都将是徒劳,只有等待时间去证明。

3　Daubert 规则与法医植物学的联系

　　法医植物科学的现有研究工作几乎都是由少数几个固定学术机构的科学家进行的，研究内容涉及植物学、生物学、环境科学等。这些科学家都接受过植物科学的专业培训（解剖学、遗传学、形态学、系统学、分类学、植物生态学、孢粉学、藻类学、硅藻学等）。虽然他们愿意向调查人员提供专业服务，但他们通常缺乏法医学方面的专业培训。因此，调查人员的首要任务就是让植物科学家们了解标准的法医检验流程以及如何处理证据等，并直到他们熟悉流程为止。

　　法医植物科学家使用的现行原理和方法年代久远（见第四、六、八、十章）。植物分类鉴定是利用解剖学和形态学的方法来比较已知与未知植物。植物生态学则主要依赖于分类学知识，同时依赖被全球生态学家普遍认同的生态学原理。因此，植物科学家比较符合 Daubert 规则的要求。

　　迄今为止，DNA 分析技术在法医植物科学领域的应用一直受限，究其原因：首先是现存的已知植物物种数量庞大；其次是已经完成基因组测序的植物种类较少；最后是通过解剖学和形态学特征识别植物相对容易（参见第三章）。目前大多数重要的经济作物已完成基因组的测序工作。虽然一些新技术还未得到验证，但其已经被开发应用于某些物种识别，譬如线粒体和核 DNA 的检验方法已经被成功用于人类个体识别。目前来说，尚无既经济又可靠的 DNA 技术用于植物物种的个体识别，但随着新技术的发展终会成为现实。

　　迄今为止，美国还未设立培训法医植物科学人员的官方计划，而且大多数法医实验室几乎都不具备独立培养全职植物科学人员的能力。另外，美国国内还没有建立针对法医植物科学人员的认证体系。因此，目前美国法医植物科学人员的培养只能寄希望于个人兴趣。本书中描述的诸多流程很容易学习并通过专家的验证。希望植物科学的基础培训在不久的将来能够成为法医培训的常规科目。与此同时，我们也希望科研院所和大学中有经验的植物科学家也可以参与到法医植物科学领域。

参考文献

Adams, D. E., Mabry, J. P., McCoy, M. R., Lord, W. D., 2013. Challenges for forensic science: new demands in today's world. Australian Journal of Forensic Science 45, 347-355.

Balko, R., 2015a. How the Flawed 'Science' of Bite Mark Analysis Has Sent Innocent People to Jail. Washington Post. 13 February. http://www.washingtonpost.com/news/the-watch/wp/2015/02/13/how-the-flawed-science-ofbite-mark-analysis-has-sent-innocent-people-to-jail/.

Balko, R., 2015b. It Literally Started with a Witch Hunt: A History of Bite Mark Evidence. Washington Post. 17 February. http://www.washingtonpost.com/news/the-watch/wp/2015/02/17/it-literally-started-with-awitch-hunt-a-history-of-bite-mark-evidence/.

Balko, R., 2015c. Attack of the Bite Matchers. Washington Post. 18 February. http://www.washingtonpost.com/new s/the-watch/wp/2015/02/18/attack-of-the-bite-mark-matchers-2/.

Balko, R., 2015d. The Path Forward on Bite Mark Matching—and the Rearview Mirror. Washington Post. 20 February. http://www.washingtonpost.com/news/the-watch/wp/2015/02/20/the-path-forward-on-bite-markmatching-and-the-rearview-mirror/.

Byrd, J. S., 2006. Confirmation bias, ethics, and mistakes in forensics. Journal of Forensic Investigation 56, 511-525.

Cole, S. A., 2010. Who speaks for science? A response to the National Academy of Sciences report on forensic science. Law, Probability and Risk 9, 25-46.

Collins, J., 2015. http://www.science20.com/keeping_the_gate_a_science_and_justice_blog/blog/the_law_has_failed_not_forensic_science-153589.

Dror, I. E., Mnookin, J. L., 2010. The use of technology in human expert domains: challenges and risks arising from the use of automated fingerprint identification systems in forensic science. Law, Probability and Risk 9, 47-67.

Dural, E. W., 2010. Crime scene investigation (as seen on TV). Forensic Science International 199, 1-5.

Gabel, J. D., 2014. Realizing reliability in forensic science from the ground up. Journal of Criminal Law & Criminology. 104, 283-352. http://scholarlycommons.law.northwestern.edu/jclc/vol104/iss2/2.

Giannelli, P. C., 2010. Independent crime laboratories: the problem of motivation and cognitive bias. Utah Law Review 2010, 247-266.

Gould, J., 2013. http://www.prweb.com/releases/2013/3/prweb10513834.htm.

Haber, L., Haber, R. N., 2008. Scientific validation of fingerprint evidence under Daubert. Law Probability and Risk 7, 87-109.

Hansen, M., September 2013. Crime labs under the microscope after a string of shoddy, suspect and fraudulent results. ABA Journal 99 (9). http://www.abajournal.com/magazine/article/crime_labs_under_the_microscope_ after_a_string_of_ shoddy_suspect_and_fraudu/.

Houck, H. M., Siegel, J. A., 2006. Fundamentals of Forensic Science. Elsevier Academic Press.

Koehler, J. J., 2010. Forensic science reform in the 21st century: a major conference, a blockbuster report and reasons to be pessimistic. Law, Probability and Risk 9, 1-6.

McMurtrie, J., 2010. Swirls and whorls: litigating post-conviction claims of fingerprint misidentification after the NAS report. Utah Law Review 2010, 267-296.

Moreno, J.A., 2010. C.S.I. bulls # ! t: the National Academy of Sciences, Melendez-Diaz v. Massachusetts, and future challenges to forensic science and forensic experts. Utah Law Review 2010, 327-365.

Mussweiler, T., Strack, F., 1999. Comparing is believing: a selective accessibility model of judgmental anchoring. European Review of Social Psychology 10, 215.

Mustonen, V., Kakkarainen, K., Tuuneinen, J., Pahjola, P., 2015. Discrepancies in expert decision-making in forensic fingerprint examination. Forensic Science International 254, 215 – 226.

National Research Council of the National Academies, 2009. Strengthening Forensic Science in the United States: A Path Forward. National Academies Press, Washington, DC.

Nuzzo, R., 2014. Statistical errors. Nature 506, 150 – 152.

Pacheco, I., Cerchiai, B., Stoiloff, S., 2014. Miami-Dade Research Study for the Reliability of the ACE-v Process: Accuracy & Precision in Latent Fingerprint Examinations. National Institutes of Justice. Document No. 248534.

Phillips, V. L., Royer, J. M., Greene, B.A., 2001. The application of signal detection theory to decision-making in forensic science. Journal of Forensic Science 46, 294 – 296.

Risinger, M. D., 2010. The NAS/NRC report on forensic science: a path forward fraught with pitfalls. Utah Law Review 2010, 246 – 255.

Risinger, M. D., Daks, M. J., Thompson, W. C., Rosenthal, R., 2002. The Daubert/Kumho implications of observer effects in forensic science: hidden problems of expectation and suggestion. California Law Review 90, 1 – 56.

Rix, J., 2007. Jingle Jangle: The Perfect Crime Turned Inside Out. Broken Bench Press, Zephyr Cove, NV.

Sheldon, D. E., 2008. The "CIS effect": does it exist. National Institutes of Justice Journal 259, 1 – 6.

Starrs, J. E., 1971. The ethical obligations of the forensic scientist in the criminal justice system. Journal of the Association of Official Analytical Chemists 54, 906 – 910.

Ulery, B. T., Hicklin, R. A., Roberts, M. A., Buscaglia, J., 2014. Measuring what latent fingerprint examiners consider sufficient information for individualization determinations. PLoS One 9, e110179. http://dx.doi.org/10.1371/journal.pone.0110179.

U.S. Department of Justice, 2014. http://www.justice.gov/opa/pr/2013/February/13-dag-203.html.

Whitman, G., Koppl, R., 2010. Rational bias in forensic science. Law, Probability and Risk 9, 69 – 90.

Willing, R., 2004. CSI Effect Has Juries Wanting More Evidence. USA Today. 5 August. Cited by Stevens, D. J., 2008. Forensic science, wrongful convictions, and American prosecutor discretion. The Howard Journal (of Criminal Justice) 47, 31 – 51.

第三章

法医植物科学证据的来源

人类追求正义的能力使民主成为可能,而人类追求非正义的倾向使民主成为必要。

——Reinhold Niebuhr(美国神学家)

在本章中,我们简要介绍四种在法医植物科学中比较实用的方法,即植物解剖学、植物分类学、植物生态学和遗传学分析。前三种方法我们已经使用超过30年了。这三种方法都不复杂,成本也不高,而且相对容易学习。遗传学分析的成本要高得多,而且还需要精密的设备和专业的训练。在后续章节中,我们将会更加详细地展开讨论植物解剖学(参见第四章)、植物分类学(参见第六章)和植物生态学(参见第八章)。关于硅藻和花粉的法医应用在第十章进行阐述。遗传分析的部分信息可以查阅本章末尾所引用的参考文献。

1　植物解剖学

植物解剖学是研究植物细胞结构的学科。法医植物学研究的重点是常见的食源性开花植物。我们会优先使用食源性植物细胞来帮助确定人类死亡时间、验证证词以及将受害者与特定地点联系起来。检查胃肠道内容物以及粪便样本可以识别残留的食源性植物种类。就胃肠道内容物而言,调查人员可以通过最后一餐的消化及植物残留情况等来确定死亡时间(详见第四章)。利用嫌疑人衣物上的粪便污迹可以将其与强奸或谋杀案件的受害者联系起来(Norris and Bock, 2000)。本书第五章提供了在实际法医调查中使用植物的解剖学案例。Katherine Esau(1977)和她的学生们(Evert and Eichhorn, 2006)撰写了经典的现代植物解剖学专著。专著中讲述的内容虽然偏重技术的讲解,但其文字表述清晰,感兴趣的人会发现它们的作用。

植物细胞类型只有几十种,比动物身上发现的要少得多(关于植物细胞的详细介绍参见第四章)。植物解剖学能够迅速地发展有赖于两项重大发明:一是 16 世纪晚期光学显微镜的发明(Clay and Court, 1932),还有就是 1440 年左右发明的印刷术(Moran, 1973)[译者注:活字印刷术最早于中国北宋庆历年间(1041—1048 年)由毕昇发明,此处为欧洲发明印刷术的时间]。胡克(Robert Hooke)改进了早期的显微镜(图 3.1),并用于检查天然材料。Hooke 将显微镜观察的一系列实验结果发表在《显微术》(*Micrographia*)一书中(Hooke, 1665)。在这本书中,Hooke 为世人展示了软木橡树植物细胞壁的精美图片(图 3.2)。植物解剖学能够成为植物学的一个重要分支研究有赖于两本书的出版发行。一本出版于 1686 年,记录了 Marcello Malpighi 对植物和动物的观察,其中包括许多植物细胞的显微照片以及医学观察结果。另一部是 1672 年 Nehemiah Grew 出版的第一部植物解剖学英文版书籍,但是书中内容仅含有植物细胞的图片。

图 3.1　胡克显微镜

38　　法医植物学

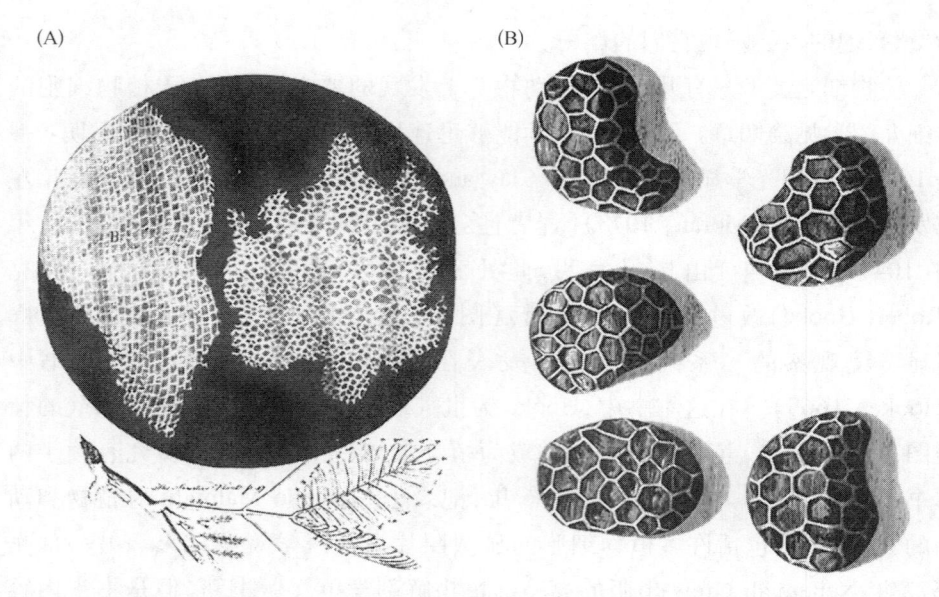

图 3.2　胡克的早期观察。（A）通过软木橡树细胞壁的早期观察发现植物和动物是由细胞组成的。（B）胡克手绘的罂粟种子。

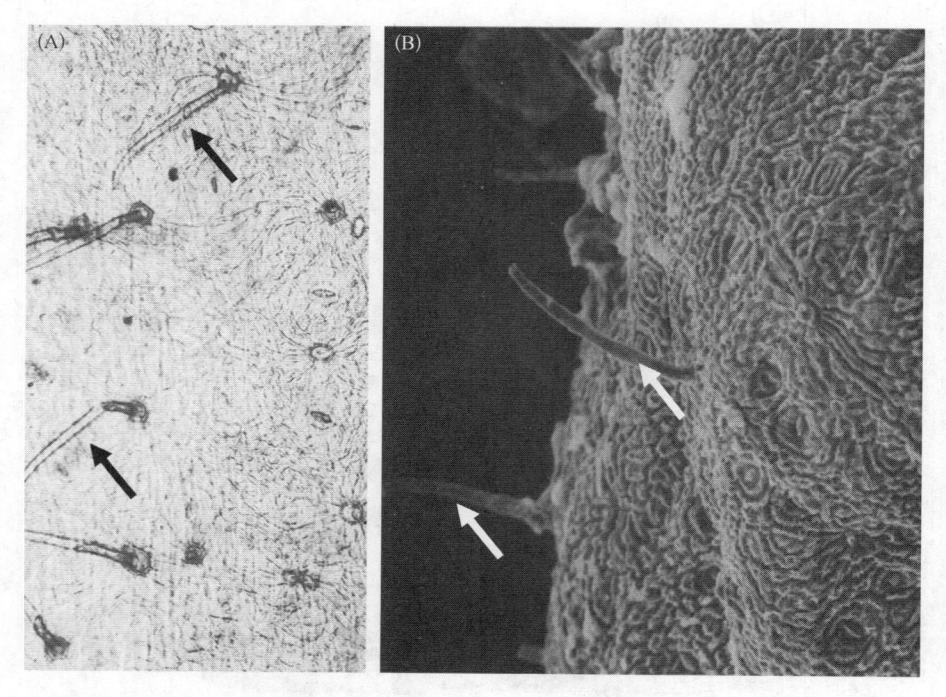

图 3.3　通过（A）光学显微镜和（B）扫描电镜观察到的绿豆表面对比图。箭头表示毛状体或刺。图片由 Meredith A. Lane.博士提供。

随着显微技术的改进,对植物细胞的描述工作也愈发完善。现代光学显微镜足以满足法医工作中植物解剖学的要求,而且比较经济。显微镜也被广泛使用于大多数中学生物课。显微术的一个重大进展是电子显微镜的发明(Ruska,1986)。随后发明的扫描电子显微镜(scanning electron microscope, SEM)为人们提供了更加精细的三维结构照片(图3.3),尽管它的使用成本比光学显微镜要高得多。因为使用成本的原因,扫描电子显微镜并不如光学显微镜那样大范围推广使用。悠久的植物解剖学史及细胞比较的可视化方法,使得法医植物科学证据在法庭上被广泛采纳。

2 植物分类学

植物分类学是植物系统学的一个分支。植物系统学的最终研究目标是为了揭示植物的进化。植物分类学的目标则是为植物物种指定适当的拉丁学名。这一程序在法医日常工作中是必需的。在涉及毒药和非法药物的案件中,物种鉴定显得极为重要。植物生态学通常也需要用到物种鉴定方面的知识(见前面内容)。

2.1 双名法

为了促进法医植物科学家之间有效地交流植物物证信息,与案件有关的植物科学名称必须记录在案。鉴于植物种类繁多,因此我们就有必要需要了解科学的命名规则。

早在18世纪中期,多种植物命名系统就已经出现了。这些早期的命名规则使用多种语言,如:拉丁语、希腊语、阿拉伯语或当地方言等(Pavord, 2005),且植物名称冗长。这就导致同种植物在不同的地方名称不同,使得不同地域植物科学家之间的交流很困难。目前的双名法使用植物的属名和种名来规范植物命名,这种方法最早可以追溯到瑞典植物学家 Carolus Linnaeus 1753 年出版的《植物种志》(*Species Plantarum*)。Carolus Linnaeus 出版的著作,目前被公认为是最早的植物命名规则(Blunt, 1971)。当时,Linnaeus 组建了一支由不同国家植物学家组成的国际团队,并从世界各地收集植物样本。团队成员来自英国、法国、德国和美洲各国。Linnaeus 一生大部分时间都奉献给了物种命名规则的制定,并致力于推动广泛的国际合作,便利了世界范围内植物的收藏与交换。

当今的植物命名严格按照《国际植物命名法规》(*the International Code of Botanical Namenclature*)的要求执行(McNeill et al., 2012; Bock, 1973)。规则明确,植物名称应由两个部分组成,即属名(pl.genera)及一个特定的种加词。例如,蒲公英的学名是 *Taraxacum officinale*,其中 *Taraxacum* 是属名,*officinale* 是种加词。在取证以及法庭证词阶段,人们需要准确地表述正在讨论的植物种类。

哺乳动物和鸟类均有官方认可的俗称,但仅有俗称而没有图片标注的植物只能使用科学名。全世界的鸟类约有1万种,哺乳动物的数量大约是鸟类的一半。但开花植物的种类超过30万种,这使得用俗称来命名所有的植物基本无法实现。因此,植物科学家十分依赖标准化的属种名称进行全球范围内的沟通。双名法的大范围使用可以极大地便利不同地域的人们进行植物物种信息准确的交流。例如,植物科学家在使用俄语和西里尔字母的地方工作时,一样可以使用拉丁属和种属名称识别植物。这种严谨的命名规则消除了法医植物科学工作中因植物名称引起的混乱。例如,虽然罂粟的拉丁学名是 *Papaver somniferum*,但并不代表罂粟属内的所有植物全是鸦片物质的来源植物,因为这个属中有许多种,每一种都有自己的名称。

2.2 分类学证据的收集方法

植物样本应该使用纸袋或布袋收集。无孔容器,包括塑料容器、玻璃和金属罐是严格禁止在植物物证收集时使用的,因为它们会促进细菌和真菌的生长,从而影响植物的鉴别。

植物学家经常通过植物压片来收集和临时储存植物标本(图 3.4)。新鲜标本被放置在新的纸层之间压制,以便保留植物大多数的原始特征。压片器是用板条固定在一起的,并使用带子调节以及固定。在法医工作中,大型样本常装在购物纸袋内,再进行压制,信封则用于植物碎片等微小样本的临时存放。

图 3.4 植物样本压制;照片由林业公司提供;使用许可证号:580101

我们通常使用形态学方法(茎、

根、叶，尤其是花等）识别植物物种，并结合植物物种地缘信息检索，能够很容易地获得鉴定结论。植物标本的使用（图3.5）有助于鉴定结果的确认。虽然有时形态学方法只能识别植物到科或属，但这些信息仍然非常有用。

图 3.5 将植物压平并干燥制备标本。如果处理得当，可以保存几十年。

当试图将植物与特定的栖息地联系起来的时候，最好的办法通常是求助于当地权威的植物学家。个别物种有时与特定的栖息地类型密切相关（参见第八章和第九章）。

3　植　物　生　态　学

生态学是研究生物及其生存环境的学科。它也许是最年轻的自然科学，但使用生态学方法解决问题的历史却和智人（*Homo sapiens*）出现的历史一样悠久。不管什么时候人们总是习惯于利用生态学知识解决实际问题。古代人类会尝试寻找可用的食用及药用植物,远离有毒的植物,并将这些信息代代相传。

　　生态学的出现可以追溯到19世纪中叶。"生态学"一词最早出现在1858年Henry David Thoreau的一封信里,信中提到"Hoar仍在康科德专心于植物学、生态学……"(Goodland,1975)。植物生态学是在20世纪早期正式建立的。虽然在19世纪末,达尔文(Charles Darwin)的进化论被生物学家广泛认可,但为达尔文进化论增加了基因遗传方面支持的孟德尔遗传定律却是在1900年左右才被人们发现并重视。孟德尔遗传定律和植物生态学一起发展、成熟。早期植物生态学的工作着重于研究植物群落(plant communities)。植物群落随时间的变化被称为植物演替(plant succession)。植物演替规律被美国植物生态学家们,特别是Frederick Clements(Clements,1913;Pound and Clements,1900)以及法国和瑞士的植物生态学家极力推崇。1926年Gleason提出了不同的观点(译者注:群落的存在依赖于特定的生态环境与不同物种的结合,而无法被视为一个独立的自然单位,这就是群落结构的"个体论")。20世纪50年代,植物生态学在英国、法国、德国、斯堪的纳维亚半岛、东欧、北美以及中美洲地区被普遍接受(Tansley,1947)。与此同时,在新西兰、澳大利亚、日本和印度等国家生态学研究工作蓬勃开展,并在这些国家出现了同时期重要的生态学期刊。

　　植物生态学和植物地理学也有着紧密的联系,因为植被图是生态学研究的一个重要领域。植物生理生态学同样也很重要(Billings,1985)。英国和美国的植物生态学家强调了环境对植物遗传特征的影响(Tansley,1947;Stebbins,1950;Baker and Stebbins,1965)。同时期土壤的生态作用,即植物生态学中的土壤因子(edaphic factor)的概念也被俄罗斯植物生态学家率先提出。土壤因子(或基质因子)在植物的分布中起关键作用。植被的剧烈变化往往是由土壤发生了剧变而引起的。造成这样的变化可能是由于周围环境遭到污染,或土壤表层下的基质发生变化(Jenny,2011)。环境监测设备如遥感和手持便携式全球定位系统推动了生态学的发展。此外,记录温度、风向和气候模式的设备也应用于预测全球范围的环境变化。

　　植物生态学在司法鉴定工作中也有着广泛的应用,如帮助寻找失踪人员和隐秘墓穴。在本书出版的几年前,美国联邦调查局发布了一张被绑架人员的照片,照片上显示受害人疑似被绑在某个岩石山区的木架上。调查人员根据照片中显示的植被和非生物背景信息寻找到了这个地方。应用示例详见第六章和第八章。

4 遗传分析：脱氧核糖核酸的应用

遗传学是研究脱氧核糖核酸(deoxyribonucleic acid，DNA)的学科。大多数生物的遗传物质存在于细胞核中，但在细胞质中存在核外DNA。本章是基于对遗传学原理、DNA结构及其在决定生物体特征方面有一定认识基础的人士展开讲述的。

核DNA是位于细胞核内的染色体，决定生物体的所有基本特征。每个细胞通常有两套完整的单倍染色体，一套遗传自父本，另一套遗传自母本。动物和大多数植物性细胞都是通过减数分裂形成的，因此一个性细胞内含有一套完整的单倍体配子。例如：人有23对46条染色体。每个单倍体配子(*Gk*，*haplos*，single)都有一套含有23条染色体的遗传物质，因此，正常情况下一个人拥有完整的二倍体染色体(*Gk*，*diplous*，double)。受精(fertilization)，即雄性配子和雌性配子的细胞核融合成受精卵的过程，这个过程会使减数分裂同源重组，从而繁衍形成一个新的生命体。核外DNA存在于细胞质的细胞器中，主要有线粒体和植物特有的叶绿体。

4.1 核DNA

一个核DNA分子是由两条DNA长链组成的双螺旋结构。每条DNA链由鸟嘌呤(guanine，G)、胞嘧啶(cytosine，C)、腺嘌呤(adenine，A)和胸腺嘧啶(thymine，T)(图3.6)四种核苷酸碱基通过不同的排列组合成线性大分子(图3.7)。DNA双链通过碱基之间的化学键连接起来并配对，且碱基之间具有特定的配对规则即：G对C，A对T。因此，DNA双链的两条单链的碱基是互补的，即碱基A出现在一条链上，那另一条单链与之对应的位置上必须是碱基T。DNA双螺旋结构就像一个螺旋上升的楼梯，脱氧核糖-磷酸链在螺旋结构的外面，碱基朝向里面(图3.8)。DNA上某些区域为基因编码区，直接参与动植物的所有细胞、器官和有机体活动。在同一物种中，碱基序列在个体之间以可预测的方式略有不同。这些基因序列是从它们的上一代遗传而来的。除此之外，大部分的DNA核苷酸序列被称为重复DNA序列，因为它们没有直接参与或决定有机体的活动。然而，这些重复序列往往包含特有且稳定遗传的碱基短序列,这些序列称为短串联重复序列(short tandem repeats, STRs)(Butler and Becker, 2001)。人们已经成功地将这些序列应用于个体识别的 DNA 指纹技术。

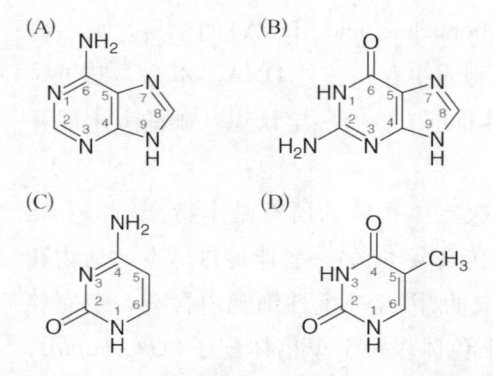

图 3.6 合成 DNA 聚合物的四个含氮碱基 (A) 腺嘌呤;(B) 鸟嘌呤;(C) 胸腺嘧啶;(D) 胞嘧啶

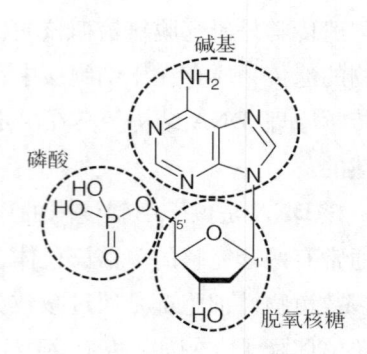

图 3.7 核苷酸总体结构,以腺嘌呤核苷酸为例。核苷酸基通过磷酸盐和脱氧核糖连接在一起形成单链。四种核苷酸类型见图 3.6。两个核苷酸链互补形成完整的双螺旋 DNA 分子(图 3.8)

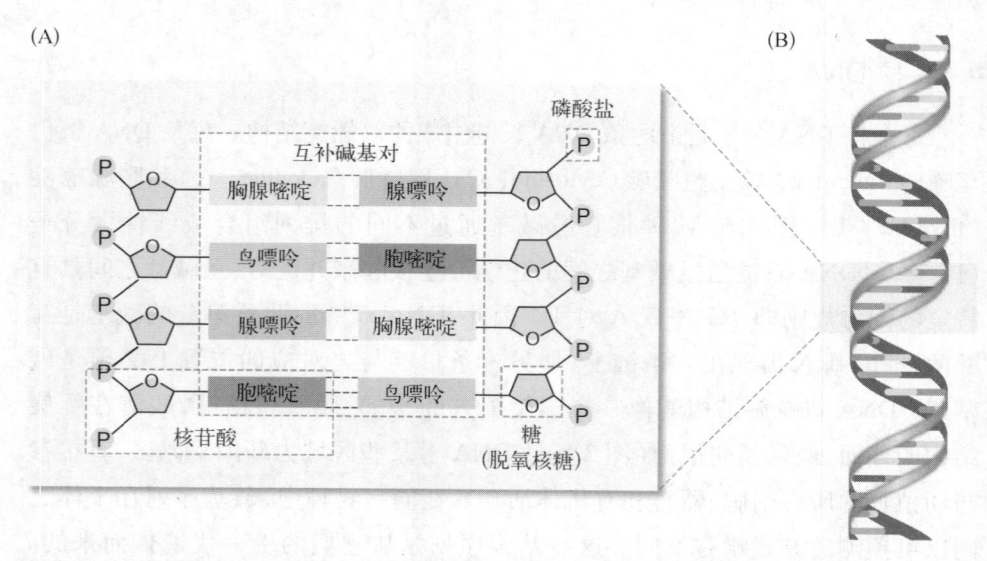

图 3.8 DNA 双螺旋结构。(A) 核苷酸的互补配对,磷酸盐和脱氧核糖组成骨架,四个碱基成对连接。腺嘌呤与胸腺嘧啶配对,鸟嘌呤与胞嘧啶配对。(B) DNA 分子的一小段示意图。来源于 *bio3400.nicerweb.com*。

4.2 细胞核外 DNA

细胞核外 DNA 广泛存在于细胞质中的细胞器内,如植物叶绿体(chloroplasts,cpDNA)和动植物的线粒体(mitochondria,mtDNA)。不同于核 DNA 的是,线粒体 DNA 和叶绿体 DNA 的结构是环状的,而不是核 DNA 那样呈线形(图3.9)。每个体细胞可包含多个细胞器,因此在单个细胞中存在许多细胞器 DNA。

在动物体内,线粒体基因与能量的代谢有关,同时线粒体通过卵细胞(雌性配体)遗传。因此,原则上所有同一母体的后代拥有相同的线粒体 DNA,而核

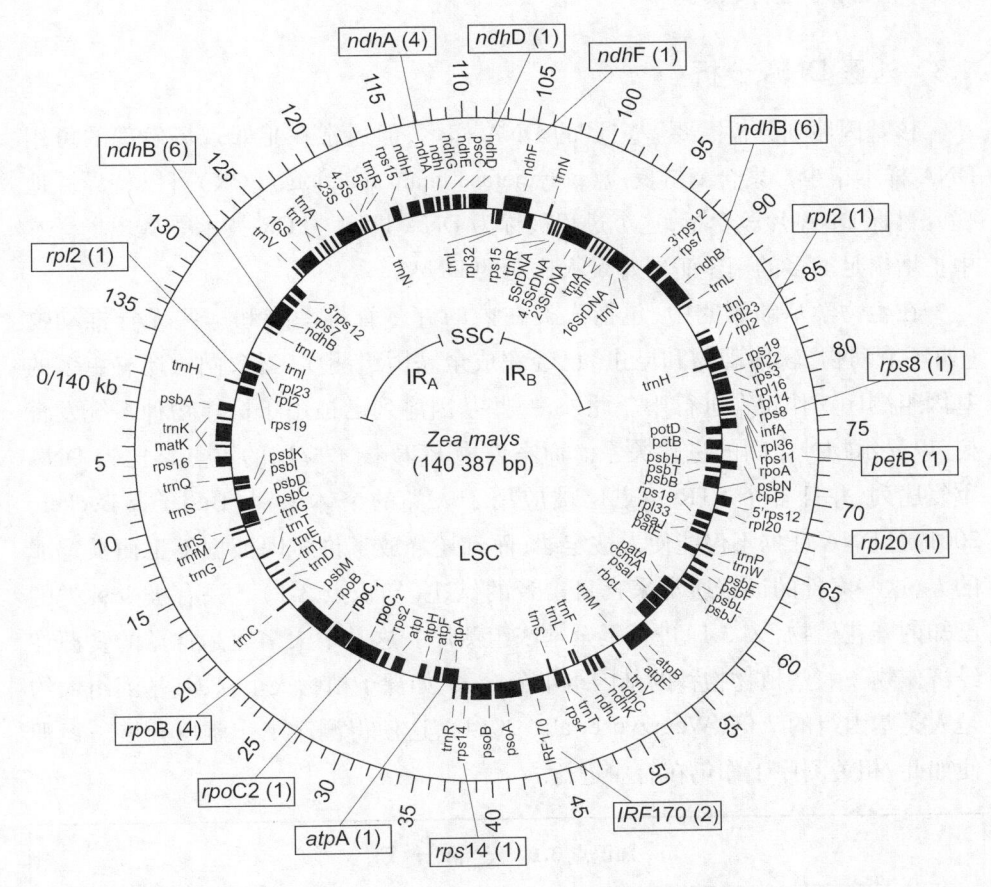

图 3.9 玉米叶绿体 DNA 分子结构。(Maier, R. M., Neckermann, K., Igloi, G. L., Kössel, H. 1995. Complete sequence of the maize chloroplast genome: gene content, hotspots of divergence and fine tuning of genetic information by transcript editing. Journal of Molecular Biology 251. 614 – 628.)。

DNA则是来源于父母双方。这意味着雌性会把她的线粒体基因传给所有她的子一代。然而,有证据表明,动物中存在极为罕见的线粒体双亲遗传(Barr et al., 2005)。虽然线粒体DNA不能用来进行亲缘关系鉴定(母子、兄弟姐妹或祖孙),但是在法医人类研究中还是有其特定作用的。

叶绿体主要负责植物的光合作用。在植物中,线粒体和叶绿体的遗传方式差异很大。例如,红杉的线粒体和叶绿体都表现为父系遗传(Neale et al., 1989),而火炬松的线粒体为母系遗传,叶绿体则为父系遗传(Neale & Sederoff, 1989)。其他植物物种的线粒体遗传可能来源于是双亲、父本或母本(Birsky, 1995; Wang et al., 2010)。

4.3 法医DNA分析

核基因序列分析需要一定量的DNA样本,但通常在犯罪现场发现的可用DNA样本很少。聚合酶链反应(polymerase chain reaction, PCR)可以特异性地提升目标DNA片段含量,这个过程被称为DNA扩增。PCR技术能从现场样本中扩增出足够多的用于犯罪嫌疑人比对的DNA。

在生物学基础研究中,包括人类在内的许多脊椎动物和一些无脊椎动物(如环节动物、软体动物和昆虫)已经完成全基因组测序工作,同时还有更多的基因组测序工作正在进行中。此外,一些基因序列已被用于构建物种系统发育树,以显示物种之间的进化关系。而案件中PCR技术应用的重点是比较DNA重复序列,并且多个STR位点已被应用于人类的个体识别(Butler & Becker, 2001)。DNA证据不仅能使人被定罪,而且还释放了许多因证据不足而被定罪的人,这些案件的证据通常来自目击者的供述(知识点3.1)。只有极少种类的已知的开花植物(表3.1)进行了全基因组测序。这其中大多数是常见的食源性经济作物。一些植物物种的基因组十分庞大,如裸子植物火炬松,其基因组大约是人类基因组的7倍(Wegrzyn et al., 2014),这使得测序工作难以开展。但即便如此,相关测序工作仍在有序进行。

知识点3.1 无 罪 计 划

目前,多个国家及国际组织致力于DNA证据如何推动司法公正,当DNA证据被应用于重审时,可能会推翻以前的判决。这种情况通常发生在死刑犯和被不公正判决关押多年嫌疑人身上。冤假错案是怎么发生的?当DNA证据无法发挥作用时,间接证据尤其是目击者的供述往往会导致冤案的发生。《美国国家研究报告》(见第一章)对目击者的证词进行了批判,因为不同人对于同一事件的描述往往差异很大 (Technical Working Group for Eye Witness Evidence, 1999; Wells and Loftus, 2003)。痕迹、指纹及其他法庭科学技术错误识别(McMurtrie, 2005, 2010; Reardon, 2014)也导致了许多冤案(图3.10)。

"无罪计划" (www.innocence project.org)是叶史瓦大学法学院的 Benjamin N. Cardozo 提出的。在撰写本文时,纽约市已经撤销了超过325项刑事定罪。撤销的案件嫌疑人平均服刑时间为13年,其中有几个是死刑犯;服刑人员几乎都是男性。

无罪案件因素分析(基于325件DNA技术重审案件)鉴于每件案件中存在多个导致错判的因素,所以总体百分比超过100%

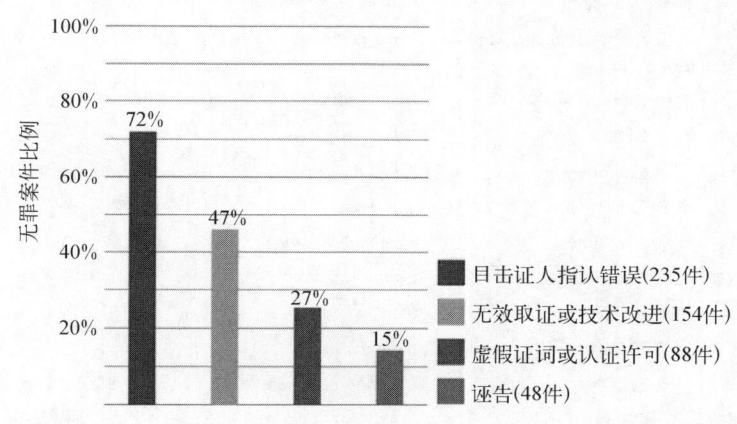

- 目击证人指认错误(235件): 72%
- 无效取证或技术改进(154件): 47%
- 虚假证词或认证许可(88件): 27%
- 诬告(48件): 15%

以上统计结果来源于无罪计划,但实际案件数远高于统计数。同时,还存在其他导致错判的因素如政府的不当行为及无良律师

图 3.10　导致误判的证据因素

表 3.1　已知核基因组的植物

	常用名	拉丁学名	种类
食源性植物	苹果 Apple	*Malus × domesticus*	水果
	梨 Pear	*Pyrus bretschneideri*	水果
	鹰嘴豆 Chickpea	*Cicer arietinum*	豆类植物
	桃 Peach	*Prunus persica*	水果
	芸豆 Common bean	*Phaseolus vulgaris*	豆类植物
	柑橘 Sweet orange	*Citrus clementina*	水果
	木瓜 Papaya	*Carica papaya*	水果
	番茄 Tomato	*Solanum lycopersicum*	水果/蔬菜

续表

	常用名	拉丁学名	种类
	马铃薯 Potato	*Solanum tuberosum*	蔬菜
	葡萄 Grape	*Vitis vinifera*	水果
	木豆 Pigeon pea	*Cajanus cajan*	豆类植物
	木薯 Cassava	*Manihot esculenta*	淀粉类
	黄瓜 Cucumber	*Cucumis sativus*	水果/蔬菜
	香瓜 Melon	*Cucumis melo*	水果
	西瓜 Watermelon	*Citrullus lanatus*	水果
	野草莓 Woodland strawberry	*Fragaria vesca*	园林植物
	海枣 Date palm	*Phoenix dactylifera*	
	小果野芭蕉 Banana（diploid form）	*Musa acuminata*	水果
	水稻 Rice	*Oryza sativa*	谷物
	大麦 Barley	*Hordeum vulgare*	谷物
	小麦 Einkorn wheat	*Triticum urartu*	小麦的六倍体基因组
	玉米 Corn/maize	*Zea mays*	谷物
	高粱 Sorghum	*Sorghum bicolor*	糖蜜源
非直接食源农作物	大麻 Cannabis	*Cannabis sativa*	大麻类毒品来源
	甜菜 Sugar beet	*Beta vulgaris*	食源糖来源
	油菜籽 Rapeseed	*Brassica napa*	菜籽油
	芸薹属植物	*Brassica oleracea*	含花椰菜、羽衣甘蓝、球芽甘蓝、卷心菜
	亚麻 Flax	*Linum usitatissimum*	油料来源
	蓖麻 Castor bean	*Ricinus communis*	蓖麻油和蓖麻毒素的来源
	大豆 Soybean	*Glycine max*	豆类
	棉花 Cotton	*Gossypium raimondii*	栽培棉花 *Gossypium hirsutum* 的 D 基因组
	可可 Chocolate	*Theobroma cacao*	croillo 和 matina 的变种
	粟 Foxtail millet	*Setaria italica*	和玉米、高粱近缘的 C4 禾草
野生植物	蒺藜状苜蓿 Barrel medic or barrel clover	*Medicago truncatula*	基因组研究模式植物
	拟南芥 cress	*Arabidopsis thaliana*	十字花科；一年生杂草
	七叶水芹 Lyre-leaved rock cress	*Arabidopsis lyrata*	十字花科；一年生杂草
	芥菜 Field mustard	*Brassica rapa*	园艺植物
	毛竹 Moso bamboo	*Phyllostachys heterocycla*	竹林主要植物
	荠菜 Shepherd's purse	*Capsella rubella*	拟南芥属近缘类群
	盐芥 Salt cress	*Thellungiella parvula*	拟南芥属相关植物

续表

	常用名	拉丁学名	种类
树	无油樟	*Amborella trichopoda*	新喀里多尼亚的稀有灌木
	楼斗菜 Columbine	*Aquilegia formosa*	花卉植物
	百脉根	*Lotus japonicus*	野生豆科基因组模式植物
	印度苦楝树 Neem	*Azadirachta indica*	
	巨桉 Rose gum tree	*Eucalyptus grandis*	乔木
	毛果杨 Poplar	*Populus trichocarpa*	乔木
	火炬松 Loblolly pine	*Pinus taeda*	裸子植物
原始植物	莱茵衣藻 Green alga	*Chlamydomonas reinhardtii*	模式植物
	小立碗藓 Moss	*Physcomitrella patens*	模式植物
	卷柏 Lycophyte	*Selaginella moellendorffii*	模式植物

4.4 DNA 条形码技术

事实证明，DNA 条形码技术是一种十分有用的鉴别植物技术(Sucher et al., 2012)。DNA 条形码技术是利用单碱基测序，通过不同物种间相同位置的核苷酸序列比对来进行物种识别的技术。条形码技术与个体识别的 STR 方法显著不同。也就是说，它只是用来分类鉴定植物物种，而不是个体识别。细胞色素氧化酶Ⅰ(cytochrome oxidase Ⅰ, *CO1*)在动物的种属识别中非常有效。然而，植物物种间 *CO1* 差异不大，因此植物通常将叶绿体基因 *rbcL* 和 *matK* 用于物种识别(CBOL Plant Working Group, 2009)。matK 蛋白是一种逆转录酶的退化形式，称为成熟酶。虽然叶绿体基因 *rbcL* 和 *matK* 已被用于系统发育分析，但在司法应用中只是为了物种识别。叶绿体基因 *rbcL* 和 *matK* 这两个基因片段有时只能确定到科属一级。有报道称利用 *rbcL* 和 *matK*，外加 trnH-psbA 对 445 种被子植物、38 种裸子植物、67 种藻类进行鉴别，获得了最佳鉴别效果。

蛇根草(*Rauvolfia serpentina*)可以提取利血平(抗精神病和抗高血压药物)，因此面临过度采集。当对腐败的蛇根草根进行违禁品鉴定时，使用片段较小的 *rpS16* 内含子，反而比条形码推荐的两个大的基因片段更有效。同时还有研究表明，*rpS16* 内含子在其他领域中也十分有用(Wang et al., 2011)。由此可见，鉴别非法及合法的同属近缘物种工作极其重要。

4.5 植物 DNA 的应用前景

研究人员利用扩增片段长度多态性(amplified fragment length polymorphism,

AFLP)标记技术成功对未知植物基因组进行了 DNA 鉴定。2006 年,Bless 等使用 AFLP 技术对红枫(*Acer rubrum*)进行了特异性分析,成功鉴定了约 94% 的测试样本。

澳大利亚的科研人员利用叶绿体和线粒体条形码基因,通过渐进的方式鉴定了 100 种本地草本植物(Ward et al., 2009)。在一种橡树(*Quercus geminata*)中使用微卫星 DNA 可以识别干枯和新鲜叶材料,并能达到个体识别效果(Craft et al., 2007)。从植物木质样本中提取叶绿体、线粒体和核基因重复序列的新技术具有很大的专业应用前景(Deguilloux et al., 2002)。虽然以上的研究成果表明条形码技术在植物种属鉴定中效果良好,但条形码技术体系却并不像人类 STR 技术那样简单。波兰的研究人员开发出了一种利用核基因组核糖体 DNA(nuclear ribosomal DNA, nrDNA)鉴定蘑菇物种的技术,与传统的孢子鉴定方法相比,nrDNA 具有更高的识别率(Kowalezyk et al., 2015)。

大麻种属的鉴定方法也在不断研究开发中(Howard et al., 2008; Johnson et al., 2013; Valverde et al., 2014)。有研究表明,某些技术甚至可以达到区分大麻不同品种的效果,这些技术对法医科学家尤其有用(Mendoza et al., 2009)。

当植物的主要器官保存完整时,大多数植物物种的鉴定仍然在很大程度上依赖于解剖学和形态学技术。但随着 DNA 技术的常规化和市场化,叶绿体 DNA、线粒体 DNA 和核基因组核糖体 DNA 等检测技术会使植物物种鉴定更加容易。

参考文献

Baker, H. G., Stebbins, G. L., 1965. The Genetics of Colonizing Species. Academic Press, New York.

Barr, C. M., Neiman, M., Taylor, D. R., 2005. Inheritance and recombination of mitochondrial genomes in plants, fungi and animals. The New Phytologist 168, 39 – 50.

Billings, W. D., 1985. The historical development of physiological plant ecology. In: Chabot, B. (Ed.), Physiological Ecology of North American Plant Communities. Chapman and Hall, New York, pp. 1 – 15.

Birsky Jr., C. W., 1995. Uniparental inheritance of mitochondrial and chloroplast genes: mechanisms and evolution. Proceedings of the National Academy of Sciences of the United States of America 92, 11331 – 11338.

Bless, C., Palmeter, H., Wallace, M. M., 2006. Identification of Acer rubrum using amplified fragment length polymorphism. Journal of Forensic Science 51, 31 – 38.

Blunt, W., 1971. Linnaeus: The Complete Naturalist. William Collins Sons and Co, London.

Bock, J. H., 1973. The salient features of the International Code of Botanical Nomenclature. The Biologist 55, 13-23.

Butler, J. M., Becker, C. H., 2001. Improved Analysis of DNA Short Tandem Repeats with Time-of-flight Mass Spectrometry. Science and Technology Research Report, NCJ 188292. U. S. Department of Justice. 76pp.

CBOL Plant Working Group, 2009. A DNA barcode for land plants. Proceedings of the National Academy of Science of the United States of America 106, 12794-12797.

Clay, R. S., Court, T. H., 1932. The History of the Microscope: Compiled from Original Instruments and Documents up to the Introduction of the Achromatic Microscope. Griffin, London.

Clements, F. E., 1913. The alpine laboratory. Science 3, 327-328.

Craft, K. J., Owens, J. D., Ashley, M. V., 2007. Application of plant DNA markers in forensic botany: genetic comparisons of Quercus evidence leaves to crime scene trees using microsatellites. Forensic Science International 165, 64-70.

Deguilloux, M.-F., Pemonge, M.-H., Petit, R. J., 2002. Novel perspectives in wood certification and forensics: dry wood as a source of DNA. Proceedings of the Royal Society of London B 269, 1039-1046.

Esau, K., 1977. Anatomy of Seed Plants. John Wiley & Sons, New York.

Eurlings, M. C. M., Lens, F., Pakusza, C., Peelen, T., Wieringa, J. J., Gravendeel, B., 2013. Forensic identification of Indian snakeroot (Rauvolfia serpentina Benth. ex Kurz) using DNA barcoding. Journal of Forensic Sciences 58, 822-830.

Evert, R. F., Eichhorn, S. E., 2006. Esau's Plant Anatomy: Meristems, Cells, and Tissues of the Plant Body: Their Structure, Function, and Development. John Wiley & Sons, Hoboken, NJ.

Gleason, H. A., 1926. The individualistic concept of the plant association. Torrey Botanical Club Bulletin 53, 7-26.

Goodland, R., 1975. History of "Ecology". Science 188, 313.

Grew, N., 1672. The Anatomy of Vegetables with a General Account of Vegetation Founded Thereon. Spenser Hickman, London.

Hooke, R., 1665. Micrographia. Johannis Martyn, London.

Howard, C., Gilmore, S., Robertson, J., Peakall, R., 2008. Developmental validation of a Cannabis sativa STR multiplex system for forensic analysis. Journal of Forensic Sciences 53, 1061-1967.

Jenny, H., 2011. Factors of Soil Formation: A System of Quantitative Pedology. Dover Press, Mineola, New York.

Johnson, C. E., Premasuthan, A., Satkoski Trask, J., Kanthaswamy, S., 2013. Species identification of Cannabis sativa using real-time quantitative PCR (qPCR). Journal of Forensic Sciences 58, 486-490.

Kowalezyk, M., Sekula, A., Mleczko, P., Olszowy, Z., Kujawa, A., Zubek, S., Kupiec, T., 2015. Practical aspects of genetic identification of hallucinogenic and other poisonous mushrooms for clinical and forensic purposes. Croatian Medical Journal 56, 32-40.

Ledbetter, N., Porter, K., 1964. Science 144, 872.

Linnaeus, C., 1753. Species Plantarum. Laurentius Salvius, Stockholm.

Malpighi, M., 1686. Philosophi and Medici Bononiensis e Regia Societate Opera Omni Incisis Illustrata: Tomis Duobus Comprehensa, Quorum Catalogum Sequens Pagina Exhibit. Prostant apud Robertum Scott, London.

McNeill, J., Barrie, F. R., Buck, W. R., Demoulin, V., Greuter, W., Hawksworth, D.L., Herendeen, P. S., Knapp, S., Marhold, K., Prado, J., Prud'Homme Van Reine, W. F., Smith, G. F., Wiersema, J. H., Turland, N. J., Secretary of the Editorial Committee, 2012. International Code of Nomenclature for Algae, Fungi and Plants (Melbourne Code)

Adopted by the Eighteenth International Botanical Congress Melbourne, Australia. Koeltz Scientific Books, Koenigstein, Germany.

Mendoza, M. A., Mills, D. K., Lata, H., Chandra, S., ElSohly, M. A., Almirall, J. R., 2009. Genetic individualization of Cannabis sativa by a short tandem repeat multiplex system. Analytic and Bioanalytical Chemistry 393, 719–726.

Moran, J., 1973. Printing Presses: History and Development from the Fifteenth Century to Modern Times. University of California Press, Berkeley.

McMurtrie, J., 2005. The role of the social sciences in preventing wrongful convictions. American Criminal Law Review 42, 1271–1287.

McMurtrie, J., 2010. Swirls and whirls: litigating post-conviction claims of fingerprint misidentification after the NAS report. Utah Law Review 2010, 267–297.

Neale, D. B., Marshall, K. A., Sederoff, R. R., 1989. Chloroplast and mitochondrial DNA are paternally inherited in Sequoia sempervirens D. Don Endl. Proceedings of the National Academy of Sciences of the United States of America86, 9347–9349.

Neale, D. B., Sederoff, R. R., 1989. Paternal inheritance of chloroplast DNA and maternal inheritance of mitochondrial DNA in loblolly pine. Theoretical and Applied Genetics 77, 212–216.

Norris, D. O., Bock, J. H., 2000. Use of fecal material to associate a suspect with a crime scene: report of two cases. Journal of Forensic Science 45, 178–181.

Pavord, A., 2005. The Naming of Plants: The Search for Order in the World of Plants. Bloomsbury Publishing, New York.

Pound, R., Clements, F. E., 1900. The Phytogeography of Nebraska. University of Nebraska Press, Lincoln.

Ruska, E., 1986. The emergence of the electron-microscope: connection between realization and 1st patent application, documents of an invention. Journal of Ultrastructure and Molecular Structure Research 95, 3–28.

Reardon, S., 2014. Faulty forensic science under fire. Nature 506, 13–14.

Stebbins Jr., G. L., 1950. Variation and Evolution in Plants. Columbia University Press, New York.

Sucher, N. J., Hennell, J. R., Carles, M. C., 2012. DNA fingerprinting, DNA barcoding, and next generation sequencing technology in plants. Methods in Molecular Biology 862, 13–22 Springer (Humana Press), New York.

Tansley, A. G., 1947. The early history of plant ecology in Britain. Journal of Ecology 35, 130–137.

Technical Working Group for Eye Witness Evidence, 1999. Eye Witness Evidence. A Guide for Law Enforcement. US Department of Justice. pp. 37 - 48.

Valverde, L., Lischka, C., Scheiper, S., Nedele, J., Challis, R., de Pancorbo, M. M., Pfeiffer, H., Köhnemann, S., 2014. Characterization of 15 STR cannabis loci: nomenclature proposal and SNPSTR haplotypes. Forensic Science International: Genetics 9, 61 - 65.

Ward, J., Gilmore, S. R., Robertson, J., Peakall, R., 2009. A grass molecular identification system for forensic botany: a critical evaluation of the strengths and limitations. Journal of Forensic Sciences 54, 1254 - 1260.

Wang, D.-Y., Zhang, Q., Liu, Y., Zhi-Fu, L., Shao-Xiang, Z., Meng-Xiang, S., Sodmergen, 2010. The levels of male gamete mitochondrial DNA are highly regulated in angiosperms with regard to mitochondrial inheritance. The Plant Cell 22, 2402 - 2416.

Wang, Y., Wang, W., Tong, W., Zhao, W., 2011. Analysis of chloroplast ribosomal subunit S16 (rpS16) intron sequences in Morus (Urticales: Moraceae). African Journal of Biotechnology 10, 17695 - 17699.

Wegrzyn, J. L., Liechty, J. D., Stevens, K. A., Wu, L.-S., Loopstra, C. A., et al., 2014. Unique features of the loblolly pine (Pinus taeda L.) megagenome revealed through sequence annotation. Genetics 196, 891 - 909.

Wells, G. L., Loftus, E. F., 2003. Eyewitness memory for people and events. In: Goldstein, A. M., Weiner, I.B. (Eds.), Handbook of Physiology, vol. 11. John Wiley & Sons, New York, pp. 149 - 160. http://dx.doi.org/10.1002/0471264385.wei1109. Published Online: April 15, 2003.

第四章

法医植物解剖学

在本章中,我们将介绍植物解剖学的背景,并简要概述人类食品加工的过程。在对使用胃肠道内容物在确定死亡时间或验证嫌疑人与犯罪现场之间关联进行讨论的同时,我们还提供了收集和处理法医样品的信息。

1 植物学常识

下面简要介绍可用于法医分析的植物的基本特征,重点介绍日常食源性开花植物。读者应提前查阅植物学相关教科书,如第三章中列出的那些,以获得尽可能多的植物信息。

1.1 植物种类

我们可以把植物界分成两大类:种子植物(开花植物和针叶树)和非种子植物。后者由更原始的植物组成,如藻类、苔藓和蕨类植物。在大多数情况下,它们不是人类饮食的主要来源植物。有些藻类可直接食用,且藻类提取物在许多食品中被广泛用作增稠剂和乳化剂。幼蕨(蕨拳)仅在北美某些地区被当作食物。真菌中有毒的蘑菇是造成意外中毒和刑事案件发生的原因之一(见第一章)。

种子植物中包含裸子植物(松树、云杉、冷杉等针叶树)。顾名思义,"裸子植物"就是"种子裸露的植物",其种子是在球果或其他结构的外部形成的。针叶树在球果上形成种子,而开花植物或被子植物的种子则是在花的子房中形成的,而花的子房发育成果实。人类大多数的食源性植物都是被子植物。

开花植物根据其发育、解剖和形态学特征可分为两类。成熟的种子包含一个幼胚,胚由胚根、一个原始的茎和一片或两片被称为子叶的原始叶组成(图4.1)。种子萌发破土后,子叶开始进行光合作用,并生长直到真叶形成。具

第四章 法医植物解剖学

有一片子叶的植物称为单子叶植物(如禾草、莎草),这一类植物约占所有开花植物的22%。有两个子叶的植物最初称为双子叶植物。大多数有两个子叶的植物现在称为真双子叶植物(Simpson,2010),它们约占所有开花植物的75%(如各种花卉,大多数食源性水果和蔬菜,所有开花灌木和乔木)(译者注:真双子叶植物是 Doyle 和 Hotton 于1991年提出的)。剩下的是原始双子叶植物,约占开花植物的3%,但都不是重要的食源性植物(图4.2)。单子叶植物与双子叶植物之间在结构上有许多差异(见表4.1)。

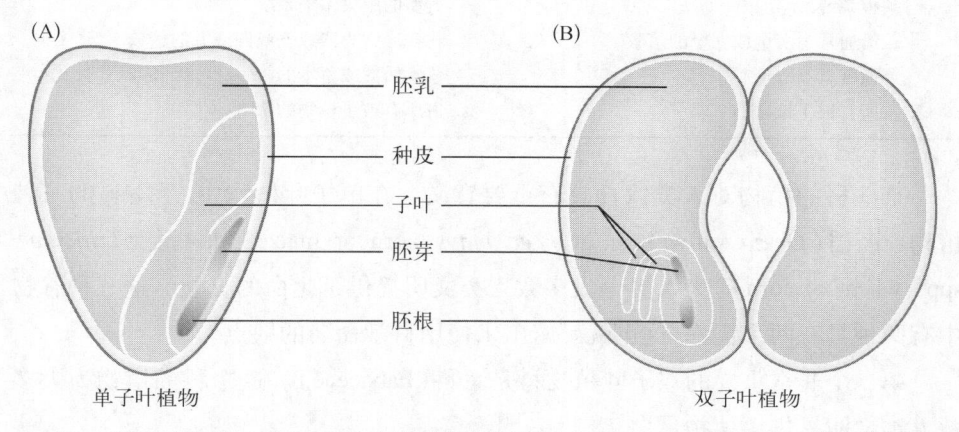

图 4.1 单子叶植物(A)和双子叶植物(B)胚胎。(1)子叶;(2)胚乳(储存营养);(3)形成芽的胚芽;(4)形成根系的胚根;(5)种皮

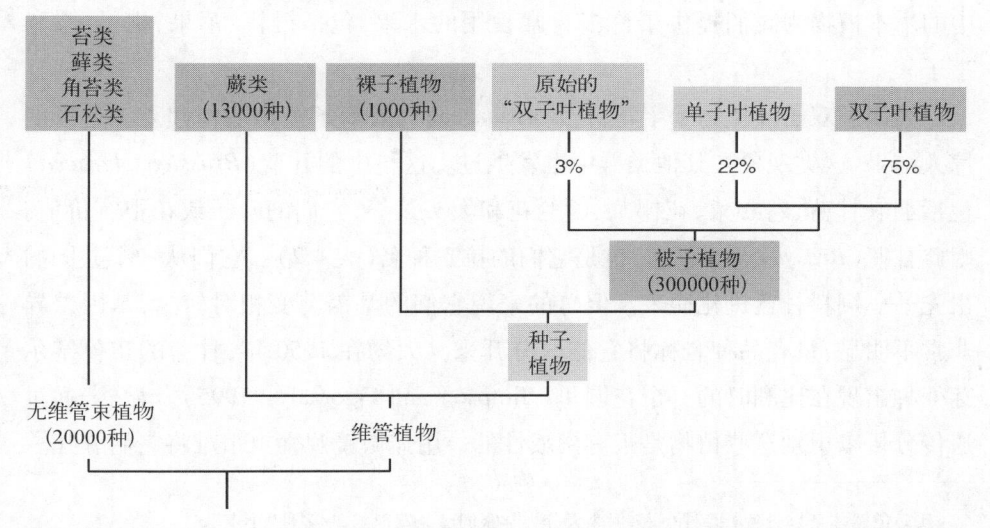

图 4.2 陆生植物进化简图(不包括真菌和藻类)。大多数法医植物科学关注的是双子叶植物(约30万种,占现存被子植物种的75%)和针叶树(1 000种裸子植物中的大多数)

表 4.1　单子叶植物和双子叶植物开花部分特征比较

单子叶植物	双子叶植物
一个子叶的种子	有两个子叶的种子
花粉粒有一个沟或孔	花粉粒有三沟或三孔
叶脉大多平行	叶脉大多网状
叶表皮具矩形细胞	叶表皮具有角的或七巧板形状的细胞
叶通常缠绕在茎上	叶通常由一短柄附在茎上(叶柄)
须根系统(不定根)	典型的中央主根系统
花瓣通常为三个或三个的倍数	花瓣通常为四或五或四或五的倍数
茎通常草本	茎木质的或草本的
占所有被子植物的22%	占所有被子植物的75%

某些科的植物对人类饮食具有重要意义。在单子叶植物中,禾本科的三种植物:水稻(*Oryza sativa*)、玉米(*Zea mays*, corn or maize)和小麦(*Triticum*① spp., wheat or corn②)为世界上大多数人类文明提供了生命的支柱。这三种谷物中有两种具有两个俗称,这也就暴露出未使用科学命名的缺点。

第二个非常重要的双子叶植物科是豆科(Fabaceae)。这个科的植物为大多数人类文明提供了植物蛋白。

另一个在北半球具有特殊意义的双子叶植物是蔷薇科(Rosaceae)。这个科中的木本植物为我们提供了许多日常食用的水果,包括樱桃、苹果、桃子、梨和李子。

第四类双子叶植物十字花科(Brassicaceae),展示了植物遗传和人工选择的惊人结果,这类现象在其他类群中也发生过。这科中的甘蓝(*Brassica oleracea*)包括羽衣甘蓝、卷心菜、花椰菜、西兰花和大头菜等,它们的叶子或花很有价值。因此甘蓝(*Brassica oleracea*)也是它们的拉丁种名(表 4.2)。它们从一个共同的祖先——饲料甘蓝进化而来。但总的来说它们的基因突变相对较少,基因差异非常不明显,只有品种名称将它们区分开来。大约在 1750 年,甘蓝的布鲁塞尔芽变种出现在比利时的一个花园里(Simpson and Ogorzaly, 1995)。显然,通过遗传分析来识别这些植物是很有挑战性的。用显微镜观察也很难将它们分开。

---

① 虽然林奈只命名了 5 种小麦,但今天分类学家们已经发现了 20 多种"小麦"。
② 在英格兰,"corn"这个普通名称是指北美人所说的"小麦",这可能源于德语中"kern"一词。直到今日,美国的"玉米"在英国还被称为"maize"。

表 4.2　常见甘蓝和瓜类

通　用　名	科　学　名
饲料甘蓝，Forage kale	*Brassica oleracea*
西蓝花，Broccoli	*Brassica oleracea* var. *botrytis*
抱子甘蓝、小洋白菜、比京芽菜，Brussel sprouts	*Brassica oleracea* var. *gemmifera*
卷心菜、甘蓝菜、洋白菜，Cabbage	*Brassica oleracea* var. *capitata*
花椰菜、菜花，Cauliflower	*Brassica oleracea* var. *cauliflora*
羽衣甘蓝，Kale	*Brassica oleracea* var. *acephala*
甘蓝、大头菜，Kohlrabi	*Brassica oleracea* var. *gongyloides*
小青南瓜，Acorn squash	*Cucurbita pepo* var. *turbinate*
南瓜(黄色)，Yellow crookneck	*Cucurbita pepo* var. *torticollia*
南瓜、倭瓜，Pumpkin	*Cucurbita pepo* var. *pepo*
贝南瓜，Scallop	*Cucurbita pepo* var. *clypeata*
黄西葫芦，Yellow summer squash	*Cucurbita pepo* var. *cylindrica*
鱼翅瓜、意大利面瓜，Spaghetti squash	*Cucurbita pepo* var. *fastigatus*

为了能更好地识别食源性被子植物的种类，我们有必要对植物细胞类型进行了解。食源性开花植物(与隐花植物相对应的显花植物)相关的细胞组成在前面已描述。

1.2　开花植物细胞类型

开花植物是由一种或多种细胞类型规则排列组成的，这些细胞可以形成以下三种组织系统。每个组织系统都由独特的特化细胞组成。它们的叶、花、茎、根、果实和种子均有可能是人类日常的食物来源。因此，植物组织系统的知识对于胃肠道内容物和粪便物质的法医分析具有特殊的重要性。

1.2.1　组织系统 1：真皮

真皮(dermal)组织包括表皮细胞和相关的毛状体。表皮细胞出现在叶、茎、根、花和果实的表面。在单子叶植物中，它们通常是矩形的，而在双子叶植物中，它们更像拼图(图 4.3)。表皮细胞通常缺乏叶绿体，叶绿体含有绿色的光合色素——叶绿素。一对特殊的保卫细胞(带有叶绿体的表皮细胞)包围气孔(*pl.*, stomata)，形成呼吸孔(图 4.4)。保卫细胞通过调节叶片表面气孔的大小来控制环境与叶片内部光合作用时的空气交换。

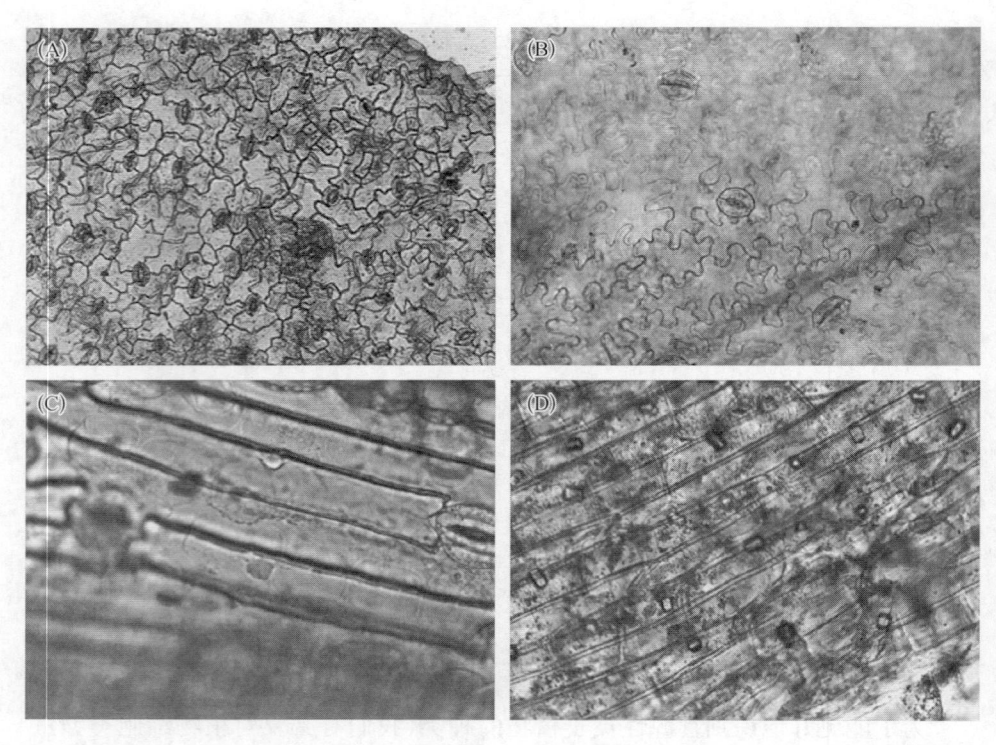

图4.3 双子叶植物（A、B）和单子叶植物（C、D）的表皮细胞。注意双子叶植物表皮看起来像拼图，而单子叶植物表皮则像砖墙。（A）菠菜表皮，番红染色，10×。（B）生菜表皮，未染色，10×。（C）韭菜表皮，未染色，40×。（D）韭菜表皮下覆盖着实质细胞，番红染色，25×。本显微照片由原作者提供

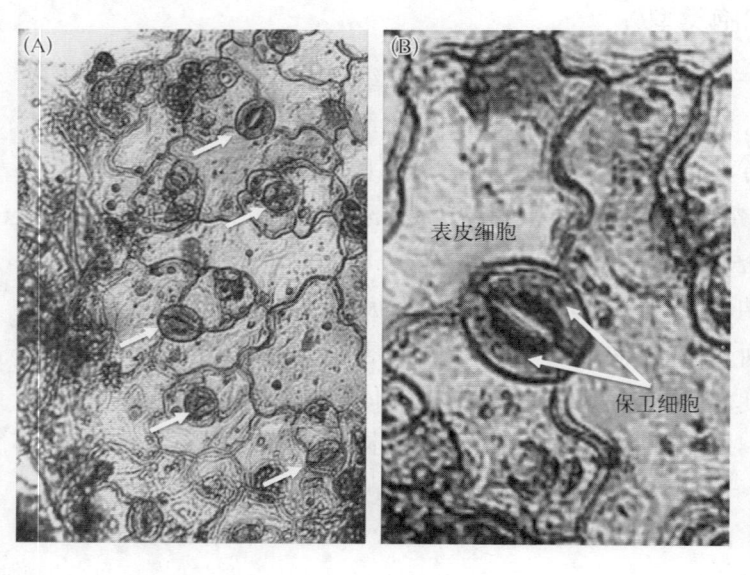

图4.4 气孔（A）芝麻菜叶表皮显示多个气孔（箭头所指）。番红染色，25×。（B）注意保卫细胞比表皮细胞染色深，部分原因是它们含有叶绿体，而叶绿体在周围的表皮细胞中是不存在的。本显微照片由原作者提供

第四章 法医植物解剖学

　　毛状体(Trichomes)是由一个或多个特异化表皮细胞组成的(图 4.5 和图 4.6)。部分为单体形式的，而另一些可能分叉。例如，在青豆和秋葵的豆荚上、桃子和猕猴桃表面上以及迷迭香的茎(叶柄)上都能找到毛状体。一些植物的毛状体可能具有分泌功能(即腺状)，如大麻上的毛状体。

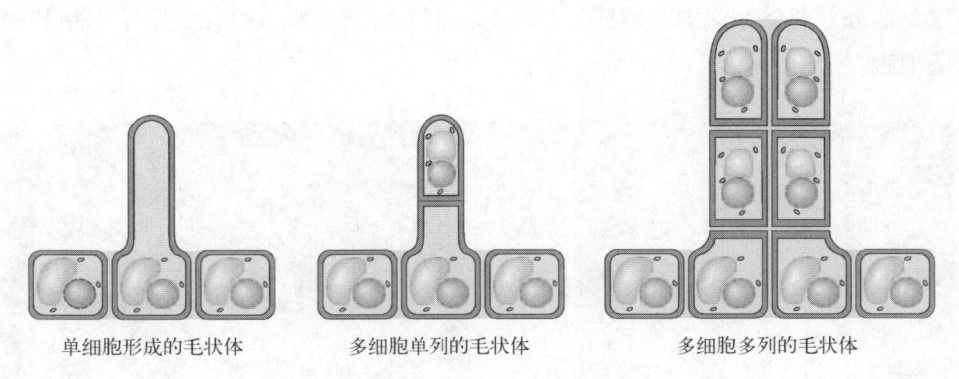

单细胞形成的毛状体　　　多细胞单列的毛状体　　　多细胞多列的毛状体

图 4.5　毛状体的类型

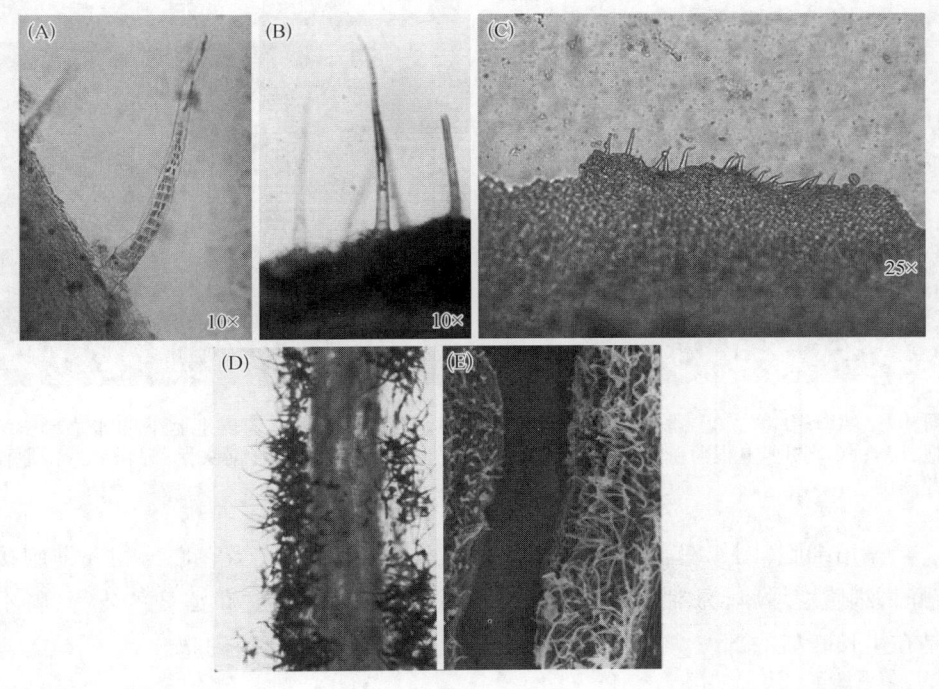

图 4.6　毛状体(A) 秋葵，Okra (多细胞，多列)；(B) 牛至，Oregano (多细胞，单列)；(C) 图(单细胞)；(D)和(E) 迷迭香，Rosemary (单细胞，三硅酸盐)。光学显微镜照片由原作者提供。扫描电镜图片由 Meredith A. Lane 医生提供。

1.2.2 组织系统 2：薄壁组织、厚角组织和厚壁组织（Parenchyma, Collenchyma, and Sclerenchyma）[①]

薄壁细胞（图 4.7）是光合作用和物质储存的场所。各种营养物质可储存在薄壁细胞内的质体或液泡中。薄壁细胞出现在叶、根和茎中，并构成肉质果实的主要部分。薄壁细胞的细胞壁相对较薄。部分薄壁细胞可分化成厚角细胞和厚壁细胞。

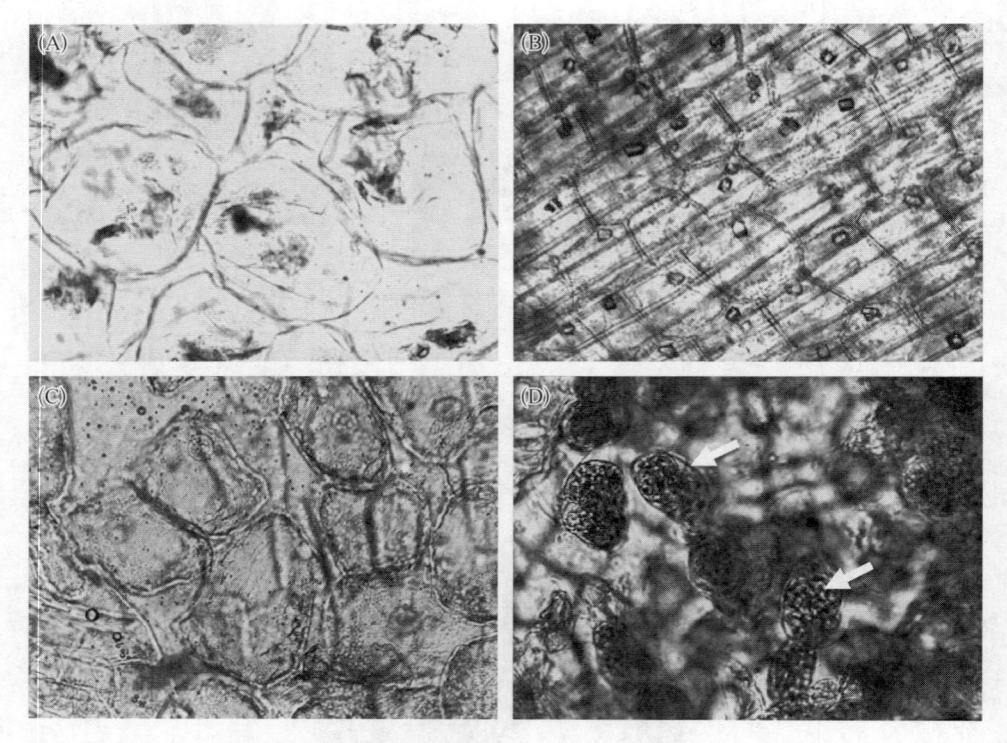

图 4.7 薄壁组织。（A）番茄果实贮藏薄壁细胞，10×；（B）矩形表皮细胞下的韭菜薄壁细胞，10×；（C）胡萝卜根薄壁组织，25×；（D）菠菜光合作用薄壁细胞（箭头）。显微照片由原作者提供。

厚角细胞（图 4.8）为伸长细胞，水分含量普遍较高。当它们与相邻细胞接触时，细胞壁增厚，为细胞提供了刚性。厚角细胞为植物提供必要的支撑，特别是在生长旺盛的部位。例如，芹菜茎纤维的主要成分是厚角细胞。

[①] 这三种细胞类型（薄壁组织、厚角组织和厚壁组织）有时被称为"基质系统"。这个词似乎是对德语"grund"的误译，它既可以表示"基本的"，也可以表示"基底"。

第四章 法医植物解剖学　　61

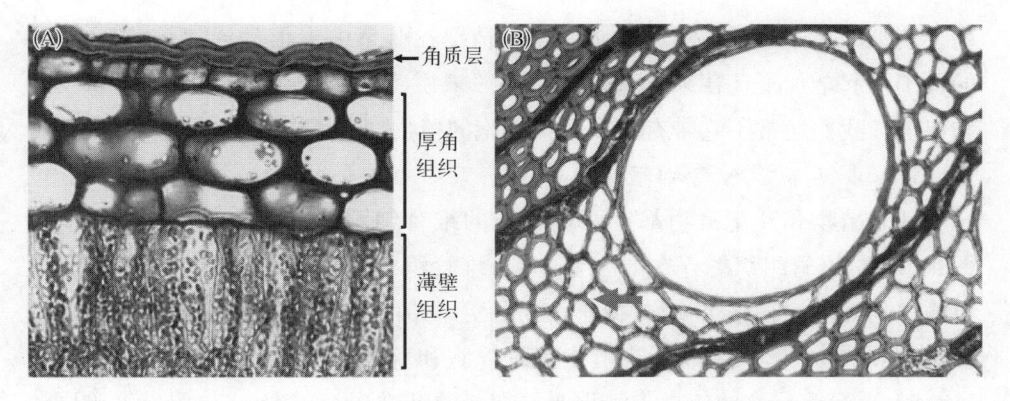

图 4.8 厚角组织。(A) 在旱生叶的横切面上,被蜡质角质层覆盖的单层表皮细胞下。底部的细长细胞为薄壁细胞。(B) 图为茎的组成部分(箭头)。注意它们围绕着橡树茎的横截面上的一个大细胞器。显微照片由原作者提供。

厚壁细胞(图 4.9)有非常厚的细胞壁,并且通常通过增加木质素含量来提升细胞强度。它们通常以两种形式存在:茎部的长纤维以及短的石细胞。石细

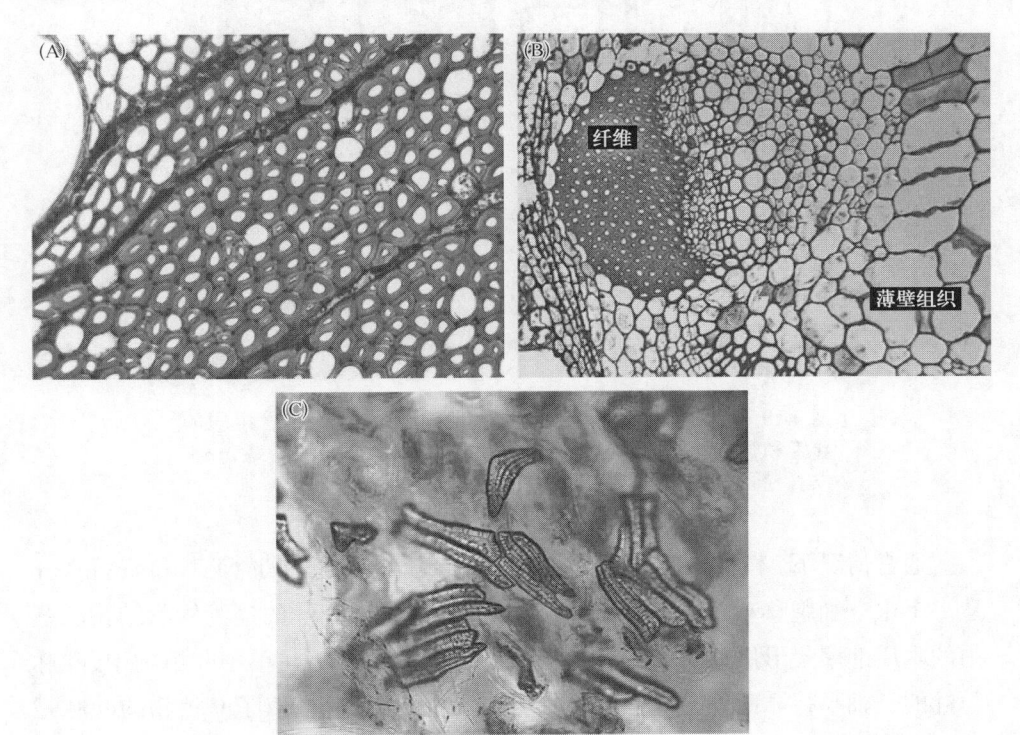

图 4.9 厚壁细胞。(A) 在旱生叶横切面中呈现,40×。(B) 以纤维形式出现在橡树茎横截面上,40×。注意,它们环绕着一般大船。(C) 蓝莓果实中的厚壁细胞。显微照片由原作者提供。

胞会使梨的果肉有轻微的沙砾感。这种情况在蓝莓中也很常见,石细胞和细小的种子一起增加了蓝莓果实的质感。一般来说,纤维和石细胞为植物提供支撑和保护。我们通常不吃带有很多厚壁细胞的植物部分。

1.2.3 组织系统3：维管组织

裸子植物和开花植物都有两种细长的维管细胞。其中木质部（图 4.10 和图 4.11）是维管组织的存在的主要部位,维管组织负责将水和溶解的矿物质从根输送到叶片。在蕨类植物、裸子植物和更原始的开花植物中,木质部仅由管胞（tracheids）组成。大多数开花植物都有管胞和直径较大的传导细胞,称为导管（vessels）,导管对水的传导也很重要。细长的纤维（厚壁组织）与传导细胞同一时间被人类所发现,他们为木质部提供额外的支持。

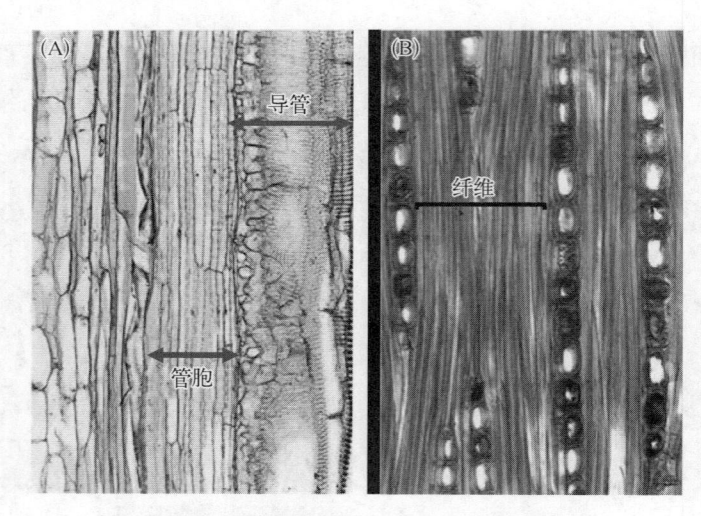

图 4.10 木质部。（A）南瓜（Cucurbita）的双子叶维管组织的导管和管胞的低倍镜（10×）视图；（B）低倍镜下松树的茎,一种没有导管的针叶树。显微照片由原作者提供。

通常情况下,木质部细胞应该全部是死细胞,细胞壁上的管胞坑负责将水分从一个中空细胞移动到另一个中空细胞,并形成从根到叶的连续管状结构。茎中的木质部聚集形成束状结构,一直到达叶,形成叶脉。在单子叶植物中,叶脉与叶的长轴平行。此外,单子叶植物的叶基部包裹着茎。双子叶植物的叶脉是维管组织的分支,叶通过短叶柄附着在茎上。

第二种维管组织是韧皮部。与木质部不同,韧皮部细胞是活细胞,它的功能

第四章　法医植物解剖学

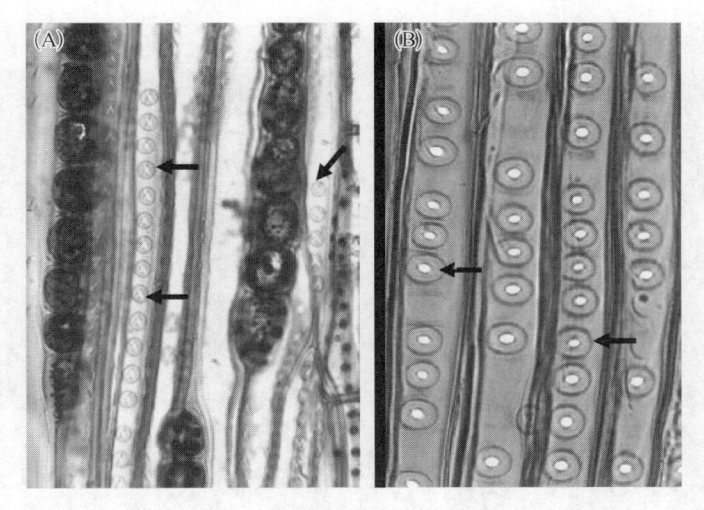

图4.11　高倍镜(40×)观察下的管胞坑(箭头所示)。(A)橡树；(B)松树。显微照片由原作者提供。

是通过植物的茎传输有机物质。韧皮部细胞实际上只占我们所吃食物的很小一部分，对于识别食物并不重要。

1.2.4 内含物

除了拥有各种不同类型的细胞外，一些植物细胞可能会积累特有的晶体物质。晶体的大小和形状各不相同，它们的分布和组成模式也因物种而异。根据其组成的不同，它们可能以棱柱状出现，如晶簇或针束晶体(raphides)(图4.12和图4.13)，或简单地以不规则的团块状出现。比如在猕猴桃细胞内的液泡中可以发现成簇的针晶(图4.14)。

此外，许多植物内部会产生名为植物岩(phytoliths)的二氧化硅包裹体(Hart，2015)。植物岩(图4.15)因其不同物种具有独特的结构，可用于物种鉴定(Schneck，2004；Piperno，2006；Hart，2015)。当植物死亡时，植物岩会残留在土壤中或粪便化石中。植物岩被考古学家和古生态学家分别用来重建原始部落和灭绝动物的饮食特点(Piperno，2006)。植物岩还被成功地用于土壤分析，以期将嫌疑人的车辆与特定地点联系起来(Schneck，2004)。

有些植物可能含有特殊的淀粉粒，在偏振光下清晰可见(图4.16)。淀粉是一种葡萄糖聚合物，包括直链淀粉和支链淀粉。在淀粉中加入碘化钾溶液时(见附录Ⅳ)，直链淀粉含量高的质体就会变成蓝黑色(图4.17)，而支链淀粉含量高的质体则会变成黄色至红棕色，并用于检测。

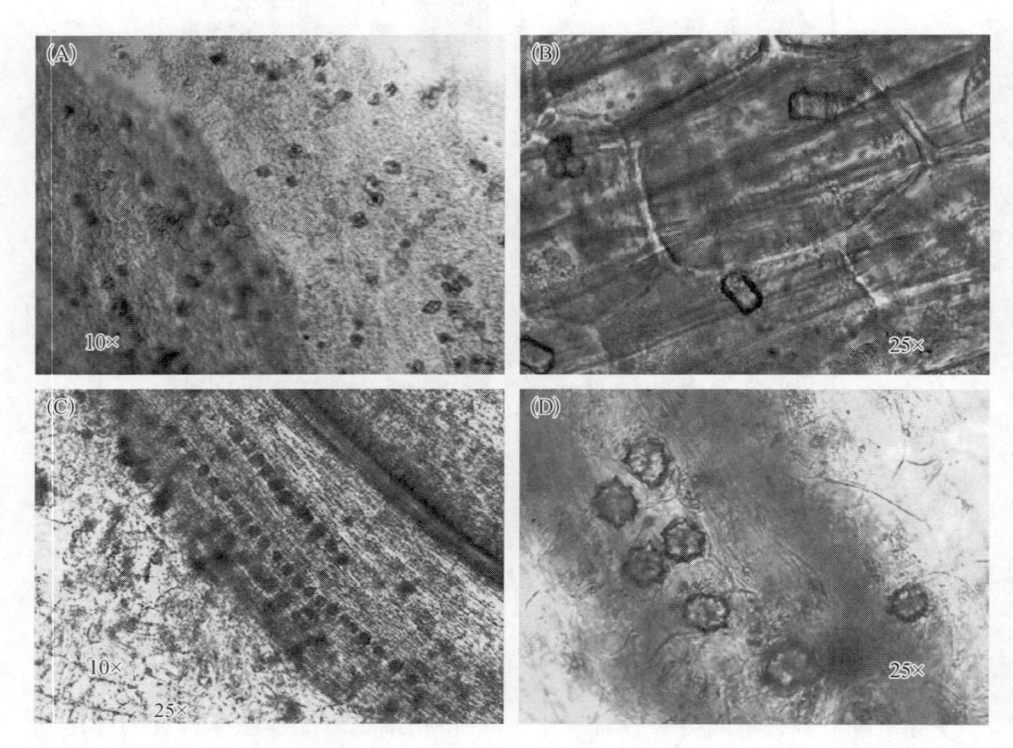

图 4.12 晶体。(A) 珠状晶体；(B) 韭菜中的矩形晶体；(C、D) 秋葵晶体的二次放大。显微照片由原作者提供。

图 4.13 菠萝体内植物岩。显微照片由原作者提供。

第四章　法医植物解剖学　　65

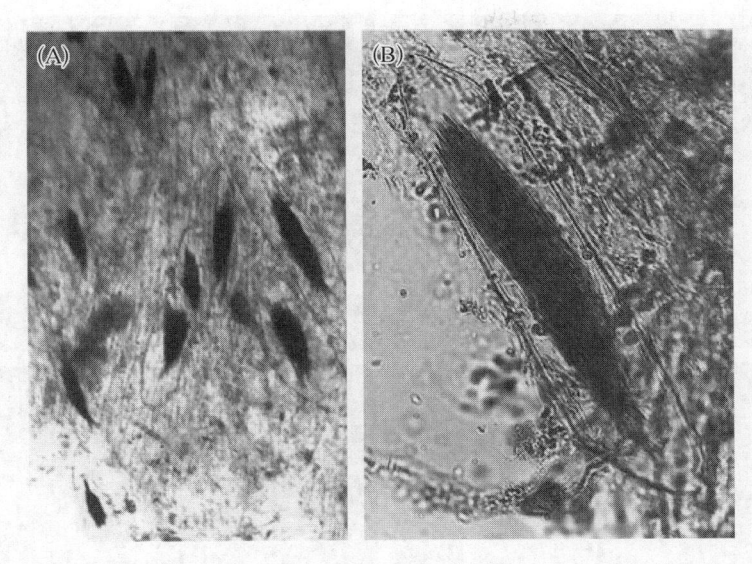

图 4.14　猕猴桃果实中的内含物，由特定细胞内的束状针晶组成。(A) 10×放大, (B) 25×放大单细胞。注意单个针晶紧凑组成。显微照片由原作者提供。

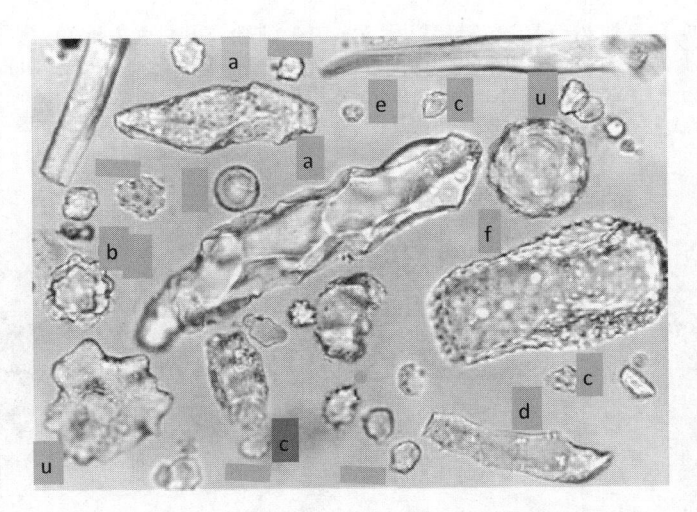

图 4.15　植物岩可以用来确定植物的科、属甚至种。巴拿马土壤样本：a 木兰；b 竹芋科植物；c 手掌；d/e 仅用形状来描述；f 树木；u 未知。经过 Hall 的允许修改（2015 年）。

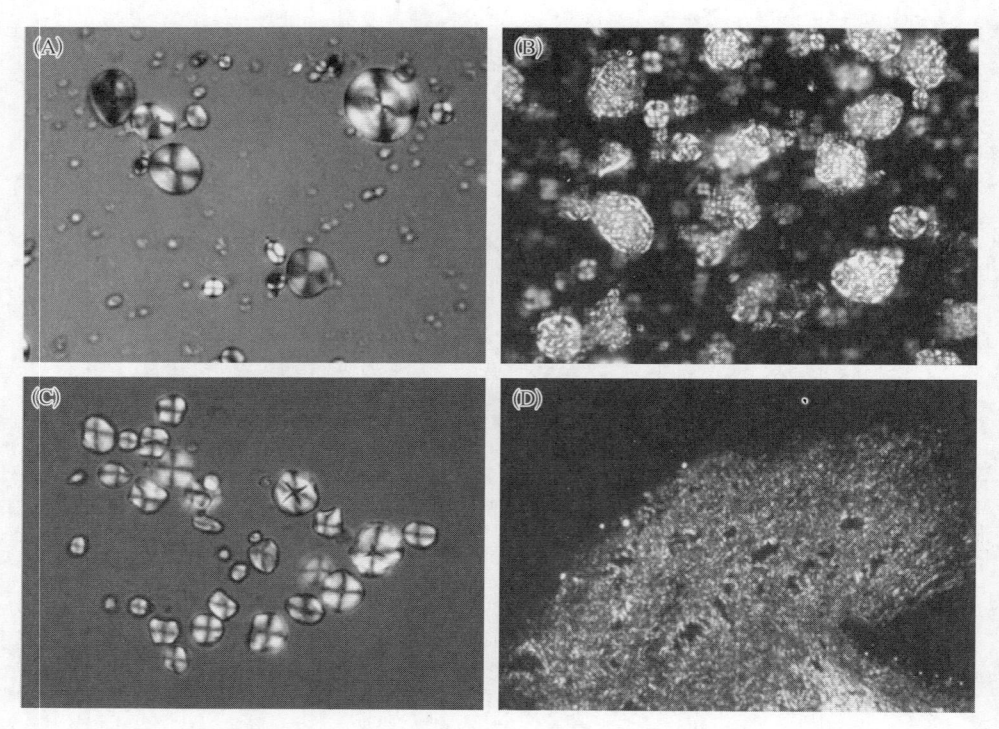

图4.16 偏振光下淀粉粒呈白色球状。(A) 玉米淀粉;(B) 燕麦淀粉;(C) 小麦淀粉;(D) 低倍偏振光照射人体解剖组织表面的淀粉颗粒。图(A-C)经 W.M. Schneck(2004)授权重印。显微照片 D 由 William "Ned" Freidman 博士提供。

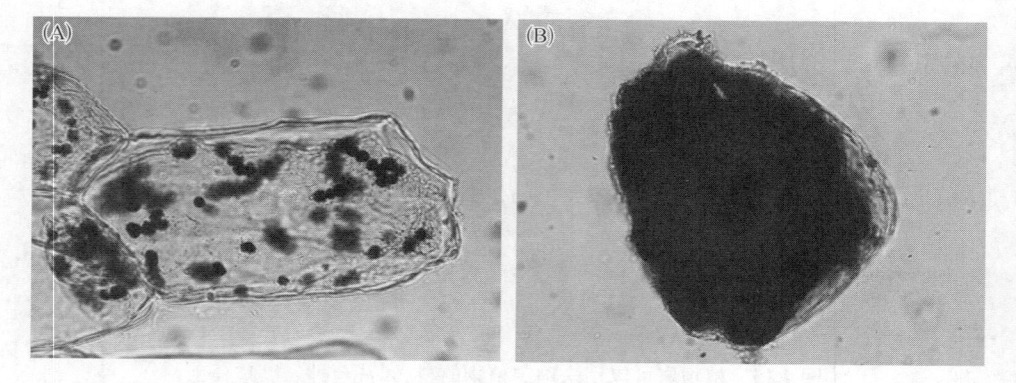

图4.17 (A) 苹果薄壁细胞;(B) 马铃薯薄壁细胞经碘化钾染色的淀粉粒(黑色球)。注意马铃薯细胞含有大量淀粉,整个细胞质呈黑色。显微照片由原作者提供。

1.3 果实与种子

食源性的果实和种子也可以成为法医检验的有效工具（Lipscomb and Diggs, 1998）。许多植物果实具有特殊的结构，使之能附着在动物身上而被带到其他地方。这些植物果实同样可能会附着在嫌疑人的鞋子或衣服上，进而使嫌疑人与犯罪现场联系在一起。此外，人类在食用植物果实时会在有意无意间吞食种子，而识别胃肠道内容物和粪便中的种子（图4.18）可能是法医值得关注的方向之一。

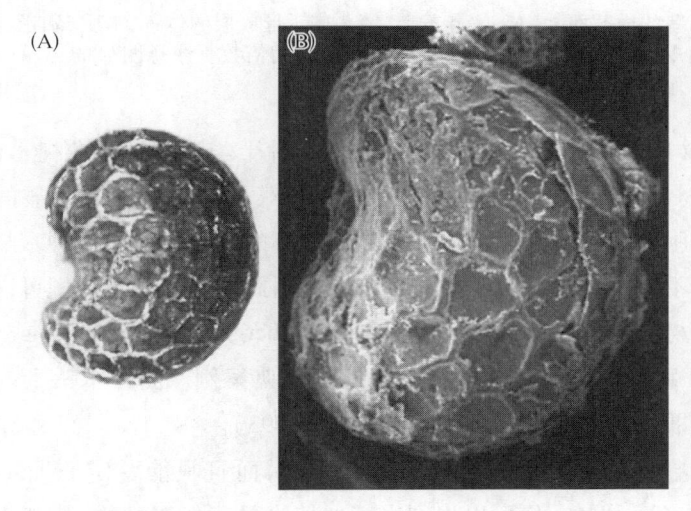

图4.18 罂粟籽（图3.2）。（A）粪便样本；（B）新鲜罂粟籽的扫描电镜照片。显微照片由 Meredith A. Lane 博士提供。

1.4 木材

木材主要是次生生长产生的木质部维管组织形成的茎。在生长时间长的茎中，韧皮部向外，靠近茎的表面，而木质部则位于中心。木质部与韧皮部由薄的活跃的形成层分开。在树的整个生命周期中，形成层只形成少量的新生韧皮部细胞，却形成大量的木质部细胞，所以茎的大部分是木质部组织（管胞和导管）和纤维，也就是我们所说的木材。当树木长大，木质部便形成我们所说的树干，树干会逐年增粗。直径较大的细胞在春季或热带气候的雨季开始时产生，直径较小的细胞在秋季或热带地区的旱季过渡时产生。这种生长模式使树木形成了年轮（图4.19）。

68 法医植物学

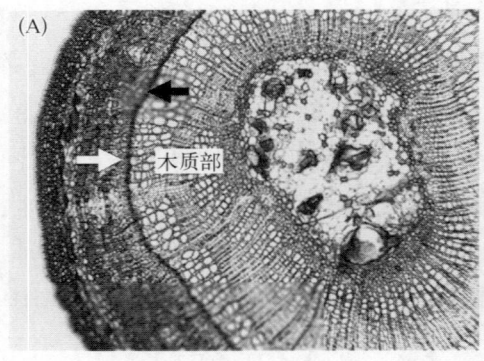

图 4.19 树木茎的横截面。（A）一年的茎，箭头表示形成层的位置，木质部细胞丰富，形成层外有一薄层韧皮部细胞；（B）三年的茎在同样的放大倍数。注意明显的年轮（箭头所示）。显微照片由原作者提供。

针叶树（即所谓的软木）的木材在显微切片上与双子叶开花树木（即所谓的硬木）的木材有显著的不同，因为针叶树没有双子叶茎中那么明显的导管。正是木质部细胞形成的纹路赋予了不同木材特有的纹路。由于每种木材的纹理样式可能有所不同，同时由于切割方式的不同，因此通常情况下我们可以将断木与树干通过木材的纹理联系起来，如著名的 Lindbergh 案（见第一章）或 Mirabel 案（见第九章）就是利用木材纹理获得线索的经典案例。同样木头上的工具痕迹也可以与犯罪嫌疑犯的工具相匹配（Fisher，1993）。

木材的鉴定通常需要相对较大的样本量，而且只能鉴定属而不能鉴定种（USDA，2014）。例如，您可以识别出某种植物是云杉属植物，但却不能识别其种类，比如您可以识别出是"橡树"，但不能确定是哪一种橡树。但是以上信息却可以有效的缩小侦查范围。北美本土的红松只有一种，所以野外只能发现这种红松。

有时，留在犯罪现场的木材碎片可以与其受损的来源部分相匹配（Miller，1994）。同时在尸体解剖时，木材也有可能出现在人体组织中，这时可以用显微镜检查，以确定其来源（图 4.20）。

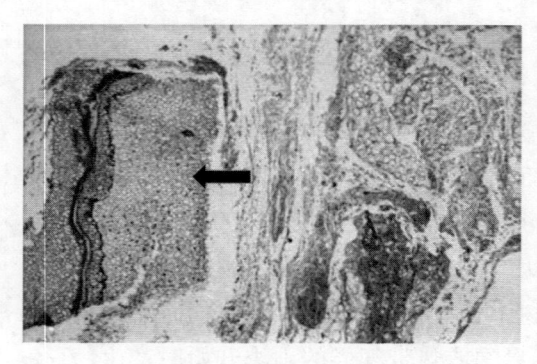

图 4.20 虐童案尸体解剖后食管组织中的木屑（箭头所示）。William（Ben）Galloway 医生的幻灯片。显微照片由原作者提供。

不同的物种产生不同大小和比

例的木质部细胞类型,我们试图通过浸渍少量木材(步骤见附录Ⅵ)来得到一些硬木和软木的特征,分离和测量各种木质部细胞:射线细胞、管胞、纤维和导管。纤维(厚壁组织)与管胞的不同之处在于,虽然两者都是狭长的细胞,但后者在两端附近有明显的凹点。导管的直径比纤维或管胞大得多,在软木中却不存在(图4.9)。射线细胞呈矩形,显微镜下与其他木质部细胞相比更短。在对五种硬木和五种软木进行检查时发现,某些物种之间通过特定测量方法检查存在明显差异,这可能有助于鉴定或进行未知样品的比较(图4.21)。同时这一研究领域还需要更多的研究以充实其数据。

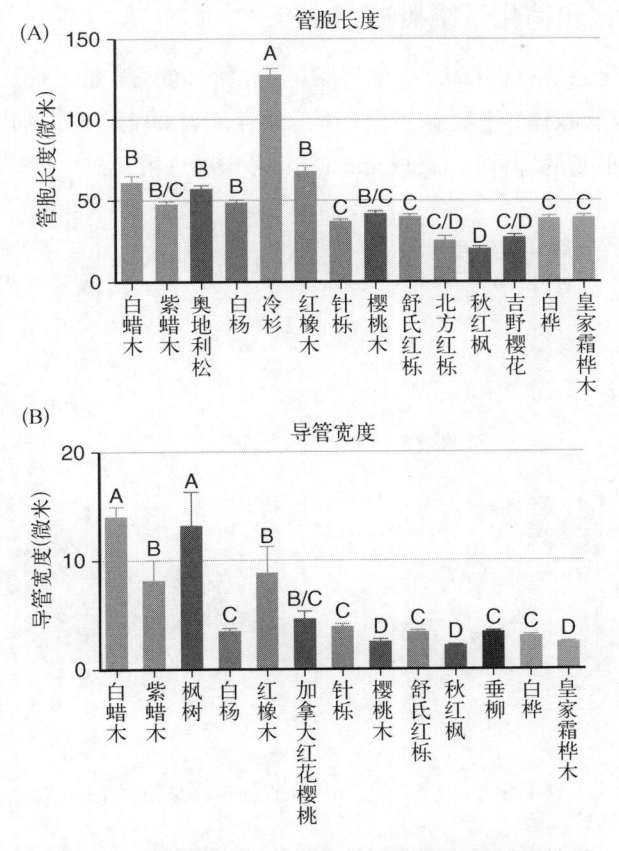

图 4.21 浸渍木材样品后分离木质部细胞的测量结果。(A) 针叶树和13种被子植物的管胞长度。(B) 13种被子植物的导管宽度。不同的字母之间的差异具有统计学意义($p < 0.05$)。数据来源于 Norris, D. O, Friedman, W., Bock, Knaub, C.和 Kuenning, R. 未发表的数据。

2 人体消化系统

通过对不同种类食源性植物细胞组成和排列的识别、鉴定,胃肠道中植物碎片的信息可用于帮助确定死亡时间、犯罪嫌疑人及犯罪现场。因为在现代生理课上,消化系统的内容很少受到关注,因此我们在这里简述一下人类的胃肠道和一些关于食品加工的信息,并以此为背景对胃肠道中发现的植物碎片进行法医解释。

2.1 人体消化和消化系统概述

人体的消化系统(图 4.22)或称胃肠道由口腔、食管、胃、小肠、大肠(结肠)、直肠、各种不同的腺体(唾液腺、肝脏及其储存胆汁的部位——胆囊、胰腺)、消化道胃黏膜和小肠的腺体(Magee and Dalley, 1986)组成。

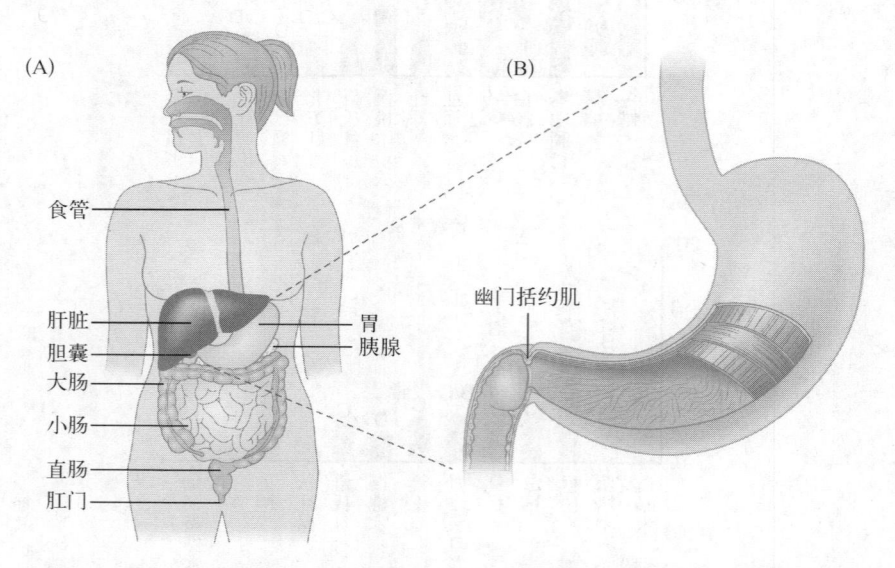

图 4.22 (A) 人体消化道。(B) 死亡时,在胃保持完整情况下幽门括约肌关闭并确保胃内容物的残留。

消化的过程始于口腔。食物经过咀嚼并与唾液混合成食团(bolus)。唾液腺分泌的唾液淀粉酶将淀粉转化为单糖。当食团达到适当的稠度,便沿着食管进入胃,完成吞咽过程。进入胃后,食团通过胃壁平滑肌的收缩与胃壁分泌物混合。这些分泌物包括盐酸、胃蛋白酶及水,混合物最终形成食糜。当食物进入胃时,酸性环境使唾液淀粉酶失去活性并停止淀粉消化。此时被盐酸激活的胃蛋白酶开始将蛋白质降解成多肽。盐酸可以软化甚至溶解部分物质,如骨颗粒或其他坚硬的东西,也可以杀死许多随着食物摄入的细菌。胃黏膜分泌黏液来保护其免受胃酸和胃蛋白酶的伤害。

普遍认为,当食糜达到适当的稠度和酸度后,位于胃后方或幽门末端的肌肉(幽门括约肌)(图4.22)放松,酸性食糜被喷射到小肠中的十二指肠。然而,现实情况是切除病变的幽门区对胃排空没有显著影响,所以人们认为它的作用可能只是用于调节固体物质进入十二指肠(Magee and Dalley,1986)。通常,送达十二指肠的固体物质直径约为2 mm,虽然也有直径较大的非食源性物质被观察到。如果胃内脂肪含量或酸度过高,胃的活动就会被十二指肠分泌的激素所减缓(在进入十二指肠的食糜中检测到)。

胰腺和位于十二指肠内的腺体将分泌特异性的酶添加到十二指肠内容物中。同时胰脏会分泌液体来中和食糜中的酸。如果食糜中含有大量的脂肪或油脂,十二指肠就将释放某种激素刺激胆囊收缩释放胆汁,并进入十二指肠。胆汁将脂肪分解成更易分解的小液滴并被脂肪消化酶消化。胰淀粉酶、附加的蛋白酶、肽酶(将多肽分离成氨基酸)和脂肪消化酶的混合物将食物消化成单糖(例如,葡萄糖和其他单糖来自淀粉和糖原)、氨基酸(来自蛋白质)、脂肪酸、甘油(来自脂肪和油脂)的全过程,并通过十二指肠大部分被人体吸收。DNA和核糖核酸(RNAs)也会被酶降解,其产物也会被吸收。此时食物继续被我们体内的酶和细菌菌群所处理。更多的终产物被小肠的后部吸收。当消化物质到达大肠时,大部分的水和体内微生物合成的维生素一起被重新吸收。

大肠分泌的黏液,起到润滑剂的作用,部分凝固的残留物以粪便的形式排出,而粪便主要是由未消化的物质、胆汁或肠道活动添加到消化内容物中的废物和细菌组成。一些来自胃肠道的人体细胞可能会黏附在粪便表面。在未消化的物质中有木质素和纤维素组成的植物细胞壁,它们可保持原来的形状。

植物细胞可出现在胃肠道的任何区域。可能是单细胞、是孤立的毛状体或是更大的细胞簇,它们保留着植物被消耗之前的一些原始形态。虽然纤维素是葡萄糖聚合物,但它的结构与糖原或淀粉不同,因此需要一种特殊的酶——纤维素酶来将其分解。动物(包括人类)体内缺乏产生纤维素消化酶的必要基因,而食草动物(白蚁、牛、鹿等)则依赖肠道中共生的微生物(如细菌或其他原生生物)来消化纤维素。因此,人类消化道的任何部分及从粪便中分离出来的植物物质都可以提供最近饮食的情况。

上述消化过程中,不同消化道区域的食物加工所需的时间是不同的(表4.3)。一般来说,食物只在口腔中短暂停留(通常小于1 min),在与唾液淀粉酶混合后吞咽。饭后,食物会在健康的成人胃部停留2~6 h,具体停留时间视各种变量而有所改变(见下文)。人死后幽门瓣会自动关闭,此时只要胃部还完整,胃里的东西就会残留在那里。虽然大多数药物最终可以被吸收,但药物消化产物在胃里是不会被吸收的(见前面内容)。

表4.3 一顿饭在人体消化道不同部位加工的大概时间[a]

部 位	时间(h)
口腔	<0.03
胃	2~6
小肠	2~8
大肠	6~9
一顿饭总用时[b]	10~23

[a] 这些数据来源于对已发表文献的分析,最初由Bock和Norris在2001年的美国法医科学学会年会上提出。
[b] 从口腔到肛门消化时间31~118 h(近5天)的异常情况也有报道。

食糜一旦进入小肠,就会在小肠内来回运动,并在此停留2~8 h,然后进入大肠,并在大肠内一般会停留6~9 h。从食物中获得的大部分消化产物被小肠吸收。大肠主要吸收肠道菌群产生的水分和维生素。因此,正常人将一顿饭转化为粪便的总消化时间为10~23 h不等。由于大多数健康的人每天排便1~2次,因此粪便样本通常含有一至三餐甚至四餐中未消化的植物物质,这取决于进食和排便的频率。

2.2 胃排空实验

关于胃排空的最早研究是十九世纪初密歇根州麦基纳克岛的军医William Beaumont进行的(Edwards,2010)。1830年,一个年轻的法国猎人Alexis St. Martin意外地被猎枪近距离击中,子弹在他的身体一侧留下了一个大口子,并在他的胃壁上留下了一个洞(图4.23)。在Beaumont医生的悉心照料下,Martin奇迹般地活了下来。事实上,Martin是在Beaumont的持续护理下完全康复,康复

第四章 法医植物解剖学　　73

过程中 Martin 身上只有一处伤口愈合异常,就是他的胃壁和体壁融合在一起,留下一条胃和外界连接的通道。经过几年时间的观察,Beaumont 记录了 Martin 胃的消化过程,并发现胃产生的酸是盐酸。这些早期的研究促进了后来被称为胃瘘管"窗口"实验(在羊和牛等家畜)的发展,这为更复杂的胃消化研究提供了条件。最终,Beaumont 发表了他的观察结果(Beaumont,1833)。在框 4.1 中记录了 Beaumont 医生对 Martin 治疗过程中的观察。

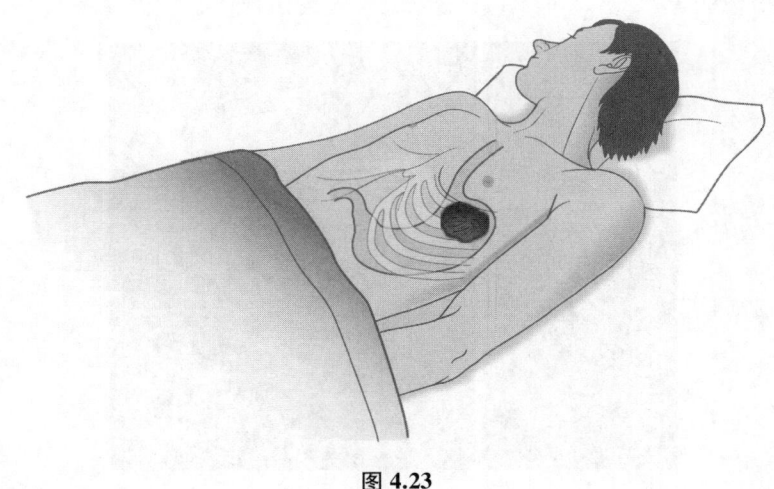

图 4.23

框 4.1　博蒙特对圣马丁治疗过程中的观察记录

摘自 Beaumont1833 年出版的《胃液和消化生理的实验与观察》一书:

William Beaumont 与他的前病人 Martin 保持联系,并在长时间内继续他的实验。他会给 Martin 提供餐食,然后通过他胃里的开口收集样本(图 4.23)。他对自己的观察作了详细的记录,这里转载了其中一些。

4 月 7 日

上午 8 点,Martin 的早餐是三个煮鸡蛋、薄煎饼和咖啡。

上午 8 点 30 分,检查胃时,发现 Martin 吃了的几样东西,食物初步被消化了一下。

上午 8 点 45 分,再次检查发现——胃部残留的食物减少,质量也发生了变化——大约是半消化了。

上午 10 点 15 分,胃里没有早餐的食物残留。

上午 11 点 15 分,他吃了两个烤鸡蛋和三个熟苹果。在 30 min 内,检查胃时发现一团处在消化的初期阶段不均匀的混合物。

下午 12 点 15 分,再次检查,发现他的胃已经排空;没有苹果和鸡蛋的痕迹。

下午 2 点,食用烤猪肉和蔬菜。

下午 3 点,检查后发现有一半已经发酵。

下午 4 点,胃里剩下的东西很少。

下午4点半,除了胃液,胃里什么都没有了。

4月9日

下午3点,食用煮鳕鱼干、马铃薯、防风草、面包和黄油。

下午3点30分,检查后取出一份消化了一半的食物;马铃薯是晚餐中最不重要的部分。鳕鱼干被分解成细丝;面包和欧洲防风草彻底被分解了。

下午4点,检查了胃部剩余部分,发现Martin的消化能力正在有规律地提高。很少有鳕鱼的颗粒是完整的。

有些马铃薯看得清清楚楚。

下午4点30分,取出了胃部剩余食物,检查了一下——所有的食物都已经完全发酵了。

下午5点,胃排空。

图 4.24 这幅画描绘了 William Beaumont 医生收集 Alexis St. Martin 胃样本的情况。资料来源于麦基诺州历史公园收藏。

现代人体胃排空研究使用了各种更复杂、精细、无创的方法,用以计算一餐后胃排出一半需要的时间($T_{1/2}$)。其中一种方法是用闪烁法来测量可食用的放射性锝(^{99}Tc)标记食物是否通过。还有一种方法是测量摄入^{13}C-辛酸后呼出的^{13}CO$_2$与^{12}CO$_2$的比率。^{13}C是一种非放射性(即稳定)的^{12}C同位素。这些研究表明,健康志愿者的$T_{1/2}$为60~100 min,只有大约2%的实验对象在适量饮食4 h后胃部还有剩余(表 4.5)。有趣的是,这些现代胃排空研究与两个世纪前Beaumont对Martin的描述类似。

理想情况下,如果已知一个人最后一餐的成分,并且这些食物与他死后在其胃里发现的内容物相吻合,那么我们就可以利用胃内容物的体积和状况等信息,对这个人的死亡时间作出合理的估计。然而,现实情况是有许多变量可以影响胃排空的速度,从而影响死后时间间隔(PMI)的估计。胃排空的速度会受到食物成分、食物温度、食物分量以及饭前或饭时摄入的乙醇、药物或水的影响。例如，饮用冰冷或含乙醇的饮料通常会减缓这一过程（表4.4和表4.5）。进食后的运动实际上会加速胃排空，从而适当减少食物处理的时间（图4.25）。性别也是影响胃排空率的重要因素，成年男性的排空时间（$T_{1/2}$ = 71 min）比女性（$T_{1/2}$ = 102 min）更快（图4.26）。许多病理条件下同样可以改变消化食物所需的时间，因此有必要了解受害者的健康状况。尽管十二指肠溃疡不影响胃排空，但肥胖显著减缓了胃排空过程。恐惧等心理因素也会改变消化过程。然而，对PMI的合理估计可以通过将食物与已知的最后一餐相匹配而得出（见第五章案例）。

表4.4 一些影响胃排空时间的因素及其作用效果

因素	作用效果	研究来源
食物总量（volume of meal）	量越大时间越长	Noakes et al.（1991），Horowitz et al.（1994）
食物成分（composition of meal）		
固体与液体的比值（solid/liquid ratio）	较高的固体成分会减慢胃排空	Holt et al.（1986），Horowitz et al.（1994）
高卡路里（high caloric content）	胃排空速度减慢	Hunt and Knox（1968），Horowitz et al.（1994）
高脂食物（high fat content）	胃排空速度减慢	Stacher et al.（1991）
高碳水化合物（high carbohydrate）	胃排空速度减慢	Rehrer et al.（1989）
乙醇（ethyl alcohol）	胃排空速度减慢	Barboriak and Meade（1970）
运动（activity）	促进胃排空	Knight et al.（1997）
性别（sex）	男性比女性快	Hermanson and Silversston（1996）
年龄（age）	年龄大者胃排空速度减慢	O'Donovan et al.（2005）
种族（race）	不吸烟的西班牙裔比不吸烟的非西班牙裔白人更快	Schwartz et al.（1995）
恐慌（fear）	胃排空速度减慢，甚至可能停止	Horner et al.（2014），Omür et al.（2014）
肥胖（obesity）	胃排空速度减慢	
疾病（pathologies）		
糖尿病（diabetes mellitus）	胃排空速度减慢	Horowitz et al.（1996）
消化不良（dyspepsia）	胃排空速度减慢	Bromer et al.（2002）
十二指肠溃疡（duodenal ulcer）	无影响	Holt et al.（1986）
肝硬化（cirrhosis of liver）	胃排空速度减慢	Schoonjans et al.（2002）
胃轻瘫（gastroparesis）	胃排空速度减慢	Hasler et al.（2008）
手术（surgery）		
胃肠造口吻合术（gastroenterostomy）	促进胃排空	Magee and Dalley（1986）
增生窦切除术（radical antral resection）	促进胃排空	Michalsky et al.（2013）

表 4.5　成人胃半排空时间（$T_{1/2}$）

文献来源	$T_{1/2}$（分钟）	食物成分	性别	年龄（岁）	体质指数（BMI, kg/m²）
O'Donovan et al.（2005）		75 g 葡萄糖，600 mL 水			
青壮年组	大约 120		7 男:3 女	24.5 ± 2.2	21.8 ± 0.6
中老年组	大约 150		4 男:4 女	73.5 ± 1.7	24.1 ± 0.8
Bromer et al.（2002）		甜点			
	64 ± 17	固体	6 男:4 女	34	
	55 ± 27	液体	6 男:4 女	34	
Barboriak and Meade（1970）		鸡蛋,吐司面包黄油,咖啡（对半）			
不饮用威士忌	105 ± 19		8 男	25~75	
饮用 4 盎司威士忌（1 盎司=28.41 mL）	204[a]				
Schwartz et al.（1995）		50 g 葡萄糖，450 mL 水			
墨西哥人,美洲人	49.9 ± 4.7		18 男	31.1 ± 1.5	26.6 ± 0.7
	63.1 ± 5.3		14 女	30.1 ± 1.7	22.9 ± 0.8
非西班牙裔白人	59.6 ± 4.6		18 男	33.1 ± 1.5	25.3 ± 0.7
	73.2 ± 5.4		14 女	30.0 ± 1.8	23.7 ± 0.7
Hermanson and Silvertsson（1996）		瑞典煎饼,20 g 果酱,不加液体			
	111.2 ± 34.5		男	20~29	21.7 ± 3.3
	158.2 ± 24		女	20~29	21.1 ± 2.0
Knight et al.（1997）		两个鸡蛋三明治加白面包,300 mL 水			
	71		13 男	27.5 ± 1.7	
	102		9 女	27.9 ± 2.2	
Moore et al.（1990）		150 g 炖牛肉,150 g 橙汁			
站立休息	72.6 ± 7.6		10 男	22~44	
以 3.2 km/h 的速度行走	44.5 ± 3.9				
以 6.4 km/h 的速度行走	32.9 ± 1.9				
Horner et al.（2014）		标准煎饼（400 kcal），250 mL 水			
肥胖症	179 ± 15		15 男		30.3 ± 4.9

[a] 基于餐前 15 min 摄入乙醇后 $T_{1/2}$ 延长时间 99±32 min,因为对照受试者之间存在相当大的差异

第四章 法医植物解剖学

运动对胃排空率的影响

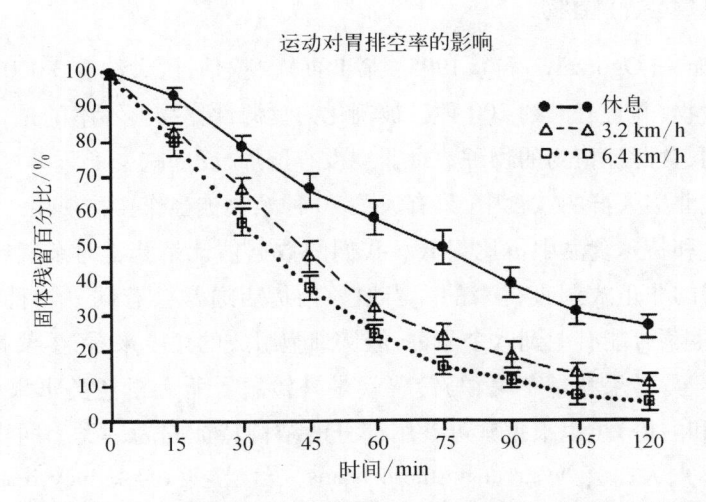

图 4.25 运动对男性胃排空率的影响。在食用炖牛肉后,受测男性以 3.2 或 6.4 km/h 的速度行走,其 $T_{1/2}$(分别为 44.5±3.9 min 和 32.9±1.9 min)比静止时 $T_{1/2}$(72.6±7.6 min)短。经 Moore 等(1990)同意可编辑。

性别对胃排空率的影响

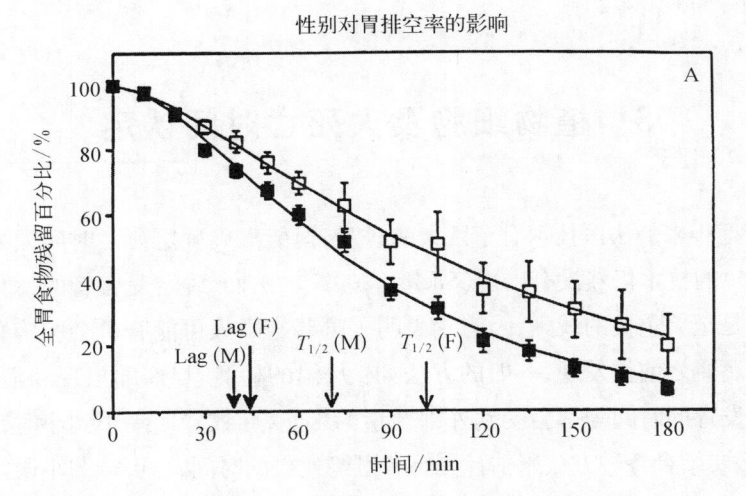

图 4.26 同等身体条件下的男性与女性的胃排空率。男性的 $T_{1/2}$ 明显快于女性的 $T_{1/2}$(分别为 71 min 和 102 min;$p = 0.021$)。经 Knight 等(1997)同意可编辑。

2.3 常见食源性植物

Simpson 和 Ogorzaly 写道(1995,第 1 页),"据估计,大约有 3 000 种植物被人类用作食物,并且有大约 200 种已被驯化为食源性作物。不幸的是,在人类有记载的期间,食源性植物的物种数量非但没有增加,反而减少了"。

在现代北美人群的饮食中,只有大约 70 种植物被当作食物使用。这个数字在当地饮食和特殊食品中占比很低。我们的数据估计是基于对杂货店、农贸市场和烹饪书的非正式调查得来的。当地的杂货店通常会有同一物种的不同品种。例如,生菜可能有七到八个品种,但从细胞组成的角度来看,生菜就是生菜,洋葱就是洋葱,苹果就是苹果,马铃薯就是马铃薯。所有柑橘类水果(如橙子、柠檬、柚子和酸橙)可以根据其可食用部分的结构特征归为一类。同样,海军豆(navy beans)、大白芸豆(great northern beans)、红芸豆(red kidney beans)、斑豆(pinto beans)、阿纳萨齐豆(anasazi beans)和黑豆(black beans)在显微镜下表现相似,都是菜豆 *Phaseolus vulgaris* 的变种。如前所述,羽衣甘蓝(kale)、卷心菜(cabbage)、花椰菜(cauliflower)、西兰花(broccoli)、大头菜(kohlrabi)和抱子甘蓝(brussels sprouts)是同一种植物。包括西葫芦和南瓜在内的几种植物也是同一物种的变种(表 4.2)。

3 植物细胞及人死亡时间认定

尽管近年来的法医技术有了巨大的进步,但能准确确定死亡时间或死后时间间隔(PMI)的技术仍然没有出现(Sachs, 2001)。然而,确定受害者的死亡时间在凶杀案中是至关重要的线索,因为它表明了哪些嫌疑人可能有机会实施犯罪。如果尸体在腐烂之前被发现,一般的方法如:尸温的检测、尸僵的出现和消失,以及入侵昆虫发育的时间等都会受到外部变量的影响,导致置信限小到小时,大到天。因此,有必要结合各种方法来估计受害者可能死亡的时间,尽可能缩小误差。

由于幽门括约肌在人类死亡时关闭,食物会残留在胃部,并提供最后一餐的信息。一名女子在 11 月失踪,第二年春天她的尸体在科罗拉多州一个积雪融化的山口被发现。当时,她的胃还完好无损,因此我们可以根据胃部的植物残留来估计她最后一餐的信息。

胃内容物检查是确定死亡时间的有效方法。如前文所述（表4.3），食物会在胃中停留2~6 h，并具体取决于一些变量（表4.5）。如果调查人员掌握了受害人最后一餐的食谱，且有证人可以证实，那么在法医检查胃肠道内容物的时候就可能有助于死亡时间的估计。例如：已知受害者的最后一餐含有玉米、洋葱、生菜和西红柿，但胃里含有青豆、马铃薯、卷心菜和菠菜，那么受害者在死前必然至少又多吃一餐。另一方面，如果食物里的东西与最后一餐已知的食物相符，那么死亡时间可能会被限制在最后一餐后的几个小时之内。

4　消化道物质的收集和取样方法

4.1　样本采集

4.1.1　胃肠材料

尸检时可以收集胃肠道内容物。如果无法保留整个样本，可以将其彻底混合，并保留一部分供以后分析，或选择几个部分来分别采集。如果食物处于消化的早期阶段，必然有许多固体或半固体物质的存在。对于肠道内容物，应分别保留不同区域的样本。为了防止样本腐败，应该添加防腐剂或将样本冷冻处理。虽然植物细胞壁的结构（纤维素或二氧化硅）不受干燥、冷冻、蒸煮或胃蛋白酶的影响，但细胞内部成分如晶体、细胞器（如质体或液泡）可能会受到影响，因此重要的是要防止样本的进一步腐败变化。

4.1.2　呕吐物及粪便的收集

在犯罪现场或尸检时收集到的新鲜粪便或呕吐物可冷冻或保存在防腐剂中，以供日后进行植物碎片的分析。生物保存技术工作组（Technical Working Group on Biological Preservation）2013年建议，冷冻是短期以及长期保存粪便的最佳方法。在建议中，工作组没有将呕吐物作为生物样本加以讨论。干燥的粪便或呕吐物可以储存在有标签的纸质、玻璃或塑料容器中。

应特别注意的是黏附在衣物上的粪便或呕吐物可能会在转移过程中脱落。保存时应该小心地从沾有生物材料的衣服上剪下样本区域，放在密封的容器中（纸质、玻璃或塑料容器均可），以确保植物材料不会丢失。当污渍只有1~3 mm大小时，应尽可能多地提供衣服样品，因为偶然的小污渍可能不能反映原始状态

(Norris and Bock, 2000)。通常，黏附在衣物上的材料都是风干的，所以不需要防腐剂。如果物料受潮，应先干燥再密封在储存容器中。

5 利用植物解剖学处理法医样本

在尸检或犯罪现场时，直接从人体消化道提取样本的过程应与检查嫌疑人衣物上的呕吐物或粪便的工作分开进行，以防止样本污染。

5.1 胃肠道样本的处理

胃肠道样本在检查前应消毒。如果样本没有用福尔马林处理过，则应添加足够的浓度为5%~10%的福尔马林。这样做将使所有潜在的传染源变性而不损害植物材料。冷冻样品可浸泡在5%~10%的福尔马林溶液中解冻。同样，干燥的样品可以在稀释的福尔马林中再水化。100%福尔马林是一种饱和水溶液，其最终浓度为37%的甲醛[①]。

5.2 鉴定已知植物的准备工作

虽然有很多可以用来鉴别开花植物、真菌、蕨类、树木和其他植物的实用指南，但却没有一个用来鉴别食源性植物的指南，特别是从解剖学的角度来讲。Andrew 和 Kate Winton 在20世纪初出版了四卷版本的巨著《食物的结构和组成》(*The Structure and Composition of Foods*)。该著作的第二卷中阐述了蔬菜、豆类和水果(Winton and Winton, 1935)。在书中讨论的243种食源性植物中，食用超过104种的人几乎没有(比如新西兰菠菜)。你可能很难想象有人会吃牛蒡根和葛根等食物。虽然该书中很多植物并没有附详细的解剖图，但附上的图是非常详细和有用的(如蓝莓，图4.27)。我们之前出版了一部关于42种常见食源性植物解剖特征的黑白摄影图集，但是现在已经绝版了(Bock et al., 1988)。在此，我们向各位推荐一个更全面的网络版食源性植物图谱，这些图谱具有可供识别的解剖学特征(http://booksite.elsevier.com/9780128014752)。当然，最好的参考资料是你自己准备的与不同情况相关的生或熟的植物解剖图。

---

① 甲醛是一种对所有动物都有剧毒的化学物质，应该谨慎使用。它也被认为是致癌的。

第四章　法医植物解剖学　　81

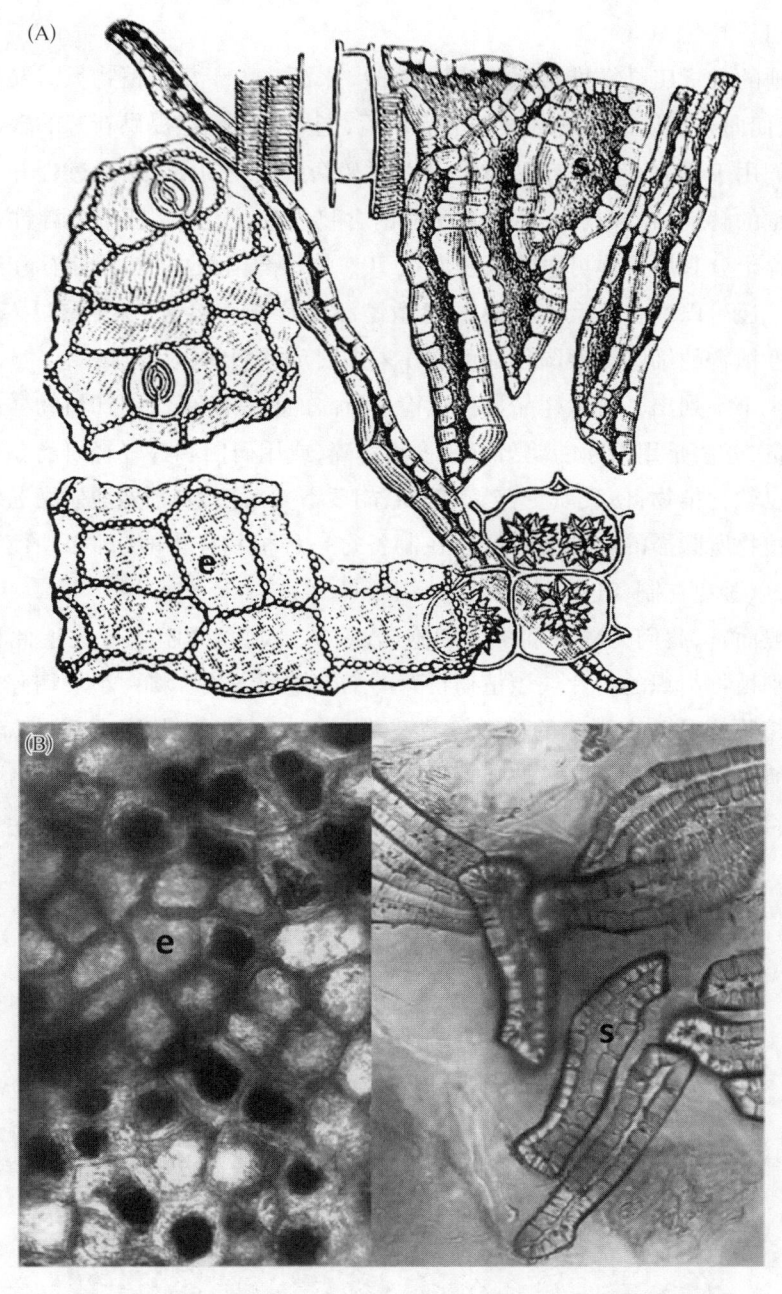

图 4.27 （A）蓝莓种皮表皮（e）、石细胞（s）或厚角组织（转载自 Winton, A.L., Winton, K.B., 1935. The Structure and Composition of Foods. Vol. 2. Vegetables, Legumes, Fruits. John Wiley & Sons, New York.）（B）作者拍摄的新鲜蓝莓的显微照片，显示种皮表皮（e）和石细胞（s），25×。

5.2.1 应用参考

当地的杂货店是常见食源性植物的重要来源。由于每种植物只需要很少的量,在我们向杂货店老板解释我们的需求后,老板表示愿意提供新鲜的食源性植物给我们用于研究。罐头产品通常可以代替新鲜食材,因为加工过程并不影响植物细胞的解剖结构(尽管它可能会使内含物发生变化)。日常食源性植物的长期保存十分有用。你可以将其浸泡在70%的乙醇溶液中,然后储存在密封的容器中。还可以准备一套永久性的显微镜载玻片作为参考(见附录Ⅰ)。每一种食源性植物的细胞类型图片都可能在未来展示它们的作用。

附录Ⅰ中列出了待检样品显微镜检查所需的材料清单。已知植物样品可以单独制备,方法是用干净的单刃刀片将其切碎,或用研臼和杵轻轻研磨。加热或烹饪可以软化植物,使浸渍更容易(例如,胡萝卜)。注意:剧烈地研磨通常会破坏识别植物所必需的解剖学特征。在制备每一种植物样本时,都必须使用清洁的器皿,以避免在制备过程中的交叉污染。

一般而言,我们无法识别单个细胞(没有人能将食物咀嚼分化达此程度),而是识别植物组织的碎片或该植物特有的细胞排列方式。将一小块切碎或轻轻研磨的植物样品放在干净的显微镜载玻片上,在样品上滴几滴水,盖好盖玻片,这就是所谓的湿涂片。将盖玻片粘贴到载玻片上,用盖玻片触摸水滴的边缘,用解剖针将盖玻片慢慢放下,盖住样品。这将有助于防止气泡的形成。尤为重要

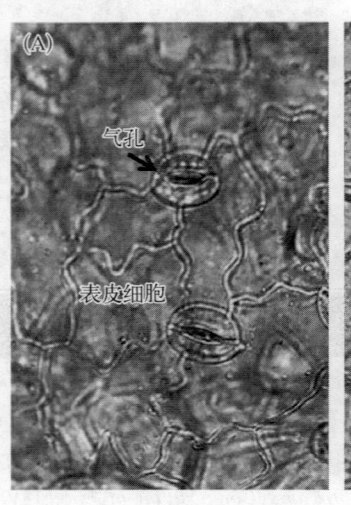

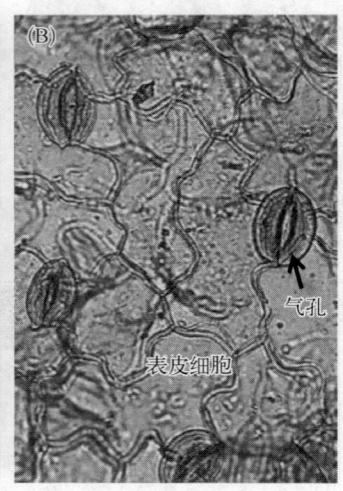

图4.28 新鲜菠菜叶表皮(A)未染色;(B)番红染色。显微照片由原作者提供。

的是,为了使材料足够薄,光线容易透过材料,有时在覆盖盖玻片之前,最好用干净的刀片或解剖针进一步浸渍载玻片上的组织。观察时可以加入番红O或甲苯胺蓝(见附录Ⅳ)来增加对比度,以提供更好的细节差异(图4.28)。检查和记录未染色的新鲜材料也很重要,小心地移除未经染色的载玻片表面的盖玻片,确保所有材料完好,然后向载玻片添加染料,并重新粘贴盖玻片。为了消除气泡,需要在染料中加入大量的水。在检查案件样本之前,我们应该用非案件来源的普通材料来练习整个过程,以做到能够熟练操作。在制备过程中,如果因植物碎片厚度遮挡细节,应小心地移除盖玻片,然后重复上述切碎步骤。如有必要,再加水,并重新盖片,或者重新准备样本。

5.3 已知胃肠道内容物中植物的鉴定和参考文献

在10×或25×物镜复合显微镜的帮助下,我们可以对植物进行鉴定,并将未知样品与已知样品进行比较。4×物镜可有助于获得切片的全貌。在处理小细胞如硅藻时,40×物镜是特别有用的,但通常情况下用不到,因为种子植物细胞相对于动物细胞要大。因为这种类型的载玻片无法永久性保存,所以应该使用配备有拍照系统的复合显微镜来记录所看到的东西。数码观测器上的测量尺(见附录Ⅲ)可用于测量拍摄后植物材料的大小。显微镜下所有看到的植物碎片都应该拍照记录下来,并留意所用显微镜物镜的放大倍数。这些照片都可以以JPG格式保存在电脑上,以备日后参考,同时还应做好备份保存工作。最好将所有文件打印,并按案例号保存在纸质文件中。

这种使用数码设备辅助记录载玻片的方法是已知最有效和最快速检查胃肠道内容物的方法。另外,你也可以先制作永久载玻片,然后进行检查和记录(参见附录Ⅰ)。然而,因为永久载玻片的制作需要相当多的时间,所以也可以在检查和记录之后再对材料进行永久载玻片的制作(参见附录Ⅰ)。

一旦掌握已知植物的信息,那么就可以开始进行混合胃肠道样品的制片与检查工作。我们建议,对物证样品(尤其适用于粪便材料)先进行稀释,降低其背景干扰,从而增加光的透过性以得到更好效果的照片。如果在调查时掌握了受害者最后一餐的食谱,那么就可以明确哪些植物应该存在而哪些植物不应该存在于胃肠道。观察时,所有看到的植物碎片都应该拍照记录,并注明所用显微镜物镜的放大倍数。另外,应反复检查所有胃肠道内容物样本,直到没有新的发现(通常如果原样品混合得好,则检测样本数量少于10个)。样本在载玻片上浸渍后,较大的颗粒(如玉米粒、豌豆等)应在混合和使用数码相机解剖显微镜进行拍照之前移除。有时,样本中可能会存在其他类型的细胞(如肉类的肌肉细胞,但在胃样本中仍可识别)、种子,甚至昆虫的身体部分。如果受害者是从水中捞出的,那么硅藻或其他水生植物或动物可能会出现在胃里。所有情况都应拍照记录。

5.4 粪便样本的处理

粪便样本在分析前必须消毒。如果是冷冻样本,应将样本放置在10%的福尔马林溶液中解冻。如果是干燥样本,则应将样本放置在10%的福尔马林中再水化。如果样本量足够大,分析提取子样本的过程应与胃肠道样本的程序一致。一般来说,粪便物质已经完成预混合,但它可能包含不止一餐所进食的种类或较大的颗粒残渣(包括种子)。因此,最好选取几个不同区域的样品,以更好地表征实际情况。固体物品如种子或较大的植物碎片应分开用解剖显微镜检查(我们已在网站上提供了人类常用食源性植物种子的照片)。载玻片制备前,原始样品的稀释过程非常重要。可以按照胃肠道内容物的描述准备和记录切片,参见 Norris 和 Bock (2001)。

5.5 衣物上粪便或呕吐物的处理

新鲜的粪便或呕吐物可以通过其特有的气味来检测,但在某些情况下,需要用化学测试来确认污迹是否是粪便或呕吐物。现有的检测技术依赖于粪便中存在的胆色素、尿胆原和呕吐物中的胃液(见附录Ⅴ)。

沾在衣物上的粪便或呕吐物,在挪动或包装时很容易造成脱落或丢失。最低限度也要将该衣物放在一个密封的塑料袋中,这样即便粪便或呕吐物脱落,也会保留在包装袋中。或者可以将有污渍的衣物区域小心地剪下来,每一片单独存放在一个密封的容器里。相较以上两种方法而言,后一种方法更为妥当。

衣物上附着的干燥粪便或呕吐物应用干净的剃须刀片小心刮落至干净的纸上,然后放入一个预先贴好标签的小瓶中。转移过程中应检查存放容器中是否有脱落的样本,并将其分开处理。在检查前,小瓶中可加入少量10%浓度的福尔马林对干燥材料进行消毒和补水。福尔马林溶液将起到消毒样本、补水和永久保存的作用。混合物样本应放置在载玻片上,加几滴水,并用盖玻片覆盖。同时用番红O染色有助于植物碎片的识别,因为其他物质不会被染料染色。

如果生物污渍非常小，那么在将其与犯罪现场发现的样本或其他被污染的衣服进行比较之前，应对包含几个污渍在内的所有东西进行拍照记录。如果可能，应对独立的污渍进行检查，直到没有新发现的污渍。

需要注意的是，我们可能无法确定粪便样本中部分物质（如单细胞、游离毛状体、晶体、植物岩等）的种类来源。但所有的发现都应该被记录下来，包括其在每个样本中出现的相对频率，因为无关粪便样本可能包含不同频率的不同或相同的物质碎片。除了那些可以清楚地识别其来源的植物碎片外，还可以利用这些无法识别的碎片的包含性和丰度来证明其来源（Norris and Bock, 2000）。

为了在两个粪便样品之间建立关联，最好的办法就是将待测样品与一至多个无关粪便样品进行比较。这就需要我们从志愿者那里获得每天的粪便样本，并建立无关粪便样本的参考库。

同样，呕吐物可以与受害者已知或疑似的最后一餐进行比较。

6　统计学在消化道内容物评估中的作用

当人们看到或使用科学数据时，他们会很自然地将数据与概率统计分析联系起来。p 小于 0.05 这一标准已经被科学界普遍接受采纳。多数人认为，如果你要重复同样的研究，概率95%以上就意味着结果是可信的。正如前文所讨论的，这是一个常见的误区，而实际上 p 值只是一个接受或拒绝原假设的阈值（见第二章）。

使用植物解剖学方法（细胞结构及组成）来识别植物种属通常不适合进行统计学分析，因为识别的结果只是简单地用是与不是表示。在某些无法识别出单一的植物情况下，例如"它可能是 A，但肯定不是 B 或 C"，我们不能使用统计学分析。然而当比较两种物质来源（例如，两份粪便样本）以确定它们的成分是否相似时，使用统计学方法对比特定的植物结构或细胞的存在会十分有用，尽管它们来自哪个物种还不确定。

在比较细胞大小以区分两种植物物种时，可以通过宽度、长度或面积等来得到足够的参数信息。这些参数可以通过简单的 t 检验（只比较两个物种）或方差分析（三个或更多物种；见图 4.20）进行比较。

每一种人类食源性植物或植物的组织，都是由相似细胞按照不同排列模式组成的。由于通过选择性育种对食源性植物进行了大量的农业改造,在消化道内容物中残留的食源性植物细胞往往不能代表某种特定的植物品种。如前所述,几个不同品种的洋葱、苹果、生菜或豆类在显微镜下看起来是相同的,即便是在食用之前它们不一样(如海蓝豆与斑豆、麦金托什苹果与蛇果、花椰菜与西兰花、小青南瓜与南瓜)。

7 小 结

总而言之,食源性植物种类的微观或大体鉴定依赖于已确立的科学原理,而不是统计学分析。通常,法医样本中的未知植物是通过与已知植物进行微观层面简单的比较来确定的。需要强调的是,务必做好子样本的重复分析,以确保分析无遗漏。我们不鼓励进行依赖于单一切片的检查工作。

统计学分析在实验室研究中是有用的,它可以对细微的差异轻易地作出区分。例如,为了确定相似结构的表皮细胞是来自大蒜还是洋葱,我们测量了许多细胞的长度和宽度,并从统计学角度比较了它们的平均大小。大蒜表皮细胞显著小于洋葱表皮细胞($p < 0.01$)。

参考文献

Barboriak, J. J., Meade, R. C., 1970. Effect of alcohol on gastric emptying in man. The American Journal of Clinical Nutrition 23, 1151–1153.

Beaumont, W., 1833. Experiments and Observations on the Gastric Juice and the Physiology of Digestion. Plattsburgh.

Bock, J. B., Lane, M. A., Norris, D. O., 1988. Identifying Plant Food Cells in Gastric Contents for Use in Forensic Investigations: A Laboratory Manual. U.S. Department of Justice, National Institute of Justice.

Bromer, M. Q., Kantor, S. B., Wagner, D. A., Knight, L. C., Maurer, A. H., Parkman, H.P., 2002. Simultaneous measurement of gastric emptying with a simple muffin meal using [^{13}C] octanate breath test and scintigraphy in normal subjects and patients with dyspeptic symptoms. Digestive Disease and Sciences 47, 1657–1663.

Edwards, L., 2010. The gruesome medical breakthrough of Dr. William Beaumont on Mackinac Island. http://mynorth.com/2010/05/the-gruesome-medical-breakthrough-of-dr-william-beaumont-on-mackinac-island/.

Fisher, B. A. J., 1993. Techniques of Crime Scene Investigation, fifth ed. CRC Press, pp. 191 – 194.

Hart, T., 2015. Phytoliths: the storytelling stones inside plants. American Scientist 103, 136 – 143.

Hasler, W. L., Coleski, R., Chey, W. D., Koch, K. L., McCallum, R. W., Wo, J. M., Kuo, B., Sitrin, M. D., Katz, L. A., Hwang, J., Semler, J. R., Parkman, H. P., 2008. Differences in intragastric pH in diabetic vs. idiopathic gastroparesis: relation to degree of gastric retention. American Journal of Physiology: Gastrointestinal and Liver Physiology 294, GI384 – G1391.

Hermanson, G., Silvertsson, R., 1996. Gender-related differences in gastric emptying rate of solid meals. Digestive Disease and Sciences 41, 1994 – 1998.

Holt, S., Heading, R. C., Taylor, T. V., Forrest, J. A., Tothill, P., 1986. Is gastric emptying abnormal in duodenal ulcer? Digestive Diseases and Sciences 31, 685 – 692.

Horner, K. W., Byrne, N. M., Cleghorn, G. T., King, N. A., 2014. Reproducibility of gastric emptying in overweight and obese males. Clinical Nutrition 33, 684 – 688.

Horowitz, M., Dent, J., Fraser, R., Sun, W., Hebbard, G., 1994. Role and integration of mechanisms controlling gastric emptying. Digestive Diseases and Science 39, 7S – 13S.

Horowitz, M., Wishart, J. M., Jones, K. L., Hebbard, G., 1996. Gastric emptying in diabetes: an overview. Diabetic Medicine 13, S16 – S22.

Hunt, J. N., Knox, M. T., 1968. Control of gastric emptying. American Journal of Digestive Diseases 13, 372 – 375.

Knight, L. C., Parkman, H. P., Brown, K. L., Miller, M. A., Trate, D. M., Maurer, A. H., Fisher, R. S., 1997. Delayed gastric emptying and decreased antral contractility in normal premenopausal women compared with men. American Journal of Gastroenterology 92, 968 – 975.

Lipscomb, B. L., Diggs, G. M., 1998. The use of animal-dispersed seeds and fruits in forensic botany. SIDA 18, 335 – 346.

Magee, D. F., Dalley II, A. F., 1986. Digestion and the Structure and Function of the Gut. S. Karger, Basel. Michalsky, D., Dvorak, P., Belacel, J., Kasalicky, M., 2013. Radical resection of the pyloric antrum and its effect on gastric emptying after sleeve gastrectomy. Obese Surgery 23, 567 – 573.

Miller, R. B., 1994. Identification of wood fragments in trace evidence. In: Proceedings of the International Symposium on the Forensic Aspects of Trace Evidence. U.S. Department of Justice Federal Bureau of Investigation, Quantico, VA, pp. 91 – 111.

Moore, J. G., Datz, F. L., Christian, P. E., 1990. Exercise increases solid meal gastric emptying rates in men. Digestive Diseases and Sciences 35, 428 – 432.

Noakes, T. D., Rehrer, N. J., Maughan, R. J., 1991. The importance of volume in regulating gastric emptying. Medicine and Science in Sports and Exercise 23, 307 – 313.

Norris, D. O., Bock, J. H., 2000. Use of fecal material to associate a suspect with a crime scene: report of two cases. Journal of Forensic Science 45, 178 – 181.

Norris, D. O., Bock, J. H., 2001. Method for examination of fecal material from a crime scene using plant fragments. Journal of Forensic Investigation 51, 367 – 377.

O'Donovan, D. E., Hausken, T., Lei, Y., Russo, A., Keogh, J., Horowitz, M., Jones, K. L., 2005. Effect of aging on transpyloric flow, gastric emptying, and intragastric distribution in healthy humans—Impact on glycemia. Digestive Diseases and Sciences 50, 671–676.

Omür, O., Erdogan, M., Ozkilie, H., Yilmaz, C., 2014. Scintigraphic methods to evaluate alterations of gastric and esophageal functions in female obesity. Molecular Imaging and Radionuclide Therapy 23, 5–11.

Piperno, D. R., 2006. Phytoliths: A Comprehensive Guide for Archeologists and Paleoecologists. Alta Mira Press. Rehrer, N. J., Beckers, J. E., Ten Hoor, F., Saris, W. H. M., 1989. Exercise and training effects on gastric emptying of carbohydrate beverages. Medicine and Science in Sports and Exercise 21, 540–549.

Sachs, J. S., 2001. Corpse: Nature, Forensics, and the Struggle to Pinpoint Time of Death. Perseus Books Group, Cambridge, MA.

Schneck, W. M., 2004. Cereal murder in Spokane. In: Houch, M. M. (Ed.), Trace Evidence Analysis: More Cases in Mute Witnesses. Academic Press, Burlington, MA, pp. 165–190.

Schoonjans, R., Van Vlem, B., Vandamme, W., Van Vlierberghe, H., Van Heddeghem, N., Van Biesen, W., Mast, A., Sas, S., Vanholder, R., Lameire, N., De Vos, M., 2002. Gastric emptying of solids in cirrhotic and peritoneal dialysis patients: influence of peritoneal volume load. European Journal of Gastroenterology & Hepatology 14, 395–398.

Schwartz, J. G., McMahan, A., Green, G. M., Phillips, W. T., 1995. Gastric emptying in Mexican-Americans compared to non-hispanic whites. Digestive Diseases and Sciences 40, 624–630.

Simpson, B. B., Ogorzaly, M. C., 1995. Plants in Our World. McGraw Hill, New York.

Simpson, M. G., 2010. Plant Systematics, second ed. Academic Press, San Diego.

Stacher, G., Granser, G. V., Bergmann, H., Kugi, A., Stacher-Janolta, G., Hobart, J., 1991. Slow gastric emptying induced by high fat content of meal accelerated by cisapride administered rectally. Digestive Diseases and Sciences 36, 1259–1265.

Technical Working Group on Biological Evidence Preservation, 2013. The Biological Evidence Handbook: Best Practices for Evidence Handlers. National Institute of Standards and Technology, U.S. Dept. of Commerce. http://dx.doi.org/10.6028/NIST.IR.7928.

USDA Center for Wood Anatomy Research. http://www.fpl.fs.fed.us/research/centers/woodanatomy/wood_idfactsheet.php (accessed 21.12.14.).

Winton, A. L., Winton, K. B., 1935. The Structure and Composition of Foods. Vol. 2. Vegetables, Legumes, Fruits. John Wiley & Sons, New York.

第五章

使用植物解剖学证据的案例

在这一章中,我们将描述一些法庭上涉及植物细胞使用的实际案例,包括使用胃肠道内容物、呕吐物和粪便样本,以及一些非食源性植物的解剖案例。这些案件的性质各不相同,从入室行窃到强奸、杀人等。由于这些案例仅通过调查人员和检察官的想象力和图文解释,所以使得在法医调查中使用植物解剖技术受限。

法医专业工作的挫败感之一是当你尽了最大努力,但却没有解决问题。伊利诺伊州就发生过这样的案例。一个杀人犯在重审中被判无罪,尽管受害者的胃内容物明确表明,嫌犯在谋杀发生时谎报了自己的行踪。第二起案件是本书出版几年前科罗拉多州滑雪胜地两名年轻女性的非正常死亡案件,死因和死亡方式与她们的胃内容物有关,她们的胃内容物显示这两名女性在失踪当天吃了相同的食物。第三起案件是科罗拉多州博尔德一名无辜的6岁女孩被杀案,案件尚未结案,等待正义的到来。

1 死亡时间认定与法医植物解剖

如第四章所述,将死者的胃内容物或呕吐物与最后一餐进行比较,有助于确定受害者的死亡时间。死亡时间的确定又有助于确定嫌疑人。

1.1 男友没有杀人(The Boyfriend Didn't Do It)

20世纪80年代初的一天夜晚,一名在丹佛工作的年轻大学毕业生没有回到她住的亲戚家,第二天她的尸体被发现。她最后一餐是和其男友在一家著名的快餐店吃的,这家快餐店以汉堡(两个全肉饼、生菜、奶酪、特殊酱料加芝麻小圆面包)和薯条而闻名。然而,当杰斐逊县验尸官对她进行尸检时注意到她胃里的东西似乎含有这家快餐店当时没有的蔬菜成分。验尸官联系到我们,检查胃内容物的切片,看看能不能鉴别出这些物质。我们发现了一些确实不属于那家餐厅的食用植物,这就表明她在死前还吃过一餐。我们发现了紫甘蓝(色素仍然存在)和芸豆(表皮已经着色)的碎片,还有洋葱,但当时这家快餐店里没有这些配菜。虽然受害人的男朋友没有下午的不在场证明,但却有当天其他时间里的不在场证明,由于没有犯罪时间,因此她的男朋友被排除嫌疑。几年后,一个连环杀手的供词证实了这一假设。当天受害人在下班回家的路上,被凶手偶然遇到,在受害人认出是自己哥哥的朋友(因为受害人之前在她哥哥家偶然遇到过他)后,便和凶手在一家有沙拉的餐厅共进晚餐,而当时吃的东西正是受害人死后尸检时在胃里发现的东西。

1.2 黑寡妇案(The Black Widow Case)

1993年10月21日,在蒸汽泉镇发生一起凶杀案,受害者是Gerry Boggs。Gerry和他的兄弟Doug在主街道上经营着一家五金商店,生意十分兴隆。当天,Gerry像往常一样开店营业,然后在上午11点左右沿着街道去了沙克餐厅。在那里他像往常一样吃了早餐,包括咖啡、马铃薯饼、鸡蛋和烤面包。后因身体不适,Gerry决定提前回家休息,而没有回店里。然而在第二天早上,Gerry没有来开店。Doug很担心他,于是给Gerry家里打了电话,但打了一整天都没人接。商店关门后,Doug去了Gerry的家,并于Gerry的家中发现了他的尸体,他的头部被铁锹击中,并伴有灼伤,另外Gerry还中了三枪。

警察接到报案后很快到达现场。据Doug和Gerry的朋友称,与Gerry分居的妻子Jill Coit有重大犯罪嫌疑。Jill以前结过很多次婚,而Gerry是她的第八任丈夫。但是在结婚后不久,Gerry从她的第七任丈夫那里得知,她在与Gerry结婚时并没有与前任正式离婚。因为这是Gerry的第一段婚姻,所以他被这个消息弄得心烦意乱,于是他起诉离婚,并请求法院冻结Jill的资产,其中包括Gerry曾帮助她打理的一家旅馆和一家早餐店。在Jill和第九任丈夫结了婚又离婚之后又有了一个新的男朋友Michael Backus。Jill和Gerry的离婚诉讼开庭日期一直都没有确定,这被认为是潜在的作案动机,因为Jill被曝光过曾经有为了钱而嫁给有钱人的行为。此外,在得克萨斯州,Jill的另一个前夫是一件未破谋杀案的受害者。

在发现Gerry尸体的前一天下午,邻居们报警称在Gerry家附近见过两个伪

第五章　使用植物解剖学证据的案例　　91

装的可疑人物。在发现 Gerry 尸体前的整晚和第二天，Jill 和她的新男友都有不在场证明，但当天下午没有。因此，确定 Gerry 的死亡时间，是判断他们是否有作案时间的关键。

科罗拉多调查局（Colorado Bureau of Investigation，CBI）要求我们在解剖 Gerry 尸体时检查其胃内容物。我们发现在 Gerry 胃里仅有马铃薯和洋葱（图 5.1）。由于沙克餐厅的宣传报道称，他们的马铃薯饼里没有洋葱，由此推断，Gerry 可能是在晚上第二顿饭后被杀害的。因此，Jill 和她的男友与 Gerry 的死无关。之后我们要求调查此案的调查员收集并提供一些沙克餐厅的马铃薯饼给我们以供检验检查。当调查员观察餐厅工作人员的准备工作时注意到，厨师会用烤洋葱的刮刀在烤架上翻炒马铃薯饼，所以他吃的马铃薯饼里确实有一些洋葱。因此，对 Gerry 的胃内容物的分析与他已知最后一顿的食物相吻合，并显示 Gerry 的死亡时间是在下午的早些时候。

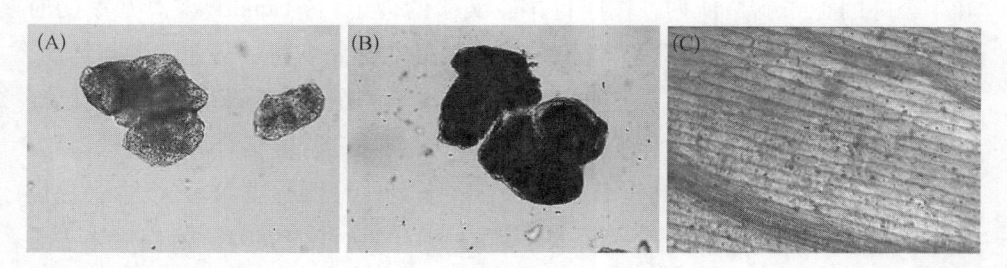

图 5.1 马铃薯和洋葱细胞与 Gerry Boggs 胃内容物中的细胞相似。（A）未染色的马铃薯细胞；（B）马铃薯细胞淀粉染色；（C）番红染色的洋葱细胞。显微照片由原作者提供。

根据胃内容物的相关证据，当地警方获得了搜查 Jill 车和家的搜查令。警方从 Jill 的车里找到了一把电击枪，并在她住处找到其他一些犯罪证据。电击枪在新鲜猪皮上的实验痕迹和 Gerry 尸体上发现的灼伤痕迹明显一致。Jill 的儿子还提供了额外的证据，指控 Jill Coit 和 Michael Backus 有罪。在 Jill 被捕后，得克萨斯州的新闻媒体称其为"黑寡妇"，因为她也涉嫌在得克萨斯州枪杀她的第三任丈夫，并抢走了他的财产。

两本记录了 Boggs 案的书籍十分畅销（Singular，1995；Linedecker，1995），同时 Boggs 案法医证据的重要性讨论也在 Sachs 所著图书中关于死亡时间判定的一章（Sachs，2001）和两个电视法医节目（法医档案电视节目《出击》；历史频道的推演光盘《尸体线索》）出现过。

1.3　里兹·波顿披萨(Lizzie Borden Style Pizza)

在伊利诺伊州的一个小镇上,一位年轻的父亲 David Hendricks 声称,在 11 月的一个深夜他离家外出办事。那天晚上 6 点 30 分,Hendricks 和他的三个孩子在当地一家专门提供儿童套餐的披萨店吃晚饭。他的妻子则在参加一个新生儿的洗礼。Hendricks 的孩子们在用餐后在餐厅的游戏区玩了一个多小时。据 Hendricks 供述,他在晚上 8 点 30 分左右哄孩子们上床睡觉,并且他的妻子 10 点 30 分也到家了。当 Hendricks 外出前往威斯康星州时,家里一切正常。第二天晚上,Hendricks 让朋友们去看看他的家人,因为他无法通过电话联系到他们。朋友们在无法联系到 Hendricks 的家人后,便寻求当地警察的帮助。警察进入 Hendricks 家后发现了可怕的一幕,孩子们在睡梦中被斧头砍死,孩子们的母亲也死了。尸检显示,孩子们的胃里还残留着大量未消化的披萨——残余的番茄和牛至叶的香味就是证据。按照胃排空实验的理论,当 Hendricks 离开家的时候,孩子们的胃应该已经空了,特别是因为他们在吃完东西后马上就参与运动,加速了胃排空(见第四章)。这些证据表明,孩子们在 Hendricks 离开前就已经死亡了。虽然没有直接证据证明 Hendricks 与犯罪有关,但结合其他信息,警方逮捕了 Hendricks,法庭判其谋杀罪成立。这个案件写得相当深入,报告中提供了嫌疑人大致的背景、犯罪行为以及审判的细节(Vogel,1989)。然而后来由于技术问题,Hendricks 案被重新审判,Hendricks 也被判无罪。不幸的是,在重审中受害者胃内容物的证据被忽视了。

1.4　小天使之死(Death of a Tiny Beauty Queen)

1996 年的圣诞节,6 岁的 JonBenet Ramsey 的尸体在科罗拉多州博尔德市的家中被发现,这引发了一场大规模的调查,然而迄今为止还没有抓到嫌疑人。虽然 Ramsey 的胃里没有食物,但肠道内容物证据表明她在前一天晚上吃了菠萝,这也是她父母提到的。新鲜菠萝含有在大多数常见的食物中没有的特殊晶体(raphides)(图 5.2),这使得它相对容易区分。我们还被要求将尸检中发现的木头碎片与疑似犯罪现场发现的来源进行比较。后来,大陪审团确实提交了一份起诉书,但博尔德地区检察官选择无视这份起诉书,因为检察官认为,凭借当时的证据,无法给嫌疑人定罪。

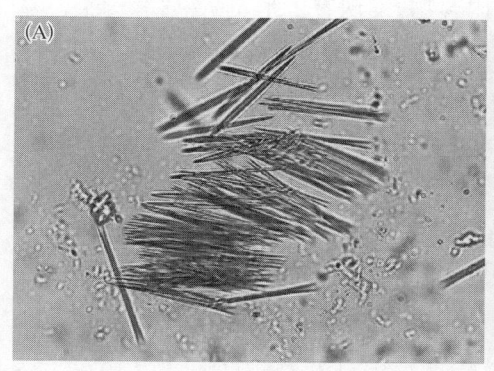

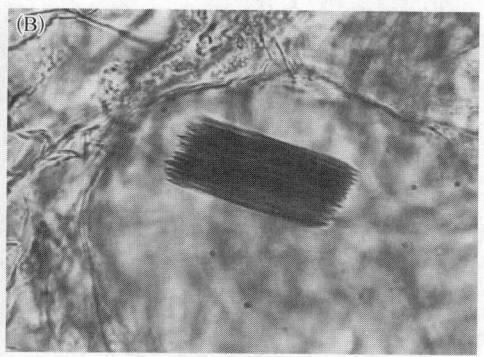

图 5.2 菠萝针晶。(A) 用浸渍过的菠萝组织制成的松散针晶；(B) 包装在菠萝实质细胞内的针晶。显微照片由原作者提供。

1.5 机构配餐可以帮助确定死亡时间

来自加利福尼亚州的两起凶杀案的受害者都生活在相对封闭的环境中，一个受害者生活在精神病院，另一个受害者生活在关押精神病罪犯的监狱。调查人员正在试图来确定受害者的死亡时间。在这两起案件中，受害者的饮食都是根据政策配置的。因此，我们不仅得到了胃内容物还有死者生前所有食物的精确信息。

监狱里有两组囚犯有嫌疑。其中一组声称在午餐后还看到了受害者，而第二组声称他们在晚餐后还看到了受害者。我们收到了受害者胃内容物清单和监狱营养学家给我们的详细午餐和晚餐的菜单。两餐完全不同。对受害人胃内容物中的植物物质的检查表明，受害者是在午饭后死亡的，而不是晚饭后。这使得调查人员将注意力集中在第二组囚犯身上。

1.6 虐待狂丈夫之死 (Abusive Husband Gets the Axe)

1996 年，一名年轻的德裔女性移民用借来的双头斧杀死了虐待她的美国丈夫。据她说，她丈夫趁她在床上睡觉时先袭击了她，而她的丈夫在自 1991 年海湾战争归来后就一直对她进行身体和性虐待。理化检验表明，她在丈夫的啤酒里放了宁托尔（Nytol®，苯海拉明的一种品牌，有安眠镇静作用），然后趁他睡着时用斧头砍了他 30 多次，而当时他们的三个孩子都睡着了。有人提出疑问，这到底是她遇袭后的自卫行为还是有预谋的杀人行为，因为斧头是这名女性最近才借来的。随后我们检查了受害者的胃内容物,发现有玉米、马铃薯和肉类。从显微镜下观察,胃内容物中的肉类非常新鲜,这表明他是在死前才刚刚食用了这块肉。这一发现与检控方支持的他是被谋杀的结论相吻合,即他是在傍晚早些时候被杀害的。由于陪审团考虑到她有被虐待的历史,所以减轻罪责,只判处她二级谋杀罪。

1.7 识别食源性植物(Sometimes Plant-Derived Food Can Be Identified)

一般来说,烘焙食品和加工过的谷物很难用显微镜辨认出来。1988年8月,一位母亲把她4岁大的女儿留在停着的车里一整天(上午10点到下午5点),而她当时在丹佛工作。当天早晨,她给女儿喂了一种称作Zinger的食物(类似于奶油泡芙,图5.3)。据这位母亲供述,当天她曾多次查看车内孩子的情况,最后一次查看是在下午5点左右,然而当她最后一次查看孩子情况的时候,她发现孩子已经在车里死亡。尸检表明,孩子是死于头部遭受钝器打击,并且极有可能是发生在上午,而不是下午晚些时候。警方认为,打击的行为不是母亲,就是母亲的男朋友所为。我们检查了受害者胃里的食物发现,受害者胃里的食物残留与新鲜的Zinger相差不大,这表明她当天早些时候就已经死亡了。面对尸检信息和胃内容物的数据,这位母亲对杀害自己孩子的行为供认不讳。

图5.3 一种面粉制作用奶油填充的名叫Zinger的食物。

在华盛顿州另一起无关的案件中,调查人员将独特的谷物成分与受害者的呕吐物样本进行比较发现,被勒死的受害者在食用谷物后不久就呕吐了,并且在嫌疑人车辆的座椅上也发现了类似的呕吐物污渍,警方分析认为有可能是受害人搭乘过嫌疑人的车辆。此外,在抛尸的垃圾场土壤样本中发现的植物硅体与从嫌疑人车辆上发现的土壤样本互相匹配,这就再次印证了受害人与嫌疑人车辆有过时空交集。警方根据以上证据对嫌疑人实施了抓捕,而嫌疑人在拘留期间选择自杀。

2 法医植物解剖与隐秘墓穴

　　Norris 和 Bock 是"国际墓穴搜索"（NecroSearch International，NSI）组织的正式成员。NSI 是一个由科学家、执法人员和各领域专家组成的非营利组织，旨在为执法机构提供人员培训和案件服务，以便进行隐秘墓穴的搜索（另见第九章）。NSI 还开设培训课程，并利用各种专业的方法来定位隐秘墓穴，这些方法包括航拍、前视红外线（FLIR）、探地雷达、专业的搜寻犬、昆虫学、人类学、考古学、法医植物学、地质学以及其他工具。NSI 已经为美国和其他国家提供了数百例案件的服务，以下介绍的案件中，法医植物解剖学都发挥了重要作用。

2.1 雪儿·埃尔德案：追根究底

　　1993 年 3 月底，在美国丹佛巴恩斯商学院上学的 20 岁的 Cher Elder 没有上课，也没有去上班。起初 Cher 被列为失踪人口，但后来在市区的一段赌场录像里她和一名有过性侵史的前科犯 Thomas Luther 一起出现。据 Luther 说，Cher 和她的男朋友 Byron Powers 吵了一架，作为 Byron 的朋友，Luther 带她去赌博解闷。莱克伍德警方将 Luther 列为重点嫌疑人，并将其监视起来。当年 8 月末的一天，警方从一名线人那里得知，Luther 吹嘘说他杀了一个女孩，并把她埋在 70 号州际公路旁，并且 Luther 声称警察永远也找不到尸体。1995 年 4 月，Luther 因其他罪行被捕。当时 Luther 的一名前狱友告诉警方，他曾和 Luther 一起去过埋尸地点，警方据此确定了位于丹佛西部山区伯索德隘口附近区域为埋尸地点。NSI 成员用警犬对该地区进行了搜索，没有找到墓地，但他们却发现了一组奇特的岩石。调查人员取了一个土芯，但却没有确凿的证据表明这是一个坟墓。6 周后，因涉嫌另一起凶杀案而被捕的 Cher 的前男友向警方透露，他也曾和 Luther 一起去过墓地，因此可以确定埋尸地点。现场辨认后警方发现这就是 6 周前 NSI 去过的地方。这一次，NSI 的调查人员挖了一条比上次更深的沟，NSI 的法医人类学家 Diane France 博士闻到了明显腐烂的气味。NSI 人员小心翼翼地挖掘并发现了尸体，后来经牙科记录确认死者就是 Cher。虽然 Luther 坚称自己是无辜的，并指出在这两年时间里，她可能被他人杀害并被埋葬，但 NSI 的法医植物学家 Victoria Trammel 通过对侵入墓穴的树根幼根的横截面进行显微镜解剖（图5.4），发现这些幼根已经有大约2年的生长周期，从而间接推断出了这个墓穴的大致年龄，这就把坟墓的挖掘时间限定在Luther应该负责的时期。1996年Luther被判二级谋杀。

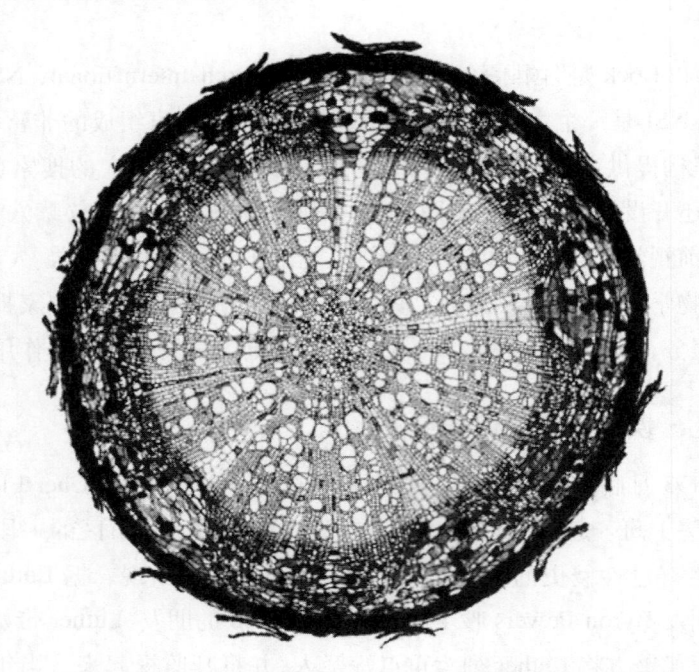

图 5.4　双子叶幼木根的年轮横切面图。

3　涉及粪便物质的案件

比较粪便样本中的植物细胞可有助于将嫌疑人与犯罪现场联系起来。入室盗窃的嫌疑人偶尔会在现场留下粪便，并可能与嫌疑人衣服上的污渍相匹配。同样，强奸案和奸杀案中犯罪嫌疑人的衣服、软垫家具或车辆上也可能出现粪便污渍。

3.1　涉及"粪便印迹"的奸杀案（A Rape-Homicide Case Involving "Poo Prints"）

在1996年的普韦布洛，一个年轻女人在离开公司宴会后被奸杀。据称，当

第五章　使用植物解剖学证据的案例　　**97**

地监狱的一名执行白天监外取保的嫌疑人在这个宴会上与受害人发生过争执，并在受害人离开宴会时尾随她离开。那天夜里，嫌疑人返回监狱时，看守发现他的衣服上有一些明显的污渍。第二天发现尸体后，警方进行了调查并将他列为重要的犯罪嫌疑人，案发那天他穿的衣服被作为证据没收。

　　本案的检察官了解过我们曾经参与过的对胃内容物进行分析的案件，他询问我们是否有可能将两种不同的粪便样本中的植物物质作同一来源认定。据我们所知，虽然以前从未有人做过这样的工作[①]，但我们决定尝试着分析一下。随后，检方给我们提供了受害人以及嫌疑人衣服上沾有污迹的布料和死者的排泄物。据悉，当天受害人身体不太舒服，在参加聚会之前没有吃任何东西，她的最后一餐是前一天晚上吃的墨西哥风味的食物。

　　对样本的检查结果显示，受害者以及嫌疑人的衣物样本中都含有黑豆、红辣椒和大量无法鉴定但成分完全相同的植物部分，而且这些物质与受害者粪便样本中发现的物质相吻合（图 5.5）。由于受害者和嫌疑人吃的食物不可能是完全一样的，而且他们的衣服也不可能同时无缘无故被粪便弄脏，因此这些结果成为嫌疑人在犯罪现场有力的佐证。这一证据的使用使法庭裁定他犯有性侵和杀人罪。

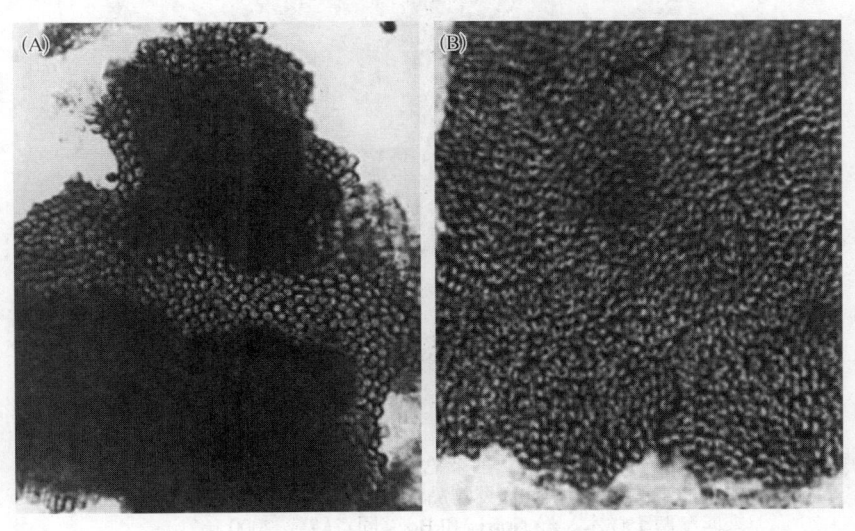

图 5.5　（A）嫌疑人衣服上的豆皮（种皮）与（B）受害者粪便上的豆皮（种皮）的对比。经 Norris 和 Bock 同意再版（2000）。

[①] 后来，我们了解到早期新罕布什尔州的一个案例中，技术人员曾将鞋子上的人类粪便与犯罪现场进行过比对（Johnson，1948）。

3.2　教堂"救济箱"抢劫案(The Church"Poor Box"Robbery)

佛罗伦萨的天主教堂发生一起"救济箱"被盗案,小偷在案发现场留下了一坨粪便。现场痕迹显示,这名小偷作案时正患有严重的腹泻,虽然他尝试控制,但仍然留下了大量的粪便。虽然牧师在报警前曾收拾过现场,但警方还是从犯罪现场收集到了一些残留的粪便。警方怀疑案件嫌疑人是一名当地患有克罗恩病(Crohn's disease)的男子,这种疾病的患者通常难以控制他们的肠道,特别是兴奋或焦虑时,如抢劫。嫌疑人在 Abili 酒吧被捕,但他否认参与案件,并声称盗窃案发生时他正和妹妹在一起。随后警方在酒吧后面的垃圾箱里发现了沾有大量排泄物的他的蓝色牛仔裤。这些发现把他与犯罪现场联系起来,而嫌疑人却要求警方找到能"证明这一点"的有力证据。

当地警方向我们寻求帮助,对犯罪现场粪便样本与蓝色牛仔裤上的粪便样本进行植物成分比较。我们在两个粪便样本中发现了 14 个一致的匹配特征点(图 5.6)。在得到这些信息后,嫌疑人供认了犯罪事实。

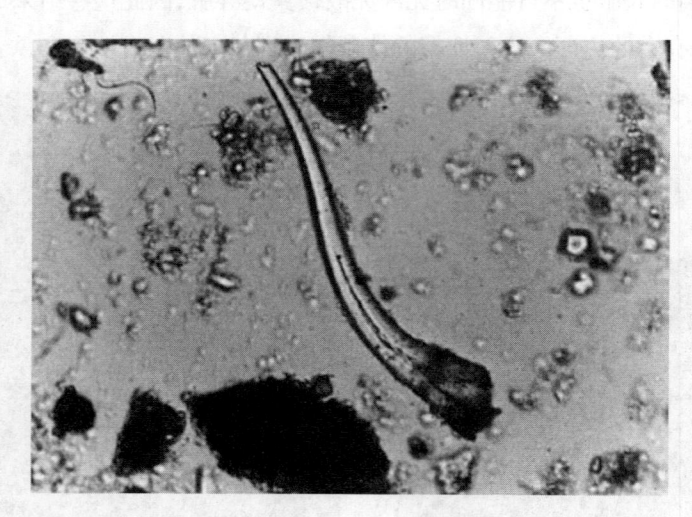

图 5.6　粪便样品中经三色染色后无法鉴别种属的物质。即使物种的来源无法确定,这类物品的存在和出现的频率也可以用来匹配两个样本。经 Norris 和 Bock 同意转载,2000 年。

3.3　虐童指控(A Charge of Child Abuse)

一名 20 个月大的女婴在保姆的照顾下死亡。这位保姆声称孩子一直无精打采,而且一整天都没吃东西。1998年,我们被要求检查她尿布上的排泄物,看看是否有证据表明她最近吃过东西。尿布大概是在孩子死亡前换的。检查后我们在粪便样本中发现豆类植物的细胞和豆类种皮碎片,以及一些特殊但未能识别的毛状体和表皮碎片。实验证明,食物通过婴儿消化道的速度要比成年人快,因此婴儿粪便样本很有可能表明是当天饮食的消化物。但遗憾的是,没有任何比对证据可以与尿布上的粪便样本进行比较,甚至连最后一餐的记录以及保姆提供的有用信息都没有。显然,调查人员也正在寻找能够支持或质疑他们获得信息的证据。虽然我们收到了为此案作证的传票,但我们却从未被要求质证,也从未得知最终的庭审结果。

3.4 利用粪便中植物来源分析并迫使嫌疑人认罪

我们的一篇论文描述了粪便样本中发现的植物细胞在法庭上的使用的情况(Norris and Bock,2000,2001),这使得案件的调查人员联系了我们,因为宾夕法尼亚州发生了一起类似的强奸杀人案。但是,嫌疑人的衣服上只有少量的粪便污迹。令人担忧的是,根据证据的检验标准,对粪便污迹的分析会消耗掉所有可用的材料,如果辩方要求自己进行分析时,就没有可用的样本了。因此,我们建议检察官告知被告的律师,通过法医样本的编码流程,让辩方也直接参与这一过程,这样我们就不会知道样本的具体情况,辩方也可以增加一些有关或无关的粪便物证作为内部对照进行盲样分析。我们建议检察官向辩方出示我们发表的论文,作为可以进行这样比较分析的证据。根据我们及嫌疑人律师的建议,嫌疑人决定以三级谋杀罪认罪,而如果上庭审判,他可能被判一级或二级谋杀罪。

参考文献

Johnson, D. J., 1948. Police science legal abstracts and notes: analysis of fecal matter as evidence of guilt. The Journal of Criminal Law, Criminology and Police Science 39, 129.

Linedecker, C. L., 1995. Poisoned Vows. St. Martin's Paperbacks, NY.

Norris, D. O., Bock, J. H., 2000. Use of fecal material to associate a suspect with a crime scene: report of two cases. Journal of Forensic Science 45, 178–181.

Norris, D. O., Bock, J. H., 2001. Method for examination of fecal material from a crime scene using plant fragments. Journal of Forensic Investigation 51, 367–377.

Sachs, J. S., 2001. Corpse: Nature, Forensics, and the Struggle to Pinpoint Time of Death. Perseus Books Group, Cambridge, MA.

Schneck, W. M., 2004. Cereal murder in Spokane. In M. M. Houck, (Ed.), Trace Evidence Analysis: More Cases in Mute Witnesses. pp. 165 - 190). Burlington, MA: Elsevier Academic Press.

Singular, S., 1995. Charmed to Death. Pinnacle Books, Kensington Publishing Corp., NY.

Vogel, S., 1989. Reasonable Doubt. Contemporary Books.

第六章

法医植物分类学

植物分类学通常是根据植物的解剖或形态学特征对其科、属或种进行鉴定的学科(见第三章)。在某些情况下,科学家可能还需要增加化学或遗传学分析,特别是在鉴定潜在有毒植物或与非法药物相关的植物时。专业的植物学家、经验丰富的业余植物学家或训练有素的法医科学家可以按照此章描述的步骤合理地使用解剖学或形态学方法。鉴定内容可能涉及嫌疑人、车辆、受害人、主要或次要犯罪现场有关的植物或植物的部分。此项工作可能会从已知的植物样本推断出一个自然的、农业的或景观植被地点。并且此项工作可能需要我们在野外犯罪现场、图书馆、植物标本馆、实验室或线上工作。

1 植物分类学研究

在进行需要植物解剖及人类消化道残留物分析的相关案件时,除了在实验室工作,我们通常不需要做其他工作,但也有例外,如上文提到的"黑寡妇案"(见第五章)。在该案中,我们需要派一名调查员亲自到咖啡店了解咖啡店的食谱,并了解洋葱是如何出现在本该只有马铃薯的食物中的。通常,当我们运用分类学方法调查和精准识别植物或植物碎片时,几乎都需要进行实地工作,特别是对于法医植物学家而言,实地勘验植物样本、了解获取样本情况及植物来源信息等工作是很重要的。当用分类学方法推断到一个可能的地点时,法医调查员应该进行实地探访并验证该物种是否存在于此。

房地产律师经常提到的一个术语是"尽职调查",在进行植物分类学工作时,我们也喜欢用这个术语约束自己。关于尽职调查的一个准确定义来自www.businessdictionary.com:"谨慎、有责任感且勤奋的人期望并执行的审慎、责任和尽职的工作。"以下是植物科学家在处理需要用到植物分类学知识解答法医问题时的"尽职调查"。

1.1 分类学野外工作准备

进行野外分类学调查工作的第一步是将可能需要的所有设备都放到某种包中。相较于双肩包,使用单肩斜挎包可以避免浪费过多的时间在摸索背包、背及放包的举动上。

准备一个笔记本记录你所观察到的一切信息,活页本在这种情况下不太适用,因为它们作为记录载体很容易被篡改。可随身携带的防水型野外笔记本是一个理想的选择,因为它不受天气的影响,而且容易书写。作记录时,你最好使用不褪色的中性笔或铅笔,以防止字迹污损。

植物学家经常会在脖子上挂一个手持式放大镜,它有助于植物的实地观察和初步鉴定。放大镜的放大倍数至少应该是 10×,而 15×更理想。虽然小说中夏洛克·福尔摩斯的形象深入人心,但他使用的眼镜式放大镜在这种场景下其实并不好用。另一件装备则是使用数码相机记录野外植物。此外,便携式全球定位系统(GPS)可以准确记录你的位置,以便你或其他人下次可以准确地访问该地点。有时,陪审团成员可能会和与案件辩护或起诉有关的其他人员一起勘验犯罪现场(见第九章 Matthew Mirabel 案),这时一本随身携带的本地植物志则是最理想的工具。取样用的铲子、剪刀或刀也需要随时携带,如果需要使用植物的根进行鉴定工作时,你可以用铲子挖掘并收集整个草本植物;从木本或灌木、乔木上采集树叶和树枝时,剪刀或刀是很有用的。

1.2 样本采集

收集袋是野外收集植物样品的必要装备,虽然植物学家更喜欢用塑料袋进行采集,但尺寸各异的纸袋显然是最理想的选择。根据经验,大多数植物样品可以装在信封或食品店使用的纸袋里,大号纸袋可以用来收集草本植物整体以及较小的树枝。在野外也可能会用到植物压片机(见第三章),但由于其体积太大不便携带,所以我们更推荐将野外采集的植物在返回实验室后再进行标本的压制。

另外,标签也要随身携带。在收集材料的袋子上贴上标签,并注明采集人的姓名、日期及样品编号。例如,2015 年我们会将我们第一次采集的工作编号为 15－10,那么此次工作第一个样本的编号就是 15－10－1,下一个是 15－10－2,

以此类推。每个收集袋都应用胶带密封。这里我们推荐使用 2 英寸（1 英寸 = 2.54 cm）宽的红色标签，在上面可以用中性笔或永久记号笔书写信息。

有时，法院工作人员或其他调查人员会陪同你一起进行采集样本的工作，并会分别收集资料，他们收集的样本可能会和你采集的一起作为证据保存下来。另外，在不明确犯罪发生地点的情况下，植物学证据要从其他可能与犯罪有关的来源地进行收集。例如，与犯罪有关联的车辆上的植物材料，或包含植物整体或植物组织的嫌疑人及受害人的衣物。有时，这些植物样本在移交法医植物学家分析鉴定物种之前，由于收集或保存环节不恰当等，会为后面的分析鉴定工作带来困难。因此，如有必要，最好让专业鉴定人员直接参与植物证据的收集和处理。

1.3 植物鉴定

实验室工作应在现场采集工作之后尽快开展。正确的植物鉴定工作可能需要使用手术刀、小剪刀、尺子、镊子和解剖针等简单的解剖工具，通常情况下还需要再加上一个手持式放大镜或解剖镜。此时，你应该按第三章所描述的内容对植物进行处理。

为了了解和识别一种植物，可以使用区域二分法（regional dichotomous key）或图片法，并遵循地理区域的限制。例如，要确定在落基山国家公园发现的某一种植物，首先要使用 Nelson 于 1971 年发表的《落基山国家公园植物志》或 Weber and Wittman 于 2012 年发表的《科罗拉多植物区系野外指南》，而不是使用印刷版或网络版的《北美植物志》。本章末尾提供了一些花卉指南的索引。

使用二分法的目的是帮助你完成对植物的识别。你会发现如果没有使用二分法，当处理植物的特征或特征组相关问题的时候，结论可能有两个，这种情况称为双重态，同时两个结论会对应两种不同的植物。这种通过单一性状确定物种的方法听起来简单，但其实并非如此。因为你必须掌握大量的关于植物形态的术语，比如花的子房是上位的还是下位的。显然，这就需要积累一些关于植物和用于分类学结构特征的基本知识。我们在本章末尾提供了一些参考资料（Harrington, 1997; Harris, 2001; Epel, 2013），以方便读者了解必要的基本术语，并且在你熟练掌握之前，最好随身携带这些资料。

另一种方法是彩图检索法。这个指南性资料会提供大量的植物彩色图片，包括各色花朵并附有植物的俗称或学名。这种方法通常只涉及某个地区的植物,且包含的植物种类不全面。使用彩图指南的鉴定应由当地植物学家并参照植物标本馆进行双重检查,因为指南中提供的一些特征可能会因地点而异(例如,高度、花的颜色等)。

通常情况下,一个人可能无法准确判定植物物种。如果在不能确定时,你可能需要咨询当地的植物学家或者参考大学的博物馆标本。当地院校、公立公园等会聘请熟悉当地植物的植物学家,而且几乎所有的植物标本馆都会设立一部分公共服务的预算,因此这些机构会有很好的专家资源库。地方植物标本馆会收集当地的标本供比较,馆藏标本经常来自世界各个国家及地区。目前,世界上大多数的国家大型植物标本馆都已经将其馆藏的数字图像资源向社会开放,你可以通过 Wikipedia.org/wiki/Virtual_herbarium 找到相关资源。或者,你可以联系附近的植物标本馆,了解他们是否有标本数字化资源。例如,我们可以从世界各国的各种植物标本馆获得数字图像,比如:位于英国伦敦郊外的里士满英国皇家植物标本馆及位于密苏里州圣路易斯市的密苏里植物园。

适时对特定植物种类进行文献搜索将有助于增加你对该植物的认识,并使你了解该物种的研究进展,同时还能帮助你了解一些特定植物或植物的分类细节。

在确定你所用的植物学名是否合适之前还有一个需要特别注意的问题,即是否包含园林植物和观赏植物在内的人工栽培植物。如果你在犯罪现场得到某些植物分布信息十分有限,又或者你不知道该植物的拉丁学名,你可以通过网站 www.ars-grin.gov/ 检索到对应的拉丁学名,并将获得的信息录入 www.plants.usda.gov/,该网站能为你提供所需植物物种常见的信息。

1.4 识别的权限

在法医植物鉴定中,验证你的鉴定结论是最具挑战性的部分,通常有几种方法用于确认你的鉴定。这些方法有的很新,而另一些则有悠久的历史。DNA 技术可以用来验证物种的片段是否匹配,尽管在大多数情况下不是单一植株。在一个案例中,犯罪嫌疑人的汽车里发现的树枝碎片如果不能在结构上与犯罪现场附近的树木匹配,那么就可以使用 DNA 技术进行比较。但迄今为止,大多数物种都没有在物种内个体间显示出明显的遗传差异,以允许对其进行个体识别。

化学或生化分析也可用于植物鉴定。如果需要鉴定的植物是药用植物,我们就可以使用标准的常规生化测试方法以定性或定量地确定这些植物的活性成分,如大麻或罂粟。这些被法医实验室广泛使用的方法可能会取代传统植物形态学鉴定,例如在涉及大麻的案件中。

一些涉及毒品的法律已经将大麻(*Cannabis sativa*)等明确列为违禁植物。植物分类学有时也被用来为无罪辩护作证。法医植物学专家可能会指出:基于微观形态学特征,所获样本不是大麻(*C. sativa*),而是印度大麻(*Cannabis indica*或*Cannabis ruderale*)。这种论点有时是真实的,也可能是出于对大麻非法性的异议或为了经济利益考虑。因此,一些法律条文已经作出修订,更多关注活性成分的存在,而不是植物的种类。通过测定大麻和其他常见药用植物活性成分,可以明确植物在某些司法管辖区(州)是否非法。遗传分析技术不仅出现在不同种类大麻的鉴定中,甚至还出现在同一种大麻的鉴定中(见第三章)。此外,对于大麻属中其他物种的花粉分析也可以鉴别其地理来源(见第十章)。

分类学鉴定最有力的辩护来自传统植物鉴定方法的研究进展。服务于其他领域的法医植物学家可能会质疑你的鉴定结果。为自己辩护的最好方法就是求助于能够支持你的发现的植物科学的文献。这一过程中植物的命名应与藻类、真菌和植物国际命名法的最新版本一致,即"墨尔本命名法"(Melbourne Code),或更早的版本《维也纳准则》(*Vienna Code*)(见本章"补充材料")。

我们将通过成功在法庭使用运用过的案例来解释这个问题。某种植物最常用的俗称是水葫芦,它是一种漂浮在淡水水面上的亚热带植物,有美丽的蓝色花朵。它生长快,常常因为堵塞水道而被冠以"有毒杂草"的称号,许多国家都致力于控制或根除这一物种。也许你所确定的这种植物的拉丁学名是 *Eichhornia crassipes*,凤眼莲属植物的一种。对方专家会指出你的错误,并声称这种植物的学名实际上是 *Pontederia crassipes*。

如果你在庭审前做了充分的准备,那你可以轻而易举地驳斥这种反对意见。你应该通过检索国际植物名称索引系统(International Plant Names Index,IPNI)(http://www.ipni.org)获得植物物种名称的科学依据。第一步进入网站,点击选择植物名称,IPNI 是由包括皇家植物园(Royal Botanic Gardens)、裘园(Kew)、科文西斯索引(*Index Kewensis*,IK)的 100 多万个条目,哈佛大学植物标本馆索引(*Gray Herbarium Index*,GHI)的 3.5 万余个主要来自北美的条目和澳大利亚植物名称索引(*Australian Plant Names Index*,APLI)的 6 万余个有详细注释的条目合作建立的。

IPNI 会提供水葫芦的以下相关信息:*E. crassipes*(Mart.)Solms。其中

(Mart.) Solms 是该物种两个命名者的名字，分别是首次确认该物种和给予 *Eichhornia crassipes* 这个科学接受名的人。这个页面的标题是"植物名称查询"，在"快速搜索"下你可以输入 *E. crassipes*，给定这些信息的要求在《国际植物命名法规》有所规范，如果您输入的名称已过时或不准确，系统将会显示错误并将能够接受的学名展示给你。

接下来，你了解了更多关于(Mart.) Solms 的信息。(Mart.) Solms 是命名者的名字，网站为我们提供了有关这一物种命名人的信息。Solms 是第一个建立 *E. crassipes* 的人，Mart. 是另一个人的名字缩写，他首先给出了种加词(*crassipes*)，但是最初人们把这种植物归为梭鱼草属 *Pontederia*。在随后的研究中，Solms 将这个物种重新划定到凤眼莲属 *Eichhornia* 并把科学名修正为 *E. crassipes*。

要了解这个系统是如何识别错误的，你可以试试将物种以前的拉丁学名 *P. crassipes* 输入系统。这时你就会发现 *P. crassipes* 是该物种的曾用名，这表明它曾经是 *E. crassipes* 命名历史的一部分，但现在是不被科学界所接受的。

通过在 IPNI 的进一步探索，您可以了解更多关于物种命名作者的信息，但这不是确定你结论所必需的条件。针对搜索内容会出现三个参考资料来源，即 IK、GHI 和 APNI，它们之间存在或多或少彼此的拷贝。在拉丁学名之后，APNI 会给出 *Monographiae Phanerogamarum 4: 1883* 这样的信息。信息中显示另外两位植物学家，他们的名字缩写分别为 A.DC. 和 C.DC.。他们首次对 *E. crassipes* 进行了详细的描述。从日期可以看出，早在 DNA 技术及电子显微镜出现之前的 1883 年，就有关于这个物种的记载。这些信息是用德文记录的，并附有大量的拉丁文内容，严谨、详细地描述了该物种的解剖学、形态学及其他特征。德文虽然优雅且严谨，但据我们所知，目前法庭上并不使用德文。科学命名法的规则要求对一个物种使用首次命名的名字，除非后来的研究表明有错误。

如果你没有植物学相关的经验，那么给植物命名是很有挑战性的，因此当你所在地没有植物标本馆时，就联系其他地区的大型植物标本馆。但是，仅局限于所在当地植物群的信息来搜索，这样做就会陷入误区。

1.5 忠告

如果你试图将不同的地方作为犯罪现场联系起来，或者帮助寻找疑似犯罪现场的情况，那么仅仅识别该区域的单一植物是不够的，这要归咎于人类对园艺和园艺的热爱。例如,仅仅因为是稀有植物,且只在自然界的某一个地方被发现过,并不意味着你解决了植物来源的问题。如果是很稀有的植物,特别是因其外形或者具有神奇的药用价值,那么该物种很有可能已经通过人工栽培的方式而得以扩张。第一章中描述的许多药用或有毒植物目前在世界各地都可以找到。在庭院和花园出版物中几乎能找到所有关于移栽外来或本地珍稀植物的问题。例如,《落日》(*Sunset*)杂志为加州居民提出的植物移栽建议大部分是基于对加州克莱蒙特市圣安娜牧场植物园(Rancho Santa Ana Botanic Garden)原生植物的研究。同样,英国伦敦附近的裘园(Kew Gardens)和苏格兰的爱丁堡植物园(Edinburgh Botanic Garden)也为民众提供了类似服务。

参考文献

植物识别辅助

Epel, T. J., 2013. Botany in a Day: The Patterns Method of Plant Identification. Hops Press LLC, Pony, MT.

Harrington, H. D., 1997. How to Identify Plants. Ohio University Press (Swallow Press), Columbus, OH (New edition of 1957 publication).

Harris, J. G., & Wolff Harris, M., 2001. Plant Identification Terminology: An Illustrated Glossary, second ed. Spring Lake Publications, Payson, UT.

植物区系概况及鉴别方法

Nelson, R. A., 1971. Plants of Rocky Mountain National Park. Rocky Mountain Nature Association, Estes Park, Colorado.

Weber, W. A., Wittmann, R. C., 2012. Colorado Flora: Eastern Slope, fourth ed. University Press of Colorado, Boulder.

补充材料

有用的网站

California Native Plant Society. http://cnps.org/cnps/grownative/resources.php#identification.

International Code of Nomenclature for Algae, Fungi, and Plants, http://www.iapt-taxon.org/nomen/main.php.

Plant ID Web sites. http://identifythatplant.com/plant-id-resources/plant-id-websites/.

University of Texas Herbarium, Plant Resources Center. http://www.biosci.utexas.edu/prc/.

USDA Natural Resources Conservation Service. http://plants.usda.gov/java.

植物区系概况及鉴别方法

Flora of North America Editorial Committee (Ed.), 1993. Flora of North America North of Mexico, vols. 18+ New York and Oxford.

Hallowell, A. C., Hallowell, B. G., 1981. Fern Finder: A Guide to Native Ferns of Central and Northeastern United States and Canada. Menasha Ridge Press/Wilderness Press, Birmingham, AL.

McNeill, J. (Chairman), Barrie, F. R., Buck, W. R., Demoulin, V., Greuter, W., Hawksworth, D. L., Herendeen, P. S., Knapp, S., Marhold, K., Prado, J., Prud'Homme Van Reine, W. F., Smith, G. F., Wiersema, J. H. (Members), Turland, N. J. (Secretary of the Editorial Committee), 2011. International Code of Nomenclature for algae, fungi and plants (Melbourne Code) adopted by the Eighteenth International Botanical Congress Melbourne, Australia. Koeltz Scientific Books, Koenigstein, Germany.

Tomanek, G. W., 1977. Pasture and Range Plants. Phillips Petroleum Co., Bartlesville, OK.

树木实用指南

Harlow, W. H., 1957. Trees of the Eastern and Central United States and Canada. Dover Books, New York.

Harlow, W. H., 1959. Fruit and Twig Key to Trees and Shrubs. Dover Books, New York.

Kershner, B., 2008. National Wildlife Federation Guide to Trees of North America. Sterling, New York.

Watts, M. T., 1991. Tree Finder: A Manual for Identification of Trees by Their Leaves (Eastern US). Menasha Ridge Press/Wilderness Press, Birmingham, AL.

Watts, M. T., Watts, T., 1970. Winter Tree Finder: A Manual for Identifying Deciduous Trees in Winter (Eastern US). Menasha Ridge Press/Wilderness Press, Birmingham, AL.

Watts, T., 2004. Pacific Coast Tree Finder: A Pocket Manual for Identifying Pacific Coast Trees. Menasha Ridge Press/Wilderness Press, Birmingham, AL.

Watts, T., Watts, B., 2008. Rocky Mountain Tree Finder. Menasha Ridge Press/Wilderness Press, Birmingham, AL.

Williams, M. D., 2007. Identifying Trees: An All-season Guide to Eastern North America. Stackpole Books, Mechanicsburg, PA.

第七章

植物分类学案例

分类学在法庭审查的诸多方面都十分重要。植物碎片的鉴定可以将嫌疑人与特定的植物联系起来。非法毒品植物必须被确认后才能指控犯罪嫌疑人。与中毒案件有关的疑似有毒植物也必须正确识别。下面阐述了我们在实际案例中植物分类学的一些应用(第九章的植物分类学在生态学分析中也发挥了作用)。

1 含有"兴奋类"物质的植物

一般情况下,我们避免参与涉及阿片类药物、大麻和其他致幻药物的案件。不过,我们曾为一位工作繁重且收入不高的法医化学家破例过一次。他就职于乡镇机构,附近的大都市迁入的黑帮在那里活动频繁。虽然他对毒贩深恶痛绝,但他却帮助一名少年犯改过自新。这个年轻人私自建造了一个非常大的温室,并用于收集大量合法和非法的植物。我们受邀来辨认温室里的植物,以确保它们是否违法。这个年轻人正在种植佩奥特掌(peyote)、大麻和罂粟。他会沿着成熟的果实切取汁液。此外,他还种植了两种来自南美的仙人掌(cacti)。这两种植物含有致幻成分,稍有过量就会致命。这些仙人掌常被用作观赏性仙人掌嫁接的基栽植物。这些嫁接的仙人掌在出售观赏植物的商店里很容易买到,并且它们在美国并不违法,但可以肯定的是他们存在潜在的危险。

2 有毒的信件

在华盛顿特区,一些政府官员特别需要警惕收到的邮件。可疑的物质频繁地出现在这些政府官员的信件中。在这类案件中,信封里会装有完整及裂开的种子和未知粉末。可疑样本由联邦调查局转送给我们来进行检查鉴定。我们没有对粉末进行化学分析，而是将主要工作集中在种子的识别上。通过与植物标本馆标本的对比，我们可以确定这些种子就是蓖麻(*Ricinus*，大戟科植物)的种子蓖麻籽。蓖麻籽含有蓖麻毒素，蓖麻毒素是一种致命的凝集素(特异碳基蛋白质)，因此也被认为是一种化学武器。蓖麻毒素粉末经吸入或注射的最低成人致死剂量为 1.78 mg。完整的蓖麻籽是没有危险的，因为种皮不能被人类消化并吸收。但如果摄入 5~20 颗蓖麻籽的果肉，就可能致命。

另一起案例中，一名官员收到的孢子被确定来自一种致幻真菌。虽然它会引起不适，但不会致命。

3　没有什么比在高尔夫球场开车更爽的了

一天雨夜，怀俄明州的纽卡斯尔发生了一起蓄意破坏他人财产的案件。在距离当地高尔夫球场 1 英里(1 英里 = 1.609 km)的地方，两名大型卡车驾驶员因醉酒驾驶而被捕。第二天早上，当地高尔夫球场的经理报了警，说有人开车碾压过他们的一个球道，损毁大量草皮。警方扣留并收集了醉驾卡车轮胎上的泥土和草皮，同时也收集了高尔夫球场上的草皮样本，然后一并送到我们这里。卡车轮胎附着的草与高尔夫球场上的草检测一致。

4　苔藓不是草

巴哈马发生了一起奸杀案。因当地案件调查人员听过我们讲授的法医植物学课，所以联系到我们为其作一个分析。受害者的尸体是在高尔夫球场的果岭中被发现的。受害者被强奸，喉咙被割开。尸体被发现前一晚，有人最后一次看到受害者和两名男子离开酒吧。这两名男子被列为重点嫌疑人。嫌疑人 A 当天晚上穿的衣服和鞋子也被收集起来。但是，第二名嫌疑人 B 已将自己的鞋子和衣服处理掉。在这个高尔夫球场的果岭上种植了一种特殊的百慕大草(bermuda grass)。这种草是百慕大草的阿尔蒙德变种(almond variety)，岛上的其他任何球场上都没有使用过这种草。

这种百慕大草非常细小,直径只有 2 mm。调查人员对 A 的衣服和鞋子进行了仔细的检查后,在其鞋子和袜子上均发现了这种阿尔蒙德变种的草,而他的裤子和衬衫上却不是。两名嫌疑人随后各自写了声明,指控对方是强奸犯和谋杀犯。辩护方主张,A 的衣服上没有这种草,说明 A 没有参与强奸杀人。因此,A 以目击犯被判处 10 年有期徒刑,但没有被控谋杀。案件另一名嫌疑人"苔藓先生"因强奸和谋杀被判处死刑。这个案件在电视节目《法医档案》(*Forensic Files*)的一集里有记录,标题是"苔藓不是草"。

5 燃烧的尸体

科罗拉多州东部常年干旱,夏季和初秋火灾频发。一名司机在 A 县的乡村公路上行驶时,看到路边有一小团火,就停下来试图扑灭它。但令他震惊的是,他发现燃烧的是一具女性人类躯体。她的头、手和脚都不见了,身体部分皮肤也被割下来,可能是为了掩盖文身等身份信息。尸体被盖上了稻草,以帮助燃烧。随后司机报了警,火势也很快被扑灭。由于 A 县的验尸官没有解剖经验,尸检工作被外包给位于第三个县的一家私营公司。虽然他们尚无法提供确切的身份,但还是尝试复原该女子的外貌特征。

与此同时,B 县警方收到了一份女性失踪的报告,但她与尸检报告中描述的躯体特征不符。这两个案子在调查了几个月毫无进展之后,B 县的验尸官要求亲自开棺验尸。第二次尸检显示,外包的尸检结果存在许多错误,二次检查结果表明尸体确实与失踪女性的年龄等特征大致相符。据悉,这名女子在死后被割下皮肤的地方原先确有文身。

B 县警方将受害人的男友列为重点嫌疑人,因为他有犯罪前科。如:他曾在谷仓里养了很多鸡,并被怀疑非法斗鸡。我们将与躯干一起焚烧的秸秆样本与谷仓里的秸秆样本进行了比对,同时也与许多其他地方的秸秆样本进行了比对。因为鸡会排出大量含氮废物的尿酸,而不像哺乳动物排出的尿素,所以我们试图检测两种秸秆样品含有尿酸。尿酸可以通过简单的化学测试来检测。果然,谷仓里的稻草尿酸检测呈阳性。但燃烧现场的秸秆却是阴性。我们推测,假设它曾经存在,在灭火时可能被水冲刷掉了。尽管植物学证据并没有对此案有定论，但我们认为这种简单的化学检测在其他的法医实践中可能会有启发，所以我们把这个案例写了进来。

6　莫名其妙的想法……

通常在回答法医植物鉴定的问题时，最初你可能会有奇怪的侦查思路。这种情况一般发生在调查的早期，当时警方正在调查一桩有潜在犯罪行为的案件，并试图寻找相关信息。案件显示一位老人从他的住处走失了。后来，他被发现死在离家几英里远的山坡上。我们受邀检查了他被发现的附近区域，以确定是否存在有毒植物。该地点是一个长满草的山坡，有常见的草类和阔叶植物。虽然这些植物对人类没有营养价值，但它们显然也没有任何毒性，只是作为当地野生动物和家畜的食物。我们一直想不通当地警方为什么会问这种问题，如果直接检查他的胃内容物，很容易就能确定他吃了什么或没有吃什么。

第八章

植物生态学

按照要求,法医植物生态学家通常要在生物科学或环境科学部门接受专业的培训。自1950年开始,生态学研究便以惊人的速度发展壮大。生态学广义来说即人类活动诸多领域内生物体与其环境之间的关系。1970年,当尼克松总统签署国家环境政策法案(National Environmental Policy Act, NEPA)时,生态学便引起了广大公众的关注。该法案有几项重大举措:它建立了环境保护署(Environmental Protection Agency, EPA)以及明确了多项环保职责,包括严格执行《清洁水法》(Clean Water Act)以及保护我们的水、空气和人类环境的其他方面。此外总统还任命组建了一个名为环境质量委员会(Council on Environmental Quality, CEQ)的环境事务咨询小组。1973年12月28日,尼克松总统签署了另一项名为《濒危物种法》(Endangered Species Act, ESA)的美国法律。它的全称是"一项为保护濒危和受威胁的鱼类、野生动植物及其他目的而制定的法案"。美国最高法院已经审查了这一特殊法案,并表明美国国会的初衷是"不惜一切代价阻止和扭转物种灭绝的趋势"。ESA由美国鱼类和野生动物管理局(USFWS,内政部下属)和国家海洋和大气管理局(NOAA,商务部)两家机构共同监督实施。

政府的这些行为唤起了广大美国民众的参与。1970年4月22日,美国举行了第一个地球日活动。从此以后,每年4月22日美国各地都会以各种形式举办地球日活动。尼克松总统签署的法令和地球日的举行使得生态学家成为科学发展的关注群体,这一趋势一直持续到现在。学术机构和政府机构都需要加大对生态学方面的有效投入。

也许是受地球日活动的影响,学术和商业机构开始像明尼苏达大学和芝加哥大学那样,在他们的队伍中招聘生态学工作者。生态学专业本科生、研究生及企业的需求激发了大学课程的修改以及招聘工作。现在,生态学被广泛认为是一个蓬勃发展的科学领域。

自20世纪50年代开始,生态学领域以惊人的速度发展。生态学广义来说即人类活动诸多领域内生物体与其环境之间的关系。虽然它最初属于生物学范畴,但生态学专业知识却来自不同领域及行业,例如,工程专业、应用数学、社会学和经济学以及商业,每个行业吹捧他们的环保产品胜过竞争对手的产品。全球气候变化研究的领导者声称,生态学建模是现代生态学一个重要且动态的分支。他们通过测量当前的全球气候模式,并将其与过去的气候数据进行比较,以便为地球生物的未来发展提供可预测的气候模型。类似的工作还有全球人口分布与水、耕地及土壤的关系模型。

本章要讨论的法医生态学涉及野外生态学调查。与植物解剖学和植物分类学的证据(其中植物来源是主要的,有时是唯一的考虑因素)不同,生态学家必须了解所有生物学知识(例如植物、动物、真菌、细菌)及动植物之间或与非生物环境(即土壤、水、空气、化学品等)之间的关系。法医生态学团队应该由受过专业训练的植物学家或动物学家组成,并长期从事生态学和生态事件研究。

生态学知识可以以多种方式在法庭呈现。这里要讨论的法医生态学通常涉及小范围地理区域的生态学野外调查。这些工作可能涉及要解决嫌疑人、车辆或受害者与特定地点之间的关系。有时,植物生态学家(见第九章)或孢粉学家(见第十章)可根据一年中特定范围陆地生态环境的特点帮助现场重建。研究硅藻的淡水生态学家(diatomologist)对溺水案件有所帮助(见第十章)。

1 法医生态学概述

对生态学家而言,一般生态科学术语十分有用,但这些术语会使外行感到困惑。首先是生态学形容词。它是指与生物及其环境有关的方面,但并不具有特定的价值判断。产品有时被宣传为具有"生态"属性,似乎对人体有益。在商店可以看到各种生态美容产品、清洁剂和食品。这些都是对该术语的不当引用。另一个类似例子是将是否为有机物作为一种价值判断的标准。化学中,这仅适用于含碳化合物的描述。有机物包括许多对人类和其他生物体致命的化合物,以及构成我们饮食和身体的诸多成分。

就生态学而言,"种群"一词就像生物学其他学科一样,是指同一物种中特殊群体的总称。"植物群落"一词是指在生态学中占据特定区域的植物组合。生态系统是由生物和非生物成分组成的,它们在特定区域相互作用以形成或多或少稳定的实体。

如果您不了解生态学术语,可以在现代生态学相关的教科书、生态学相关的词典和 Allaby 网站进行搜索(参见章末的扩展阅读)。Murphy & Morrison (2014) 为从事环境毒理学的法医生态学家提供了建设性意见。

1.1 生态景观

通常情况下,生态学家应该是某种广义的生态系统内的专家,并且专门研究该生态系统中的植物(植物群)或动物(动物群)。生态学明确了许多不同的水生和陆生生物系统,这些毗连的区域表现出相似的气候及生物组成。有一种生态系统分类方法将地球生态系统划分成 14 个陆地生物群落(表 8.1)和两个水生生物群落:淡水和海洋。北美的 7 个主要生物群落如图 8.1 所示。

表 8.1 世界野生动物基金会明确的 14 种陆地生物群落或主要栖息地类型

1	热带亚热带湿润阔叶林(热带和亚热带,湿润气候)
2	热带和亚热带干燥阔叶林(热带和亚热带,半湿润气候)
3	热带和亚热带针叶林(热带和亚热带,半湿润气候)
4	温带阔叶林和混交林(温带,湿润气候)
5	温带针叶林(温带,湿润半湿润气候)
6	北方森林/针叶林(亚北极,潮湿气候)
7	热带和亚热带草原、稀树草原和灌木丛(热带和亚热带,半干旱气候)
8	温带草原、稀树草原和灌木丛(温带,半干旱气候)
9	被洪水淹没的草原和稀树草原(温带至热带,淡水或淡咸水淹没)
10	山地草原和灌木丛(高山或山地气候)
11	苔原(寒带气候)
12	地中海森林、林地、灌木林或硬叶林(温带温暖,半湿润至半干旱,冬季降雨)
13	沙漠和干燥灌木丛(温带至热带,干旱气候)
14	红树林(亚热带和热带,被海水淹没)

例如,那些对陆地生态系统(图 8.2)感兴趣的人可能专注于山区、沙漠或热带雨林环境。沙漠又可分为干旱、半干旱沙漠和沿海沙漠。每个亚型都有自己独特的动植物群体。2006 年,Bryant 和 Jones 对北美陆地生态系统类型及其花卉种类进行了简要的描述。

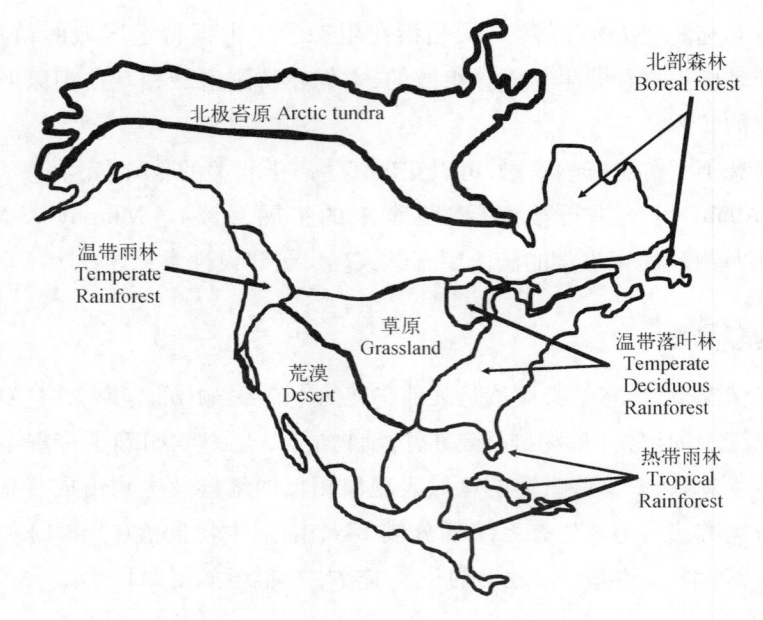

图 8.1 北美陆地生物群落

图 8.2 几种陆地生态系统。每个都可以细分为微生境（A）荒漠；（B）落基山山麓；（C）热带雨林。照片由原作者拍摄

第八章 植物生态学　　**117**

　　从科罗拉多州东部平原开车到落基山脉,不经意间你就会发现周围植被随着道路海拔高度的增加而明显变化。最明显的现象是平原上树木稀少,而山区道路两侧树木繁茂,并且优势树种随着海拔的升高而不同。在较高的海拔,树木变得矮小并最终在仍有植被的海拔最高处消失。如果你定期停车观察,就会注意到每一个区域中都展示了与之地理条件(例如,土壤成分、水分、温度)相适应的独特植物物种(植物群落)。同样,每个植物群落都与独特的动物群落共存,这个动物群落同样适应当地的植物群落和非生物群落。虽然每个区域都有鸟类活动,但不同区域都会有一些差异种类存在,它们以适应特定地理条件的昆虫或植物为食。仔细观察还会发现,同一海拔山脉的南坡往往比北坡干燥得多。因此,同一区域内细微的环境差异会影响干旱耐受性不同的植物的群落分布。尽管这些差异对普通人来说毫无意义,但对生态学家来说却极为重要,并且对我们在第九章中描述的法医学具有重要意义。

　　水生生态系统(图 8.3)也有几大类,每一类都有不同的水生生态学家进行

图 8.3　水生生态系统中几类淡水生态系统。(A)湖泊的沿岸地区;(B)落基山脉雪山融水;(C)山涧的河岸区域。照片由原文作者拍摄。

研究。广义上水生生态系统分为：淡水(包括溪流、河流、池塘和湖泊)和海洋生态系统。例如,虽然湖沼学家是专门研究淡水环境的。但是其中某位湖沼学家可能只对生活在湖底沉积物(底栖带)中的生物感兴趣,而另一位可能专门研究在湖泊开阔水域(远洋带)中的硅藻,第三位湖沼学家可能只研究沿湖岸线或池塘(海岸带)发现的生物。这些区域都有自己独特的、以适应特定的生物和非生物条件的动植物群落。同样,海洋生态学家们会涉猎单一的如海岸和潮间带(滨海带)、开阔海洋(远洋带)或海洋深处(底栖带)的植物或动物的研究。还有些水生生态学家可能专门研究盐度介于淡水和海水之间的咸水环境中特有的植物或动物群落。另外,可能还有只对介于传统陆地和水生系统之间的中间过渡地带感兴趣的生态学家。

显然,每种栖息地类型都需要对植物和动物群落中存在的特定物种有相当的了解,并且每种栖息地类型都会有不同专业特长的生态学家进行研究。因此,在寻求帮助之前,您需要确定由哪方面的生态学家来进行何种法医分析。

1.2 陆地生态

以下是一些来自陆地生态系统的植物生态学证据在法庭应用的案例。第一个案例来自美国和英国的财产边界纠纷。法医生态学取证的第二个案例是涉及隐秘墓穴的寻找。

1.2.1 通过生态学研究审理财产纠纷

在美国早期的土地调查中,"东南角高大的糖枫树作为标记物"等信息被财产边界记录在案。在这里,生态学家使用改进的钻孔器取样,来确定附近的特定糖枫树树龄是否足够追访到早期土地调查期间。钻孔器采集的年轮可以向我们展示,树木是否具有与调查的时候已是一棵"高大的糖枫"的年轮相匹配。根据1086年征服者威廉国王的命令,在《末日审判书》中记录了英格兰和威尔士部分地区的绿篱位置。这些树篱为国王、教会和其他人设定了农村的财产边界,并在边界纠纷中具有法律意义。今天,生态学分析为历史学家解答了许多关于英国早期涉及植物划定财产边界的问题。生态学家还对这些数据进行挖掘,用以回答有关土地用途的某些生态问题。

1.2.2 使用生态学原理定位秘密坟墓

根据埋葬时间,植被的明显线索可以用来确定尸体埋藏的位置。有几种方法可用,采用哪种方法需要了解到受害者的遇害时间。

第八章 植物生态学

　　所有园丁和农民都知道,被破坏或耕作过的土地都是"杂草"宜居地。植物生态学家称这些杂草物种为"拓殖者",因为它们在自然灾害(如风、洪水和火灾)之后,或在受人类活动干扰的地区能够迅速扎根。此外,生态学家谈到了演替,即随着时间的推移,受干扰地点的物种组成可能会发生可预测的变化。例如,拓殖物种最终将改变该地点的非生物特征,使其他物种更容易进入,甚至淘汰原生物种。最终随着时间的推移,该地点的物种组成发生了可预测的变化,最终形成了一个相对稳定的植物群落,即顶极群落。随后动物群落也随着植物群落的变化而发生改变。森林火灾和其他生态灾害后发生的拓殖和演替是生态学家所熟知的。挖掘坟墓的行为可以视为一场小型生态灾难,无论掘墓者多么小心地消除痕迹,都必然会扰乱土壤。受干扰的地点可能会吸引与周围地区不同的物种,经验丰富的专家可以在几个月甚至几年后发现这些地点,但前提是了解栖息地原始的情况。当尸体掩埋较浅时,食腐动物可能会再次破坏掩埋现场,甚至可能会带走受害者的部分遗体。在这种情况下,熟悉当地食腐动物行为的生态学家会对寻找缺失的遗体部分起到积极的作用。

　　已故的 Erma Bombeck 在 1976 年写了一本名为《化粪池的草总是更绿》(*The Grass Is Always Greener over the Septic Tank*)的书,书中表述的现象也是基于同样的生态学原理。在某些新近掩埋家畜或人类尸体的环境中,一旦腐烂的程度使土壤变得肥沃,那么遗址上方植被的生长和繁茂程度可能会明显高于周围环境。腐烂的有机物为正在生长的植物提供肥料,使它们与周围的植被明显不同。根据埋葬地点的环境条件,这类线索在热带和亚热带潮湿的环境中可以维持短短几周的时间,但在寒冷和干燥的栖息地中可以持续更长的时间(Bock, 2013)。

　　随着腐烂的进行,另一个地面指示性标志也会显现于时间较久的墓穴中。由于掩埋物的腐烂,其所占体积减小,地表则下沉形成明显的凹陷(图 8.4)。目前,这种指示性特征在寻找隐秘墓穴(参见第 9 章)以及战争受害者的乱葬坑(Brown, 2006)的方法上发挥了积极的作用。

　　在被要求帮助寻找潜在人类墓穴时,两名植物学家发现,繁茂的植被覆盖着一块下陷的长方形区域。挖掘墓穴后发现了一只犬类的遗体,而非人类的遗体。虽然这件事支持了腐烂尸体的"绿化效应",但如果案件调查开始时,植物生态学家的专业知识和训练有素的搜救犬想配合进行搜索,就可以有效地避免误判。植物生态学家负责发现受干扰的地点,而专业搜救犬则负责发现人类遗骸。如果无法确定疑似地点,则应先标记并记录该地点,但不要立即进行挖掘,以免破

图 8.4 显示下沉的墓地。图片由 Jim Reed 提供。

坏现场。德国猎犬、拉布拉多犬或阿尔萨斯犬等训练有素的搜救犬与专业的驯犬师是最好的合作伙伴。

植物物候问题在某些情况下会变得极其重要。物候学是植物发育的时间线。例如,某种植物一年中的什么时候产生花粉或落叶。当然,无论犯罪现场是否被树叶覆盖,落叶的相关知识都可能很重要,因为细微的线索有可能会指向犯罪可能发生的时间。在本文第十章介绍了有关花粉在法医应用中的内容。

1.3 水生环境

有时,法医调查工作可能需要具有专业知识的湖沼学家和海洋学家参与。植物分类学和生态学在一般情况下的法医调查中十分重要。但是在淡水、半咸水和海洋环境下,绿藻(绿藻门)和硅藻(参见第十章)的知识则对调查工作更为重要。另外,淡水栖息地、水生和半水生开花植物的知识可能也会被用到。最后,对有毒的蓝绿藻(蓝藻门)的认识是必要的,因为这些光合细菌对人类和水生生物也有很高的毒性。

在海洋环境中,会出现一些绿藻,但最常见的是褐藻(phaeophyta)和红藻(rhodophyta),这些藻类需要通过鉴定来判断。沿海地区只有少数海洋开花植物,因此很容易识别。

2 法医植物生态学调查的可用资源

现场调查时对事发地点和相关问题的地域感(ecological sense)是一个专业

调查人员必不可少的。经验丰富的生态学家能够通过多年的经验培养这种"地域感"。如第六章所述，野外工作时需要准备一些设备，包括便携式 GPS 装置、数码相机和防水野外笔记本或用于记录的录音机。录音机的缺点是在实地考察之后，你必须立即将笔记誊写下来，否则随着时间的推移，誊写的内容会变得难以理解。而在现场录音的好处是你不需要停下工作记录。除了这几件必不可少的装备外，不同的调查往往需要不同的专门设备。

2.1 生态学证据的收集、保存和鉴定

植物材料的收集和保存相对简单，通常只要遵循一定的原则即可（见第六章）。应注意保证标本完整性并按采集地点和物种分开。鉴定时可以使用已出版的当地植物区系指南自行鉴定或咨询当地植物学家。当然最好是由专业的植物学家对非专业人员的鉴定结果进行验证（参见第六章）。

2.1.1 陆生植物样本的保存

新鲜植物或大型植物碎片（完整的叶、茎、根、花）应放在纸袋中（第六章）并密封，或者可以按照第三章中的阐述在植物压片机的帮助下进行样本制备。塑料袋等能促进霉菌的生长，尤其是在潮湿的环境中，因此不建议使用塑料袋等包装物保存植物样本。附着在衣服、地毯或车辆内（上）等位置的小型植物碎片应用镊子小心收集，放入纸质信封中，密封并贴上标签。强烈建议不要使用真空吸附器收集小碎片，因为它会令植物碎片受到破坏，而更难以识别（图 8.5）。真空吸附器还会将各种杂物一并收集起来，增加鉴定难度。

图 8.5 收集植物碎片的错误方法

2.1.2 藻类的保存

褐藻或红藻可以保存在复方碘溶液[又称鲁氏碘液(Lugol's solution)]或福尔马林中(见附录 Ⅳ)。但绿藻应保存在福尔马林或戊二醛中,而不应保存在复方碘溶液中,因为复方碘溶液中大量的碘会使其细胞变形(Graham,1976)。

用褐藻和红藻能够制作出精美的标本。制作时将藻类放在盛有海水或防腐剂的托盘里,在藻类下面放一张标本纸,当轻轻取出标本纸时,藻类就会吸附到纸上。这些藻类自身能产生一种黏性物质,牢牢地吸附在纸上。维多利亚时代女性的一个普遍的爱好就是制作漂亮的海藻标本。你可以在古代植物标本馆看到这些标本。

2.2 生态资源

如果您打算自己进行分析和物种识别,那么以下的信息会给予您必要的帮助。

2.2.1 植物标本室

大型植物园、博物馆和许多大学都保存着大量的风干植物标本。大学植物标本馆通常会保留当地原生植物群中特别有用的植物标本。被压平并干燥的植物标本通常可以保存几百年。这些资料对于植物样本或当地植物的初步检验十分有用(相关信息参见本章末的扩展阅读)。

2.2.2 气候和天气数据来源

在野外调查工作开始前,您还需要了解一些必要的信息。以下是法医工作中您需要了解的一些信息。假设您正在调查一起导致露营者死亡的纵火案。获取与着火时间或尸体状况相关的近期降水数据就很重要。这类数据有多种获得途径,其中两个分别是美国国家气象局(www.weather.gov)和美国国家气候数据中心(National Climatic Data Center, NCDC)(www.ncdc.noaa.gov)。除此之外,还有一个天气数据库的链接(www.weathersource.com)。这三种数据库都是收费的,除非你有资格访问那些会向你提供免费服务的企业或院校数据库。第四个获得天气信息的途径是地下气象台(www.underground.com),它也只提供收费服务。介绍的最后一个天气信息来源是深受渔民和冲浪爱好者青睐的风向大师,它在提供世界各地每天的潮汐和其他情况的基础上,还根据不同的要求设置了一个免费版本和一个专业版本(http://www.windguru.cz/int/sitemap.php)。

2.3 化学分析

化学分析不仅在法医工作中非常有用，在法医植物生态学中也是如此。调查人员推测，受害者之前曾被浸泡在两个湖泊中的一个。同时在受害者的衣服上发现了痕量的重金属，包括锌、铅、镉及某些其他重金属。随后调查人员从这两个湖中收集了同样的藻类水绵和开花植物凤眼莲（水葫芦），并对这些植物的样本进行了重金属含量分析。分析表明只有一个湖泊中的植物样本富集了这些高水平含量的重金属（Saygideger，2000）。如果调查人员直接分析水，则更加费时费力，因为水中金属的浓度要低得多。而植物由于富集了水中的金属离子，从而更容易识别。另一种更经济的选择是由硅藻学家对受害者身上的硅藻进行鉴定，从而确定尸体来自哪个湖泊（见第十章）。

由于流程复杂、设备成本高等，水样中低浓度化学物质的测试通常成本高昂。许多大学和环境咨询公司都可以进行非常精确的检测（检测精度达到 mg/L 甚至 ng/L），但是收费较高。如果可能的话，分析已经富集了化学物质的水生植物会更便宜。

除了海洋环境的分类学知识外，您可能还需要查找潮汐、洋流和水温记录。全球 7 000 多个记录点会提供每日海水温度的准确报告（www.seatemperature.org）。值得注意的是你会很快找到你想知道的信息，并在接下来的时间里继续搜索相关内容。

在进行海洋环境调查时，您可能需要在滨海区、沿滨海区、远离海岸的远洋区或海底（底栖区）作业。海洋环境中很少有被子植物的存在，这些被子植物只生长在沿海地区，所以这些植物的分类并不困难。

细小的渔网可用于收集小生物。也可以使用光学显微镜对收集的水样进行识别。通常情况下，福尔马林可用于植动物的长期保存。除此之外，则需通过过滤或低速离心浓缩来收集单细胞生物体。无论是沿海地区还是远洋地区，水化学和扰动历史都是重要的。进行远洋区域的工作时，检验工作通常是在装有可移动实验室的远洋船舶上完成的。

3 植物生态学家的来源

植物生态学家通常要在专业的生物或环境部门接受培训。所有生态学家都希望自己掌握更多有关自然环境的知识,或者更了解自然环境及动植物群落。但很少有人能掌握所有必要的专业知识,因此良好的生态学实地考察都需要不同专业特长的科学家们开展团队合作。一般情况下,法医生态学团队可能包括地质学家、土壤科学家与拥有分类学知识的植物生态学家。来自车辆、受害者或嫌疑人身上的土壤样本和植物碎片会起到确定犯罪现场、将受害者、嫌疑人与现场联系起来(见第九章)、排除以及确定疑似地点的作用。

　　这项工作对于专业要求很高。也就是说,作为法医生态学家必须有很强的地域感,例如哪里有符合检验结论的生态类型,是矮草草原,东北部城市公园或是内华达山脉的亚高山地区。如果您无法找到所需的专业植物生态学家,您可以寻求当地博物学家的帮助。许多民间环保主义者已经获得了针对当地遗址有用的生态学和分类学知识和技能。也许当地公园和重建部门可能正好有您需要的人。

　　生态学家发现,胜任野外工作的唯一方法在于大量专业知识的累积,而不是"灵光乍现"。美国生态学协会的创始人和第一任主席 Victor E. Shelford 的生平就是一个很好的例子。Shelford 出生于 1877 年,于 1968 年离世,他一生中共发表了 141 篇论文及专著,所有文章都可以在万维网(www.webofknowledge.com)上搜索到。Shelford 的第一篇论文是 1907 年发表在《生物学公报》(*Biological Bulletin*)上的。他的最后一部著作是在第一篇论文发表 56 年后出版的一本名为《北美生态学》(*The Ecology of North America*)的 610 页的专著(Shelford,1963)。书中描述了北美所有主要的生态系统,包括当时的植、动物和物理环境。由于物种灭绝和人口迁徙,今天看来虽然书中的部分表述并不准确,但一般性的描述仍然有用且准确。生态学知识需要多年研究工作经验的积累,所以法医植物生态学工作对于许多退休的学者和工业生态学家可能还算是尚未开发的人力资源领域。

　　在进行生态学相关调查之前,具有生态学知识的法医学家或生态学咨询专家必须清楚他们工作的目的,以及是否需要其他领域专家的帮助。例如,样本检验可能会涉及土壤下有机层的植物碎片。这时,作为一名法医生态学咨询专家,如果觉得自己没有能力进行土壤挖掘的工作,那么就请告知您为之工作的人,并建议他们寻求专业人士的帮助。当然,如果您所在的机构拥有这样的专业人员,那么可以请教他。最好避免在检验工作中层层转包,因为这样会影响工作质量。此外,请确保团队成员之间的信息共享。以上这些建议旨在鼓励而不是阻止生态学家从事法医学工作,因为我们发现这是一项非常有益且令人兴奋的工作。

在某些案件中,法医植物科学尚未得到有效的应用,但已经显示出巨大的潜在作用。例如,飞机失事和海啸等海洋干扰将扰乱沿海和远洋的植物分布模式。在飞机坠毁和船只沉没事故中,生物干扰可用于帮助寻找坠机和船只沉没地点。这是因为在宏观和微观层面(Yang et al., 2013)对植物(Munari, 2013)的剧烈干扰需要光合生物的重新拓殖来恢复。水生系统的拓殖通常是一个缓慢的过程,因此在此类案件中寻找干扰地点是最重要的。目前,湖沼学和海洋生物学很少在法医植物科学中被使用,但它们一定能够成为法医植物生态学的强大助力。

扩展阅读

General Ecology

Allaby, M., 2010. Oxford Dictionary of Ecology: Surveying the Ecological Sciences from Asteroids to Zonation. Oxford University Press, England.

Collin, P., 2001. Dictionary of Ecology and Environment, fourth ed. Peter Collin Publishing, London. Murphy, B., Morrison, R., 2014. Introduction to Environmental Forensics, third ed. Academic Press, San Diego, California.

North America Flora Guide

Shelford, V. E., 1963. The Ecology of North America. University of Illinois Press, Urbana.

Local Flora Guide Examples (e. g., Rocky Mountain region)

Ells, J., 2011. Rocky Mountain Flora. Colorado Mountain Club Press, Golden, CO.

Weber, W. A., Wittmann, R. C., 2012. Colorado Flora: Eastern Slope, fourth ed. University Press of Colorado, Boulder.

线上资源

褐藻　http://www.nps.gov/acad/naturescience/brownalgae.htm.

红藻　http://www.marineplantbook.com/marineplantbookredalgae.htm.

天气　http://www.windguru.cz/int/sitemap.php.
　　　www.weather.gov.
　　　www.ncdc.noaa.gov.
　　　www.wunderground.com.

全球海水温度　www.seatemperature.org.

美国潮汐数据　http://tidesandcurrents.noaa.gov/map.

参考文献

Bock, J. H., 2013. The use of macroscopic plant remains in forensic science. In: Elias, S. A. (Ed.), The Encyclopedia of Quaternary Science, vol. 4. Elsevier, Amsterdam, pp. 542−547.

Bombeck, E., 1976. The Grass is Always Greener over the Septic Tank. McGraw-Hill (Available in paperback, Fawcett Publishers, 1995.).

Brown, A. G., 2006. The use of forensic botany and geology in war crimes investigations in NE Bosnia. Forensic Science International 163, 204–210.

Bryant, V. M., Jones, G.D., 2006. Forensic palynology: current status of a rarely used technique in the United States of America. Forensic Science International 163, 183–197.

Graham, L., 1976. http://www.botany.wisc.edu/courses/botany_330/preservation.html.

Munari, C., 2013. Benthic community and biological trait composition in respect to artificial coastal defense structures: a study in the northern Adriatic Sea. Marine Environmental Research 90, 47–54.

Saygideger, S., 2000. Sorption of cadmium and their effects on growth, protein contents, and photosynthetic pigment composition of Veronica anagallis-aquatica L. and Ranunculus aquatilis L. Bulletin of Environmental Contamination and Toxicology 65, 459–464.

Shelford, V. E., 1963. The Ecology of North America. University of Illinois Press, Urbana.

Yang, S., Wheat, E., Horwith, M., Ruesink, J., 2013. Relative impacts of natural stressors on life history traits underlying resilience of intertidal eelgrass (Zoster marina L.). Estuaries and Coasts 36, 1006–1013.

第九章

法医植物生态学案例

　　通过植物碎片的检查,调查人员可以将案件相关人员与犯罪现场联系起来。譬如,车辆在穿越特定生境时往往会不经意间带走一些植物碎片,这些植物碎片就可以显示其最近的行动轨迹。这些植物碎片可能存在于车内、车下、发动机舱内、雨刷片周围等处。有时植物碎片可能会随尸体一同被转移或嵌入受害者或嫌疑人的衣物中。通常情况下,植物的整体或部分的茎、叶、花或种子可以用来鉴定植物来源。几种植物混合存在则可以将嫌疑人、尸体、车辆等与某个特定栖息地关联起来。有时,与嫌疑人及其随身物品相关的植物碎片可以指示受害人可能被隐藏的生境类型。

　　在美国,凶杀案发生的地点可能会引起管辖权问题,因为那里可能是调查的中心,也可能是进行审判的地方。如果跨越了县界,审判将由犯罪发生所在市或县负责,而不是由尸体发现地负责。如果跨越州界,这起案件就是联邦案件。与受害者、嫌疑人或车辆相关的植物碎片可用于回答司法管辖权的相关问题。例如,在艾奥瓦州发现的一具尸体上残留的植物碎片可能是科罗拉多州落基山脉东坡特有的物种,这就表明凶杀案有可能发生在科罗拉多州,而不是艾奥瓦州。同样,花粉、昆虫和土壤样本也可能会为特定栖息地提供重要线索。

　　植物生态学知识在寻找隐秘墓穴时也非常有用。例如,表层土壤的扰动通常会使杂草在被扰动的区域异常生长。因此,专业人士可以通过群落的不同来识别受干扰的地点。

1 利用植物碎片将嫌疑人与犯罪现场联系起来

　　这些案例基于从植物碎片中识别出的植物种类成功地将嫌疑人或嫌疑人的车辆与特定栖息地联系起来。

1.1 受虐母亲之死

在科罗拉多州东南部，一位婴儿的母亲 Jacklyn Funderberg 的下巴被男友打断了。之后男朋友搬回了他的前妻那里。在那不久，Jacklyn 便失踪了，并且她的遗体被发现掩埋在东部大草原上一块突出岩石底部的一个浅葬墓穴里（图 9.1）。在发现尸体的地方生长着一种稀有灌木。这种灌木的碎片和只有在墓地附近才生长的草可能与尸体的搬运有关。调查人员推测，Jacklyn 的尸体是被从岩石顶部抛下，然后被掩埋在这里的。Jacklyn 的男友成了调查的重点嫌疑人。令人惊讶的是，我们在他的车辆上并没有发现包括植物的任何碎片。那就只有一种可能，就是车辆最近有被彻底清洗过。在羁押期间嫌疑人打电话给前妻，让她清洗一些衣服，并藏匿一双鞋。警察部门利用对他电话录音的怀疑获得了搜查令，并从他前妻的洗衣机里没收了他提到的衣服。在嫌疑人的衣服上我们发现岩石顶部的稀有灌木碎片及只有在墓地附近才生长的草。面对这些证据，嫌疑人翻供并在审判中声称，事发时他们俩曾计划从岩石顶部跳下去，但轮到他时，他害怕了，然后慌张地埋葬了 Jacklyn 的尸体。间接的植物证据表明他去过犯罪现场或相似的地点，并最终成为一级谋杀罪定罪的最终证据。

图 9.1 尸体被发现的地点。尸体被从悬崖顶上抛下，然后埋在箭头处。照片由原作者拍摄。

1.2 绑架及性侵女大学生案

1999 年,在科罗拉多州博尔德市一条街道上,一名女大学生被 6 名丹佛亚洲瘸子帮的青年绑架。他们用货车把女孩带到了左手峡谷附近一个相对偏远的地方。在那里,她遭到了性侵。事后,帮派成员释放了她,她随即向附近的居民求救。一名目击者报告了货车型号和部分车牌。当地警方迅速找到了这辆车,并将其扣留。警官从车前后座椅、地毯、汽车踏板、轮胎胎面和雨刷井等处收集到植物碎片样本。这些样本被分别保存在单独的邮票信封中,并统一存放在一个大纸袋中。我们勘查了女孩印象中被绑架的地点,并将从车辆上收集的标本与现场生长的植被进行了比对。性侵地点的海拔比绑架地和嫌疑人居住的地方都要高。这个海拔的植被与博尔德-丹佛平原地区的植物大有不同。因为峡谷中同一海拔的植被是相同的,所以尽管无法准确推断案发地点,但可以肯定的是嫌疑车辆最近在那个高海拔地区出现过。尽管无法直接证实,但警方还是将其作为间接证据向法院申请了逮捕令,并将这些植物证据作为证据在法庭上使用。5 名涉案男子被控有罪。第 6 名男子于警察试图在密歇根州抓捕时自杀了。受害者能够通过声音识别每个袭击者。5 名嫌疑人被判有罪(图 9.2)。本案的受害者曾就读于法学院,现在从事执法工作。

1.3 她的车从未到过山里[①]

1999 年 9 月的一天,Matthew Mirabel 报案称,他 24 岁的妻子 Natalie 在深夜前往科罗拉多州朗蒙特的杂货店途中失踪。接到报案的第二天早上,Natalie 的车辆在杂货店的停车场被发现。之后她的尸体也在附近 7 千英尺(约 2.1 千米,译者注)之外的峡谷中被发现。Natalie 死于机械性窒息并且被砍下头颅。近期在丹佛附近发生了几起涉及斩首的谋杀案。尸检表明,Natalie 被人用一块 2×2 断木击打过,这块木板和尸体一起被发现。通过对比车辆、弃尸地点以及她在朗蒙特的住所周围相关的植物碎片后发现,她的车最近曾停留在与弃尸点类似的山区。而她的丈夫坚称她的车从未开到过山里。

在这个案件中,另一项植物学证据起到十分重要的作用。这就是,调查

---

① 译者注:此案即前文所讲的 Mirabel 案。

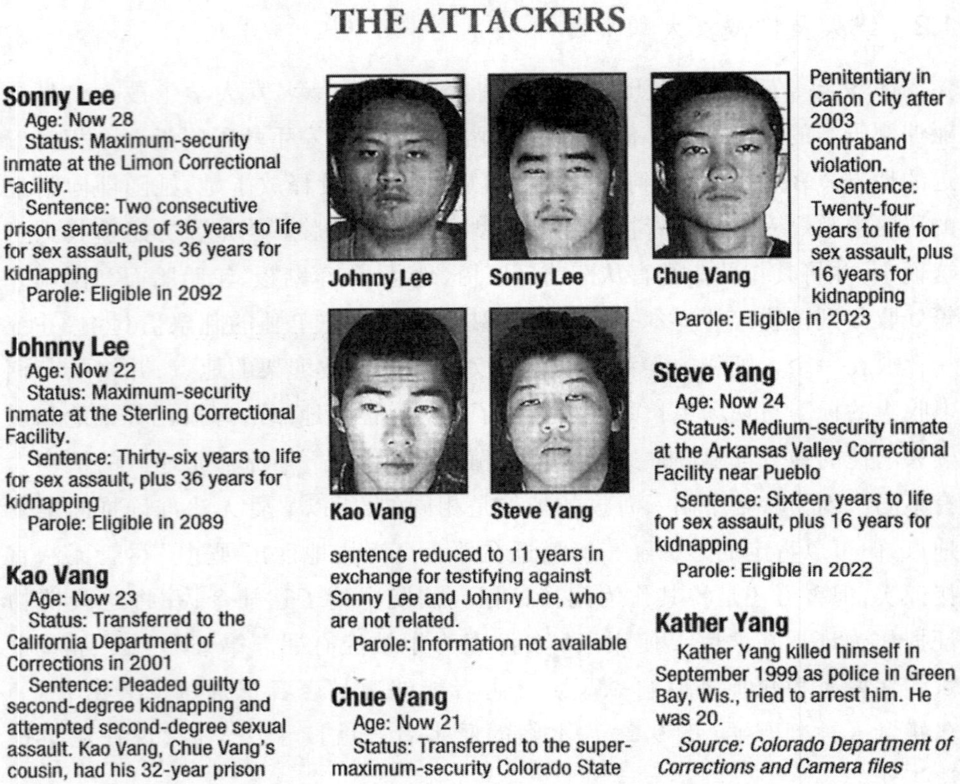

THE ATTACKERS

Sonny Lee
Age: Now 28
Status: Maximum-security inmate at the Limon Correctional Facility.
Sentence: Two consecutive prison sentences of 36 years to life for sex assault, plus 36 years for kidnapping
Parole: Eligible in 2092

Johnny Lee
Age: Now 22
Status: Maximum-security inmate at the Sterling Correctional Facility.
Sentence: Thirty-six years to life for sex assault, plus 36 years for kidnapping
Parole: Eligible in 2089

Kao Vang
Age: Now 23
Status: Transferred to the California Department of Corrections in 2001
Sentence: Pleaded guilty to second-degree kidnapping and attempted second-degree sexual assault. Kao Vang, Chue Vang's cousin, had his 32-year prison sentence reduced to 11 years in exchange for testifying against Sonny Lee and Johnny Lee, who are not related.
Parole: Information not available

Chue Vang
Age: Now 21
Status: Transferred to the super-maximum-security Colorado State Penitentiary in Cañon City after 2003 contraband violation.
Sentence: Twenty-four years to life for sex assault, plus 16 years for kidnapping
Parole: Eligible in 2023

Steve Yang
Age: Now 24
Status: Medium-security inmate at the Arkansas Valley Correctional Facility near Pueblo
Sentence: Sixteen years to life for sex assault, plus 16 years for kidnapping
Parole: Eligible in 2022

Kather Yang
Kather Yang killed himself in September 1999 as police in Green Bay, Wis., tried to arrest him. He was 20.

Source: Colorado Department of Corrections and Camera files

图 9.2　左手峡谷强奸案的帮派成员。图片由博尔德警方拍摄。

人员在其丈夫皮卡车后部发现了一块 2×2 木板的一部分，但断痕与在弃尸点发现的不匹配。随后调查人员在 Mirabel 家和垃圾场之间的高速公路上发现了第三段木板，这块木板正是弃尸地点和 Mirabel 车辆发现木板的缺失部分（类似著名的 Lindbergh 案中 Hauptmann 家阁楼上木材与作案时使用的梯子）。

后来发现，Mirabel 与他兄弟的妻子有染，并曾试图为 Natalie 购买一份价值 100 万美元的人寿保险，但保险公司只卖给他一份 25 万美元的合同。此外，在 Natalie 的车上发现一只沾有 Natalie 和 Mirabel 血的手套。种种迹象表明是 Mirabel 将 Natalie 的车开到山上并抛尸。2000 年 6 月，陪审团裁定 Mirabel 有罪。

2 利用法医植物生态学寻找隐秘墓穴

了解特定地区的生态情况非常有助于发现隐秘墓穴的位置。如前所述,本书作者是国际秘密坟墓搜索组织的创始成员。这是一个由科学家、执法人员和其他专业专家组成的非营利组织。成员们都自愿为执法机构提供服务和专业咨询,以帮助其定位隐秘墓穴。在以下 NSI 参与的案例中,法医植物生态学发挥了重要作用。

2.1 Michelle Wallace 案:云杉针叶是定位的关键

1974 年夏天,25 岁的 Michelle Wallace 带着她的狗 Okee 在科罗拉多中部山脉进行一次远足摄影旅行。当 Michelle 在伊利诺伊州的父母无法与她取得联系时,他们选择向科罗拉多警方报案。警方在她最后出现的克雷斯特德比特附近进行了广泛的搜索,但毫无线索。后来,当地的一位牧场主在发现 Okee 骚扰羊群时开枪打死了它。该案已在多本书籍(Gordon,2007;Wyman,2010)和电视节目(Cold Case Files,A & E)中有所报道。

在多次大范围搜索后,Michelle 的车在得克萨斯州的阿马里洛被发现。警方随后从 Chuck Matthews 那里了解到,Michelle 失踪的那天,他最后一次见到 Michelle 是在 Roy Melanson 的公司。当时,Melanson 因在得克萨斯州的强奸指控中逃跑而被通缉。当警察逮捕 Melanson 时,他手里拿着 Michelle 的钱包以及一些她物品的典当票。警方询问 Melanson 时,他声称盗窃了 Michelle 的汽车和财物,并且当他最后一次见到她时,她还活着。警方找回了她的财物,发现她相机里的一卷未冲洗胶卷上的最后一张照片是 Melanson 的照片。尽管如此,警方仍然没有确凿的证据证明 Melanson 谋杀了 Michelle,在那之后他因强奸罪被引渡到得克萨斯州。

1979 年 7 月,一群徒步旅行者在开普勒山口(Kebler Pass)附近一条偏远的伐木路上(该区域距离之前搜索 Michelle 的区域有点远)发现了一块带有长辫子的头皮,很像 Michelle 失踪时扎的辫子。尽管头皮样本马上被移交给了当地的警方,但直到 1991 年甘尼森警察局的首席调查员 Kathy Young 决定重启冷案并检查 Michelle Wallace 案中收集到的证据时,案件才有了进展。在检查 Michelle 的遗物时,Young 在甘尼森警察局发现了一个没有标签的纸箱,里面装着头皮和辫子。Young 将 Michelle 梳子上的头发样本和辫子上的头发样本一起送到科罗拉多调查局检验，检验结果证实两者来源一致。然后 Young 请求 NSI 尝试在开普勒山口附近找到尸体或墓穴。NSI 的一名法医植物学家 Victoria Trammel 检查了头发，发现它似乎被太阳晒得褪色了，这表明尸体可能没有被掩埋。调查员在辫子中发现了许多亚高山冷杉（一种经常出现在潮湿斜坡上的物种）针叶和一根恩格尔曼云杉（一种生长在干燥、阳光充足斜坡上的物种）针叶，这表明尸体可能在更远的潮湿斜坡。1992 年，NSI 志愿者在发现头皮附近的潮湿斜坡搜索时发现了一具暴露的头骨，它的牙齿与 Michelle 的牙科记录一致。另外他们还找到了一只装有脚骨和其他骨骼（例如股骨、椎骨）的登山靴。这些均是在生态植物学证据预测的地点发现的。

多年来，调查人员一直在跟踪 Melanson，因为他们确信 Melanson 与 Michelle 的失踪有关。在 Michelle 案后，Melanson 在得克萨斯州因强奸罪被判刑 14 年，并于 1988 年获释。Michelle 的尸体被发现时，Melanson 正在肯塔基州服刑。在 Michelle 生日那天，Young 向 Melanson 发出了逮捕令。科罗拉多州陪审团仅用了 5 小时，便审定 Melanson 谋杀 Michelle 的罪名成立。Michelle 的遗体被安葬在因她失踪而自杀的母亲墓地旁边，这也了却了她父亲 George Wallace 和她弟弟 19 年来的夙愿。不幸的是，85 岁的 George Wallace 于 2006 年在佛罗里达州的家中被入室杀害。

Michelle Wallace 尸体的发现带来了意外的收获。在 Melanson 因谋杀案服刑期间，警方发现 Melanson 的 DNA 和指纹与在加利福尼亚州纳帕发生的 51 岁的 Anita Elizabeth Andrews 被杀案有关，该案就发生在 Michelle 被害的前几周。2011 年，Melanson 因谋杀 Anita 而被定罪（Shulman, 2012）。另外 DNA 比对结果还将他与 1988 年被害的路易斯安那州 24 岁女孩 Charlotte Lily Sauerwin 联系起来，这起案件就发生在 Melanson 从得克萨斯监狱获释后不久。

3　法医植物生态学的其他用途

3.1　连根拔起的植物有助于时间的判定

我们刚开始在科罗拉多州从事法医工作的时候，刑事专家对法医植物学和

第九章　法医植物生态学案例

法医昆虫学持怀疑态度。一年夏天,在科罗拉多平原东部的一条土路上发现了一具尸体。尸体附近生长的向日葵被连根拔起,并用来遮盖尸体。植株干枯萎蔫,但仍呈绿色。这些向日葵被作为证据提供给我们。我们将这些向日葵冷冻存放以防止其进一步变化。同一地点的新鲜向日葵植株也被一并送到实验室。警方要求我们确定用来掩盖尸体的向日葵被连根拔起了多长时间。我们将向日葵放在屋顶温室里,尽可能模拟案发地的气候条件。并连续3周每天检查它们的枯萎情况。我们根据温室内植物枯萎的情况推测植物掩盖尸体的时间应该在7至11天,时间过长或过短都不匹配。在我们不知情的情况下,一位法医昆虫学家利用他的专长也提出来同样的推论:尸虫存在多久了?他提出了一个星期或几天的估计。检验结果否定了本案主要嫌疑人提供的不在场时间证明,因为他的不在场时间无法满足两种不同方法估计的时间。因此,这个案件开创了法医植物科学的另一例简单应用。

3.2　物候指标:佛罗里达州中部的植物分布

本案为死刑案件。佛罗里达州奥兰治县的一个小女孩于仲夏失踪。她的遗骸于同年12月被发现。一名法医植物学家的报告指出,这具遗骸很可能一直存放于被发现的地点,因为落叶时正值初秋,且该地点被大量落叶覆盖。理论上来讲,因地点不同造成的落叶情况各异,但秋天树一般都会落叶。一位因纽特朋友告诉我,有一次她在智商测试中漏掉了一个关于树的问题,因为她从来没有见过树。此外,落叶会受降水量的影响。在亚利桑那州东南部,槲树会因干旱而落叶,而在加利福尼亚沿海地区,相同物种的树木全年都会落叶。

在发现遗骸的地点拍摄的照片显示,现场有大量树叶堆积。发现骸骨后,该地点被彻底搜索,因为调查人员要确保他们没有遗漏任何其他线索。事实上,联邦调查局非常小心地筛选了植物碎片样本。案发几周后,当Bock第一次勘验现场时,该地区已被清扫干净。通过现场调查和对该地区植物名录的研究,我们发现该植物区系具有明显的亚热带特点。当在2月底重新考察该地点时,该地再次被厚厚的落叶覆盖。与发现遗体当天拍摄的照片相比,落叶情况更加严重。

案件还涉及与其中一块较大的骨骼有关的生态学知识。它是在大约15 cm的植物碎片和土壤下被发现。该地区附近有一所学校和一些住宅区。而骨骼的掩埋很可能与该地区犬类活动有关。犬类喜欢把骨头埋起来。此外,土狼有时也会埋藏骨头(M. Bekoff,个人交流)。据报道,最近在该地区发现了相当数量的土狼,因此部分遗骸可能被它们掩埋了。

3.3 案件审理中:公开调查

接下来的案例涉及一名儿童的死亡。该儿童的尸体在家中被发现。我们处理的某些详细证据即使在犯罪发生十多年后都无法进行公开讨论,因为此案目前仍处于调查阶段,并未结案。我们的部分调查结果提交给了大陪审团,并准备起诉,但地方检察官拒绝启动司法诉讼程序。拒绝的原因是,虽然假设凶手通过地下室一个破碎的小窗户进入房子,但植物线索不支持这种假设。这扇窗户外面的土壤上种植着圣诞玫瑰(*Helleborus niger*,毛茛科)。这种植物叶片很薄,开着粉红色的花朵,并且可以忍受潮湿寒冷的气候。圣诞玫瑰的花期是在圣诞节前后,而凶杀案发生时植物正值生长期。这些植物没有表现出任何被干扰的迹象,包括叶片及叶柄的折损。这就意味着凶手很可能不是通过这扇窗户进入房间,因为即使是身材矮小的人都很难办到。另外一种可能就是凶手是从其他入口进入,或者凶手可能是这所房子的住户。此外,在受害者的尸体上还发现一块绿色苔藓,但我们没有得到授权进入该处所调查苔藓情况。这些圣诞玫瑰和苔藓将继续困扰着我们。

参考文献

Gordon, O., 2007. Cold Case File: Murder in the Mountains. Bearport Publishing.
Shulman, T., 2012. Murder and Mayhem in the Napa Valley. The History Press.
Wyman, A., March 22, 2010. Two Women May Share a Common Killer. Napa Valley Register. http://napavalleyregister.com/news/local/two-women-may-share-a-common-killer/article_6ab4e342-34a5-11df-9281-001cc4c002e0.html.

第十章

法医植物科学的其他方法

除了植物解剖学、植物分类学和种子植物的植物生态学之外,植物科学的其他方面也已经在法医上得到应用,尽管我们在这些领域做的工作很少。第三章简要讨论了遗传学。在本章中,我们着重介绍花粉和藻类,特别是硅藻在法医学中的应用。这些方面都与法医植物生态学有关,且与植物分类学密切相关。包括真菌、苔藓和蕨类在内的其他植物群也可能具有法医学应用的前景,尽管它们并未被经常性地使用。

1 孢 粉 学

孢粉学(palynology)是对花粉粒和一些相关结构的研究,如蕨类和真菌孢子。这些形态被统称为孢粉形态(palynomorphs)。瑞典地质学家 Lennart von Post 在二十世纪初开创了这一研究领域。我们将这个植物科学领域囊括在内主要是因为它对法医植物科学研究具有重要的意义,尤其是在生态学调查方面。有关孢粉学领域的内容有很多参考(如,Milne et al., 2005; Bhattacharya, 2011),此处仅提供概述性介绍。

地质学家已经成功地利用花粉化石来揭示石油和天然气矿床的特征,从而利用这些数据来确定新的矿源。文物鉴定专家利用花粉来鉴定古画。气候学家使用花粉化石来重建过去的气候。人类学家可以从烹饪工具或粪便化石中的残留花粉粒推断出古人类的饮食。花粉粒在刑事和民事程序中也有广泛的用途(表 10.1)。

虽然花粉的分析结果偶尔会出现在案件的法庭审理过程中,但在美国很少使用法医孢粉学,而且美国的孢粉学家很少有法医检验经验。新西兰也许是当今世界法医孢粉学研究的领导者。一个现有的美国法医花粉工作中心坐落于得克萨斯农工大学,那里有 20 000 种植物的花粉参考资料库(Bryant and Jones, 2006)。

表 10.1 花粉的法医学用途[a]

1.	将嫌疑人与犯罪现场或第二现场联系起来
2.	将留在犯罪现场或第二现场的物品与嫌疑人联系起来
3.	将第二现场的物品与犯罪现场联系起来
4.	证明或反驳嫌疑人的不在场证明
5.	缩小嫌疑人名单
6.	确定物品的运动轨迹,包括食物和药物
7.	提供有关物品来源环境的信息
8.	提供有关物品地理来源的信息
9.	确定事件发生的季节
10.	协助警方进行调查
11.	帮助定位隐秘墓穴和人类遗骸
12.	帮助确定受害者的生前轨迹
13.	帮助确定人类遗骸的沉积时期

[a] 经 Mildenhall 等(2006)许可修改。

花粉对于法医学研究极具吸引力(表10.2)。此外,所描述的植物种类及其已知在北美的分布表明孢粉学本质上是一种尚未开发的资源,需要法医科学家更多地加以利用。

表 10.2 可用于法医工作的花粉特征

1.	花粉粒很小,肉眼不易察觉,很容易被不法分子忽视
2.	花粉粒极耐降解
3.	每种种子植物都会产生独特结构的花粉粒
4.	特定的栖息地可以通过本地植物的花粉粒来识别
5.	每个地点的花粉模式全年变化可预测

1.1 花粉的生物学特性

花粉粒是植物界的雄性配子,即由被子植物(见第三章)雄花的雄蕊和完全花的雄蕊(雌雄同株)减数分裂产生而来,因此花粉粒是单倍体。花的雌性器官由一个或多个雌蕊组成。雌蕊的顶端有一个柱头,花粉可以附着在这个柱头上,此外雌蕊还有一个从基部延伸到子房的茎或花柱。针叶树的雄性球果也可产生花粉,其子房位于雌性球果上。超过 300 000 种已描述的开花植物和针叶树种

第十章 法医植物科学的其他方法　　137

都有结构独特的花粉粒。因此,花粉印迹可用于识别单个物种或由特定植物物种群组成的区域。

每个花粉粒都有一层防水的纤维素外衣,即外孢壁(exine),外孢壁通过孢粉素(sporopollenin)和亲本植物分泌的其他化学物质强化,因此外孢壁抗腐性强,并且可以在内核腐烂后保持数百万年不朽。在花粉粒内,有一至两层结构围绕着两个细胞核,其中一层将提供雄性配子。

花粉粒直径为 5~200 μm 不等,肉眼基本无法看见。大多数花粉粒的直径约为 25~40 μm,因此调查人员通常会忽略花粉的存在及其法医分析的潜在能力。此外,植物的每个属或种的花粉粒都具有独特结构的外孢壁。因此,孢粉学专家有可能通过显微镜等确定其科、属甚至种。

花粉粒的颜色和形状因物种而异。它们可能呈球状、多棱、多面体等不同状态(图 10.1 和 10.2)。不同物种的花粉粒还可能具有形状不同的各种突起。大多数花粉粒都有微小的开口或孔洞,雄性配子(见前文)与雌性结构接触后可以通过这些开口或孔洞完成授粉。花粉粒的开口呈孔状或缝隙状,也有可能呈现多种孔和缝的复合结构。花粉粒的表面可以是平滑的,也可以是精心雕刻的凹陷或突起,这可以进一步帮助确定花粉的种属来源。

花粉能够通过多种方式转移到花或球果的雌性部分(这个过程称为授粉)。大多数花和球果是通过风力完成授粉的,即风将花粉颗粒从雄蕊随机吹向雌蕊。

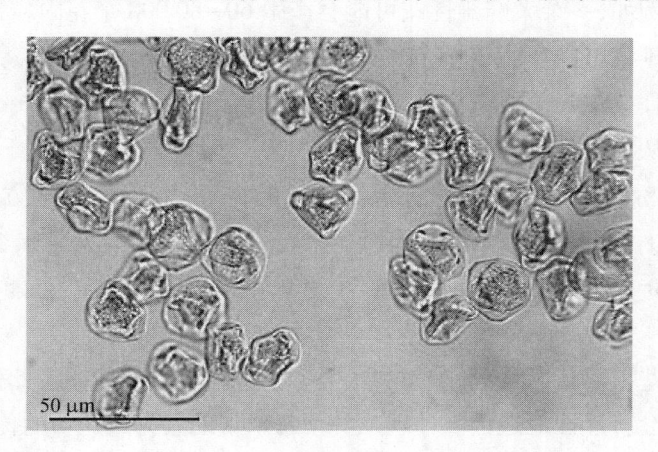

图 10.1　欧珠榛子(*Corylus avellana*)花粉粒的光学显微照片。粉粒由 Josef Reischig 提供,以下网址可查:http://commons.wikimedia.org/wiki/File:Pollen_grains_%28251_20%29_Pollen_grains_of_common_hazel_%28Corylus_avellana%29;_total_preparation.jpg。

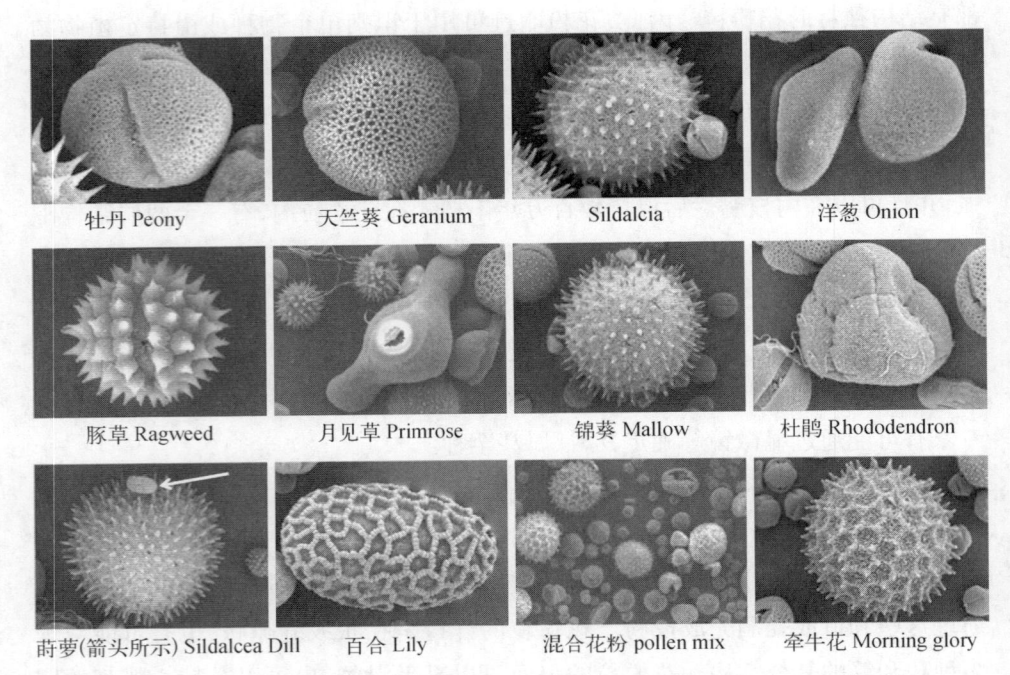

牡丹 Peony	天竺葵 Geranium	Sildalcea	洋葱 Onion
豚草 Ragweed	月见草 Primrose	锦葵 Mallow	杜鹃 Rhododendron
莳萝(箭头所示) Sildalcea Dill	百合 Lily	混合花粉 pollen mix	牵牛花 Morning glory

图 10.2 花粉粒的扫描电镜照片。由达特茅斯学院 Lisa Howard 拍摄。http://remf.dartmouth.edu/pollen2/pollen_images_3/index.html.

由于风媒授粉是随机事件,所以这些风媒授粉植物会产生大量花粉以保证授粉的成功率。例如,一朵大麻雄性花可能会产生 60~80 000 个花粉粒,而一株多花的赤杨木的雄穗可以释放 400~60 000 个花粉粒。据报道,一棵中等大小的黑松在一季可以释放 100 亿颗花粉粒。一种名为树舌灵芝(*Ganoderma applanatum*)的弧状真菌从 5 月到 9 月每天可以产生 3 000 万个孢子。每年成千上万的过敏患者饱受花粉粒和真菌孢子的折磨。春季的得克萨斯州,每立方米空气中含有 500 个左右花粉粒和真菌孢子,而一个在室内不活动的人一天会吸入 7 200 个花粉粒(Bryant, 2015)。试想一下,一个在户外活动的人可能会吸入多少花粉粒。

另外一些植物依靠昆虫、蝙蝠和鸟类等来进行花粉的传播。此外,这些植物的花朵通常会特异性地选择一种或几种动物来帮助其完成花粉的传播。当这些动物觅食花蜜或花粉时,会不经意间将雄蕊的花粉带到同一物种雌蕊的柱头上。这些虫媒植物产生较少量的花粉粒,因此它们的花粉粒不太可能在环境中大量出现。还有一些植物利用水作为其花粉传播的介质。

第十章　法医植物科学的其他方法

无论哪种授粉模式,花粉粒一旦附着在柱头(图 10.3)或雌花花蕊上便会萌发,花粉粒中一个核长出管状结构,该结构穿透花柱并进入子房。这些结构构成植物的雄配子体。随着花粉管向子房生长,花粉粒中一个单倍体核被带到位于雌配子体或胚珠中的雌配子(图 10.3)并分裂出雄核,与雌性性细胞融合,发育成二倍体胚胎。另一个雄性细胞核与一个或多个其他雌性细胞核融合,并发育成胚乳。胚乳将为植物发育提供能量,直到幼苗能够自行进行光合作用。

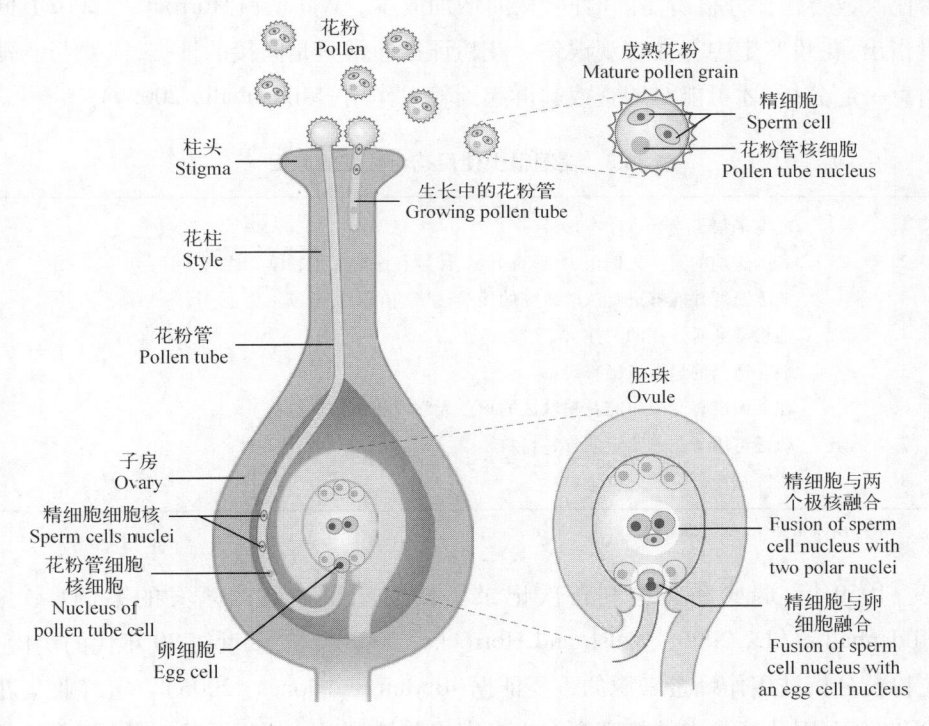

图 10.3　开花植物的授粉　http://www.blog.gurukpo.com/pollination.

受精卵形成暂停发育的胚胎(图 4.1)。胚胎完成其早期发育,子房周围的细胞转变成含有休眠胚的种皮。胚珠的数量及由此产生的种子数量是由不同物种的遗传和由此产生的解剖结构决定的。在被子植物中,子房随后发育成含有种子的果实。在针叶树中,种子出现在雌性球果的内表面。

1.2　法医孢粉学

直到二十世纪后半叶,花粉才被用于法医鉴定,并且逐步在民事和刑事案件中得到应用(表 10.1)。尽管花粉的法医应用有其优势(表 10.2),但出于各种原因,并未得到执法和司法部门的热烈响应(表 10.3)。花粉鉴定是劳动密集型的行业,需要大量的培训和经验。花粉鉴定同样受到 Daubert 规则的某些要求的困扰(Walsh and Horrocks, 2008;参见第二章)。孢粉学家通常可以证明两个花粉样本是不同的,但是当两个花粉样本的成分极度相似时,是否能确定它们来源相同而排除其他可能?也许不会,因为法医花粉分析中通常很少有质控位点。增加对比次数会延长分析所需的时间,从而增加成本。Walsh 和 Horrocks(2008)同时指出,花粉鉴定中存在客观误差。花粉证据通常只是间接的证据,需要与其他信息一起分析,才可能对调查或起诉起到较大作用(Mildenhall, 2006a)。

表 10.3　美国很少使用花粉数据的原因[a]

1.	样本采集不当导致样本污染
2.	美国法院的案件先例很少,调查人员、律师和法官对孢粉学知之甚少
3.	缺乏愿意并能够进行法医研究的接受过培训的孢粉学家
4.	孢粉学家对责任的关注
5.	缺乏适当的显微或摄影设备
6.	在美国没有专门研究花粉取证的重点大学或相关培训机构
7.	缺乏可用于花粉鉴定的参考材料
8.	法医花粉研究缺乏资金

[a] 主要基于 Bryant 和 Jones(2006)。

1959 年,瑞典和奥地利首次记录了使用花粉侦破凶杀案的案例(参见 Mildenhall et al., 2006;Walsh and Horrocks, 2008)。二十世纪 70 年代的美国,花粉粒分析被用作蜂蜜来源的重要证据(Bryant and Jones, 2006)。蜜蜂收集花粉和花蜜,因此蜂巢中的蜂蜜含有来自蜜蜂曾接触过的植物花粉。此后,花粉粒已被证明在多种情况下具有实践意义,它可以与动物皮毛、人类毛发、衣服、油漆木料、用于捆绑受害者的绳索、进口毒品和植物等相关联(Mildenhall, 2006a)。花粉也可以从文件和墨水中分离出来,并有助于识别伪造文件(Morgan et al., 2013)。特定的花粉组成也可以用来描述特殊区域的植物组成,甚至可以确定事件发生的时间段。

风媒植物的花粉最适合用于法医工作。风媒植物中大约 95% 的花粉会出现在距该类植物一英里范围的地面上,尽管少部分可能会传播数百甚至数千英里。因此,特定地区花粉飘落的现象通常被称为花粉雨。由于植被在一定水平上以及在较大的生态景观层面上呈现出特定的模式(图 10.4),因此花粉分析能反映出该地点的植被特征。如果深入土壤钻取岩心,就可以通过分析不同土层中的花粉来重建该地区植物群落的历史。

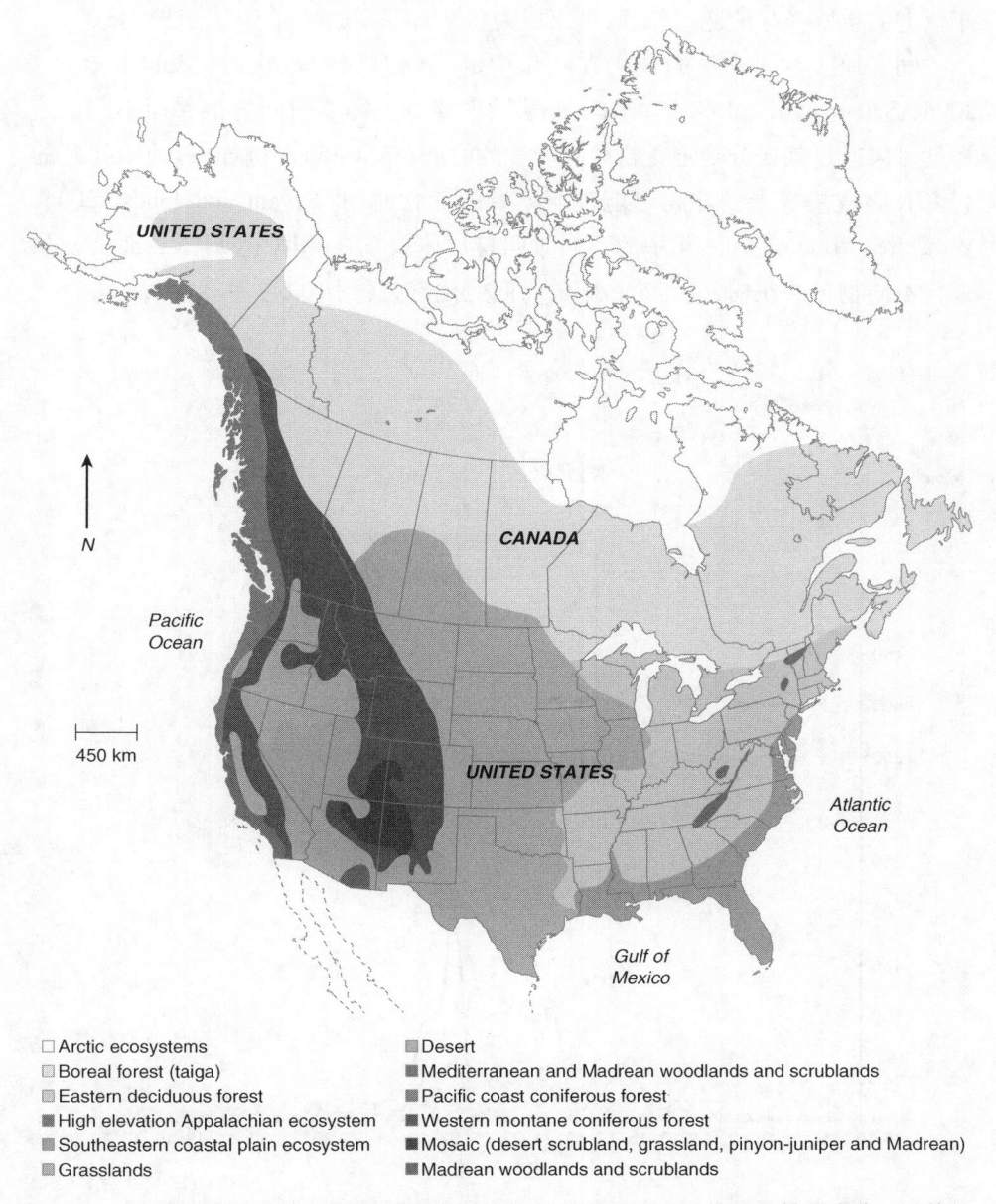

- ☐ Arctic ecosystems
- ☐ Boreal forest (taiga)
- ☐ Eastern deciduous forest
- ■ High elevation Appalachian ecosystem
- ☐ Southeastern coastal plain ecosystem
- ☐ Grasslands
- ■ Desert
- ■ Mediterranean and Madrean woodlands and scrublands
- ■ Pacific coast coniferous forest
- ■ Western montane coniferous forest
- ■ Mosaic (desert scrubland, grassland, pinyon-juniper and Madrean)
- ■ Madrean woodlands and scrublands

图 10.4 北美的植被区系包含独特的植物物种组成,因此呈现出独特的花粉雨成分。马德兰地区具有干旱或半干旱特点,并拥有独特的植物群落。经 Bryant 和 Jones (2006) 许可重绘。

即使是相邻的地点，花粉种类的占比也可能不同。对多个地表土壤样品的分析表明，一个地点内的不同种类花粉粒比值在统计学方面无差异，而相邻地点的花粉粒比值呈现显著差异(Horrocks et al., 1998)。因而比较表层土壤样品与车辆上的土壤样品的花粉特征，可以成为将两者联系起来强有力的法医技术。

同一地区不同种类的植物在一年中的不同时间产生花粉(Montali et al., 2006; Szibor et al., 1998)。因此，花粉雨的成分会随着时间的推移而不同。这样就可以通过其成分确定花粉样品产生的时间(图10.5)。例如，墓地中找到的死者衣服或头发上的花粉可能表明死者的死亡时间(Bryant and Jones, 2006; Wiltshire, 2006)。在一年中的不同时间将尸体放置在环境中，尸体表面会积累来自不同物种的花粉，这与花粉雨的时间变化有关(图10.6)。

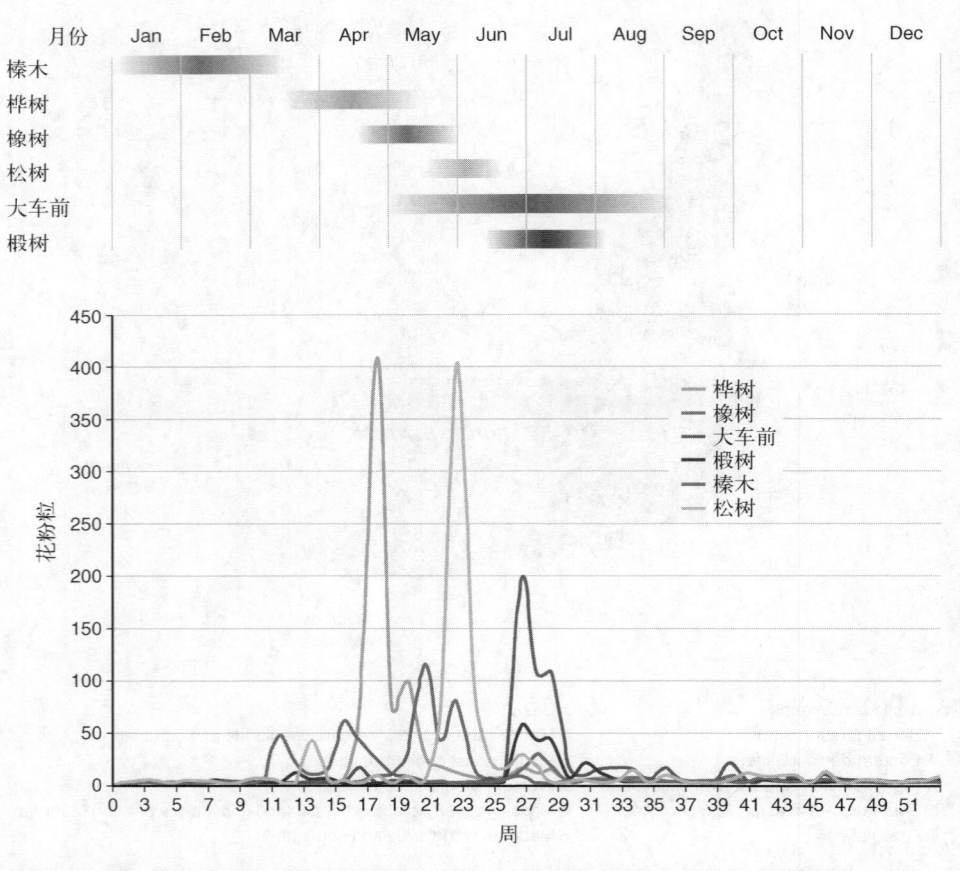

图10.5 北美某地五个开花植物的属和一个针叶树属一年内产生花粉的变化趋势。图的上半部分表明了按月份(1—12月)释放花粉的强度。经Szibor等人的许可重绘(1998年)。

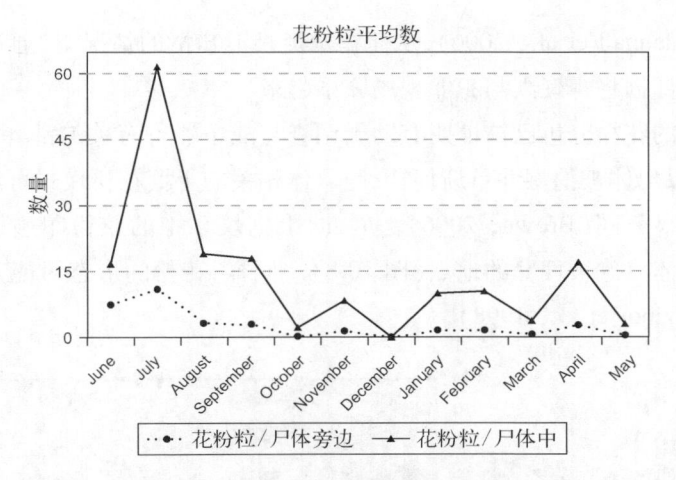

第十章 法医植物科学的其他方法   143

图 10.6 从暴露的尸体中收集的花粉粒平均数量反映了暴露在玻璃载玻片上的花粉粒丰度。经 Montali 等许可重绘(2006)。

花粉还会富集在人类的头发、衣物和身体的开口处（Bryant and Jones, 2006; Mildenhall, 2006b; Wiltshire, 2006; Wiltshire and Black, 2006）。花粉可以被吸入鼻窦并沉积在头骨中。因此, 残留在头骨中的花粉可能表明一个人死亡的地点和时间（Wiltshire and Black, 2006; 图 10.7）。通过识别与尸体相关的花粉并对照花粉释放的季节模式, 就有可能确定被掩埋者的大致死亡时间。花粉也可能存在于嫌疑人衣物和鞋子上（Horrocks et al., 1999）, 或车辆上附着的

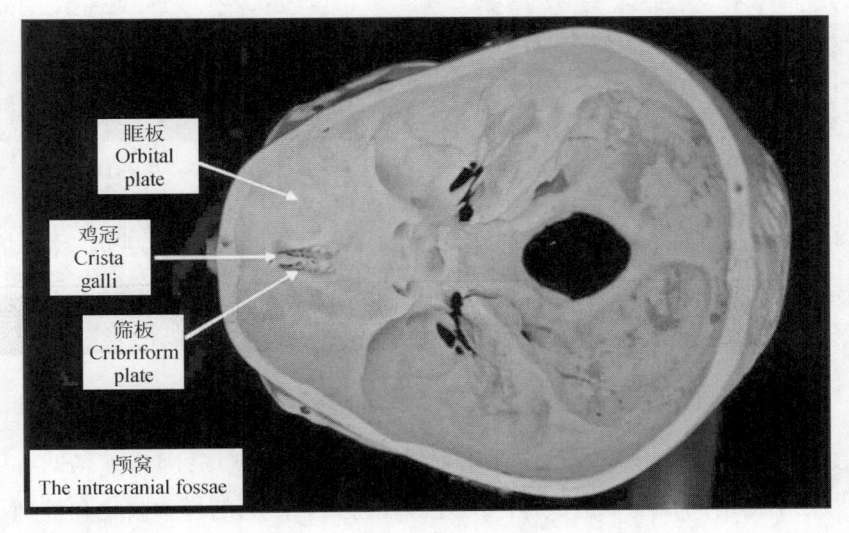

图 10.7 人类头骨中花粉积累的位置。经 Wiltshire 和 Black(2006)许可重印。

土壤中(Mildenhall et al., 2006),从而在嫌疑人不知情的情况下,通过独特花粉来源的微观证据将嫌疑人与犯罪现场联系起来。

土壤中的花粉分析已被证明有助于调查与战争罪行有关的乱葬坑(Brown, 2006)。如果尸体被挖掘并重新埋葬,与尸体相关的土壤花粉模式可能与第二个埋葬地点明显不同(Brown, 2006)。因此,根据坟墓中的花粉印迹可以区分被害地点和尸体二次被埋葬的地点(图10.8)。同样,花粉的形态可能表明犯罪发生的时间(Szibor et al., 1998)。

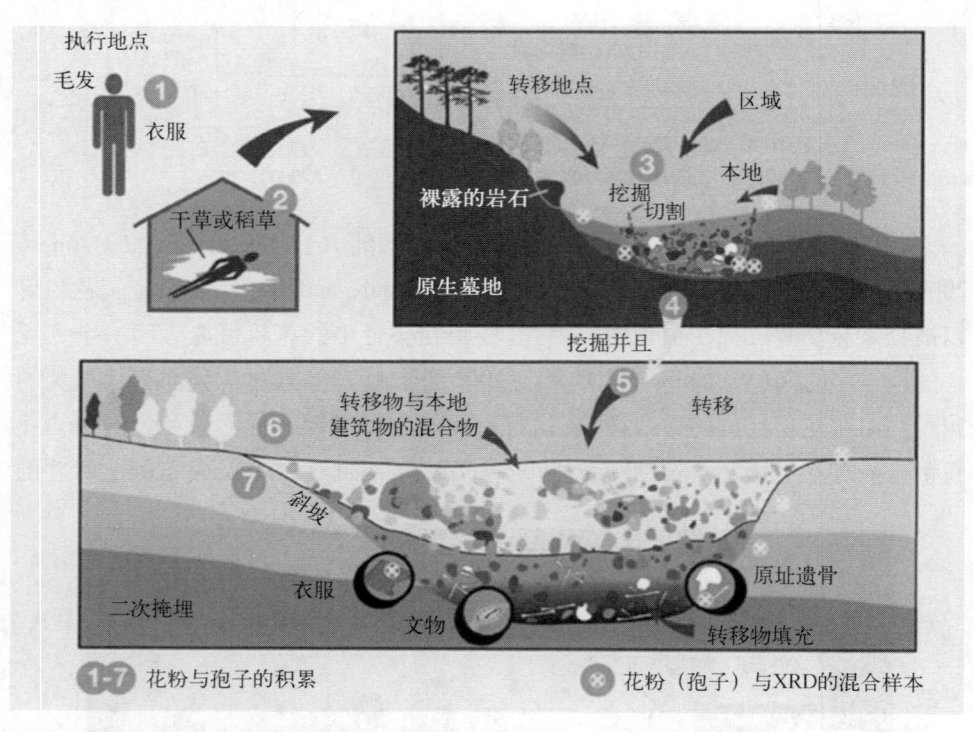

图10.8 受害者头发和衣服上的花粉确定了被害地点(1,2)。在挖掘第一个大的万人坑(3)之后,行凶者决定转移尸体分散掩埋,以防止其战争罪行被发现(4~7)。从原生墓地运来的土壤花粉组成与隐藏次生墓地的土壤花粉组成不同。经Brown同意转载(2006)。

1.3 花粉样品的采集与处理

受过专业培训的技术人员应在第一时间进入犯罪现场,因为现场调查人员很容易在不知情的情况下造成样本的外源性污染。不当的样本收集和处理程序同样也会使样本失去作用。Horrocks建议应尽快处理样品,以降低外源性污染的风险。只有当花粉粒转移到载玻片上时,才能有效地避免污染,但样品的制备可能需要相当长的时间。此外,称职的孢粉学家可能需要相当长的时间来识别样本成分,尤其是在需要使用扫描电镜(SEM)进行样本分析的情况下。此外,花粉与特定栖息地的关联性工作可能需要植物生态学家的帮助(例如 Felde et al.,2014)。关于花粉样品的收集和处理流程可以在一些出版物中找到(特别是 Horrocks,2004;另外还有 Mildenhall et al.,2006)。

1.4　花粉鉴定

花粉通常可以用光学显微镜来鉴别(图10.1)。然而,特定物种的鉴别可能需要通过扫描电镜(SEM)获得的花粉粒3D图像信息来完成(图10.2)。在相关网站上可以获得许多植物花粉粒的光学显微镜和扫描电镜拍摄图片(参见本章末尾的列表)。仅通过照片来确定花粉种类是很难的,最佳方法是寻求专业的孢粉学家对未知样品与已知的花粉标本进行比对分析。

1.5　涉及法医孢粉学的案例

花粉在确定物品来源或嫌疑人的活动轨迹方面很有用。就像之前描述的,即使是花粉化石也可以在法医鉴定中发挥积极作用。

1.5.1　多瑙河案:利用花粉化石定罪

1959年,一名奥地利男子在沿着多瑙河旅行时失踪(Mildenhall et al.,2006;Walsh and Horrocks,2008)。警方排查出一名有作案动机的嫌疑人,却没有证据证实其罪行。警方从嫌疑人的鞋子中提取到了泥土样本,并让孢粉学家对泥土样本进行了分析。孢粉学家在泥土中发现了具有4千万年历史的山核桃树的花粉。根据地质和植被信息,这些古老植物的花粉仅可能来自多瑙河沿岸的一处遗址,那里被这种特殊的土壤覆盖。面对警方提供的具体方位,震惊的嫌疑人认罪并指认了尸体的位置。

1.5.2　蜂蜜案(A Honey of a Case)

截止到20世纪80年代,美国唯一一次用于法医检验的孢粉学记录是1970年对蜂蜜中花粉的识别,以确定蜂蜜的来源(Bryant and Jones,2006)。当时,美国农业部正在向农民提供补贴,以鼓励当地的蜂蜜生产。因为蜜蜂擅长收集花粉,所以蜂蜜中含有的花粉粒能表明花粉的来源。比如我们可以确定一些自称本地蜂蜜实际上是从墨西哥进口的,因为该蜂蜜中含有墨西哥物种而非美国物种的花粉粒,进而可以确定农民是通过购买廉价的墨西哥蜂蜜并非法套取联邦补贴。

另一个使用法医孢粉学的早期案例是解决一位蜂蜜生产商的索赔,该蜂蜜生产商称,邻近的农民在他的青豆上使用杀虫剂,导致蜂蜜生产商的蜜蜂损失(Bryant and Jones,2006)。蜂蜜生产商声称他的蜜蜂在采集花粉时因接触了杀虫剂而导致生病。然而,在蜂蜜中并没有发现青豆花粉,因此可以断定蜜蜂没有直接受到杀虫剂的影响。

1.5.3 不在场证明

在新西兰(Mildenhall,1990),一辆参与抢劫的摩托车被逼停在泥地里,驾驶员弃车逃逸。后来,当车主试图找回他声称"被盗"的摩托车时,警察注意到他的靴子上粘着泥巴,并逮捕了车主。车主声称,他是在近期的一次骑行中沾到了泥巴,但警方在他供述的地方却没有发现类似的泥土。调查人员收集了嫌疑人的靴子、摩托车印痕、"狡辩现场"附近和他居住的农场泥浆样本。在对泥土中花粉和孢子比较后发现,他靴子上的泥土中花粉成分仅与其中一种可能的来源相符(表10.4总结得出自己的结论)。

表10.4 新西兰摩托车案[b]相关的四个地点的泥浆花粉/孢子[a]含量比较

物种种类	农场	狡辩现场	车印痕	嫌疑人的靴子
红松 Pinus	微量	微量	常量	常量
罗汉松 Podocarpus	有	无	有	有
苔类孢子 Liverworts (spores)	微量	微量	常量,种类较多	常量,种类较多
菊科植物 Compositae family	微量	常量	痕量	痕量
忍冬科植物 Caprifoliaceae family	无	仅路边有	所有样本中都出现	所有样本中都出现
山龙眼科 Knightia excelsa	微量	常量	痕量	痕量
禾本科 Gramineae	大量	常量	常量	常量
桫椤(树蕨孢子) Cyathea (tree fern spores)	微量	大量	常量	常量
蕨菜 Pteridium aquilinum	微量	微量	大量	大量

[a] 请注意,在某些情况下,只需要鉴别花粉属甚至科,并显示出从嫌疑人靴子上的泥中提取的一些样本的主要差异。
[b] 引用自 Mildenhall (1990)。

1.5.4 万人坑的花粉证据

在重建1997年发生在波斯尼亚的大规模屠杀事件的过程中,调查人员先要

第十章 法医植物科学的其他方法

确定屠杀发生的地点与尸体掩埋地——万人坑之间的内在关系（Brown，2006）。也许存在将大规模原始墓穴分散掩埋，以降低屠杀规模的情况。尸体周围的土壤与转移后墓穴中的土壤特征明显不符。此外，尸体上附着的花粉粒和孢子与推测的死亡时间不同。通过土壤分析和花粉特征比对，可以将转移后墓穴与屠杀点联系起来（表10.5）。

表10.5 使用土壤类型和花粉数据将波斯尼亚的首次掩埋和转移后墓穴联系起来

基本位置	土壤类型、岩性、夹杂物	主要矿物质	植被和土地性质	优势物种的花粉和孢子	关联的首次掩埋位置
Kozluk	河流阶地砾石，盘状河流砾石（覆瓦状）	Ch，I/M，Qz，F，C	灌木/草地/耕地	无	CR3
Branjevo Fm	厚层的黄土性土壤覆盖凝灰岩	Ch，I/M，Ka，Qz，Fe	耕地边缘杂草	谷物、禾本科、红松、云杉	CR12
Lazete I	冲断带、灰岩、白云岩、砂岩、蛇纹岩岩脉	S，I/M，Ka，Qz，Fe	山地森林边缘（10米）	红松、莎草科、禾本科、云杉、胡桃	HZ3
Lazete II	冲断带、石灰岩、白云岩、砂岩、污水管	S，I/M，Ka，Qz，Fe	山地森林里的空地，潮湿的草地	红松、莎草科、禾本科、云杉、胡桃	HZ2，HZ4，HZ5
Glogova 1E	局部砂岩、粉砂岩，含丰富的石灰石砾石	Qz，Ch，I/M	混合耕地、草甸、果园、森林（包括松树、山毛榉、角梁、云杉）	山毛榉、云杉、红松、鹅耳枥、榛子、禾本科	ZJ6
Glogova 1F，1H，3，5，7，8，9	富含石灰石的砾石的砂岩和粉砂岩中，干草团块，碎石，混凝土，石膏	Qz，Ch，I/M	混合耕地、草甸、果园、森林（包括松树、山毛榉、角梁、云杉）	木本：红松、云杉、草本：（高禾本科）和高谷类（燕麦/小麦属）、玉米、苹果、李子	ZJ5

注：S：膨胀黏土；Ch：绿泥石；I/M：伊利石/云母；F：长石；Ka：高岭土；Qz：白石英；Fe：铁；C：方解石。经Brown同意转载（2006年）。

2 硅 藻

硅藻（diatoms）是在海洋、咸水和淡水中发现的微小（大部分长度为10~100μm）单细胞和群落藻类。硅藻的细胞壁由不同于高等植物的2个二氧化硅瓣组成，瓣可以保护细胞内组织。硅藻表现出径向或对称性（图10.9和图10.10）。

148   法医植物学

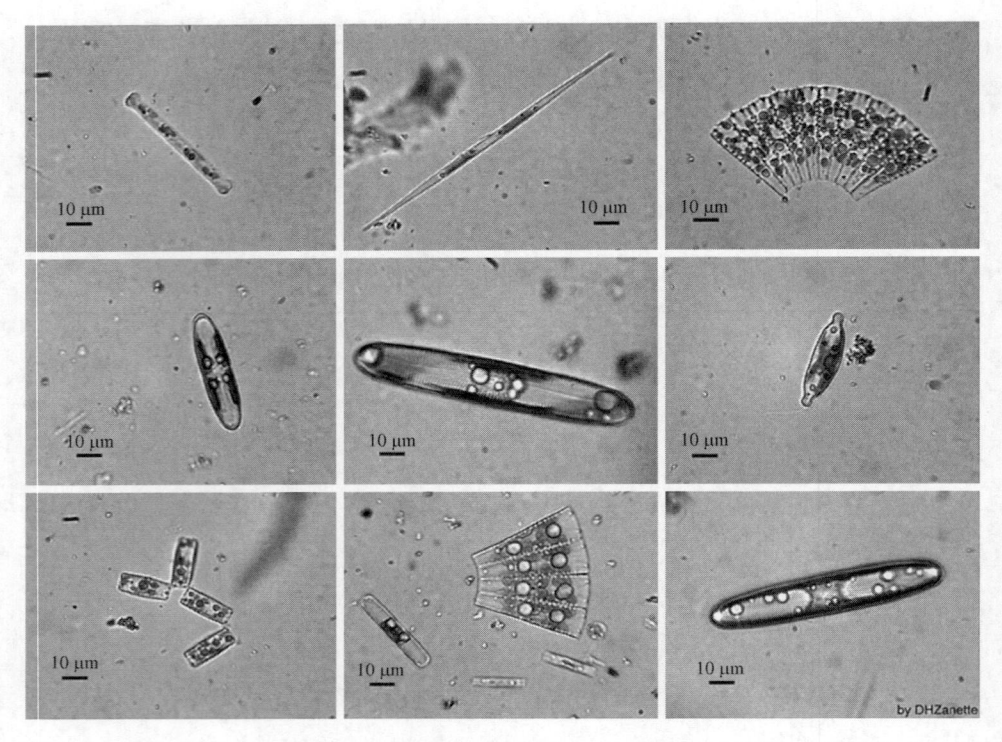

图 10.9 用光学显微镜观察到的包括两种群落形态的淡水硅藻。硅藻：真核藻类，图片由 Damian H. Zanette 提供，见：http://commons.wikimedia.org/wiki/File:Diatomeas_w.jpg.

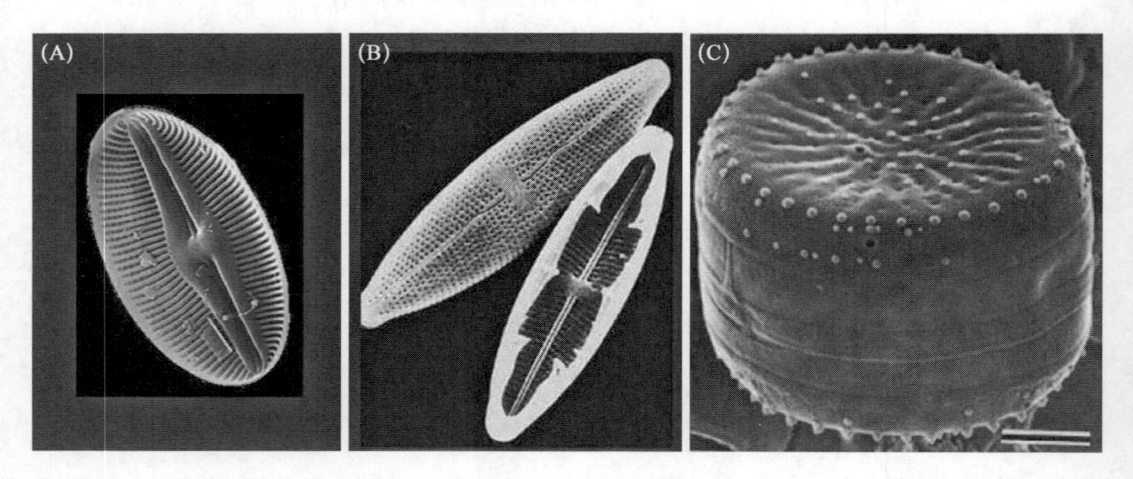

图 10.10 硅藻的扫描电子显微照片。(A) 转载自 http://gec.cr.usgs.gov/archive/lacs/diatom.htm；(B) 硅藻壳的外表面和内表面，Aqua-Plus 瑞士；(C) 来自意大利科莫湖的近球形的硅藻。授权并转载自 Scheffler, W., Morabito, G. (2003). Topical observations on centric diatoms (Baccillariophyceae, Centales) of Lake Como, Italy. Journal of Limnology 62, 47–60.

第十章 法医植物科学的其他方法

据估计,全世界现有硅藻超过10万种,但仅对大约8 000种进行描述。硅藻是水生和海洋系统中非常重要的光合生物。不同的水体中硅藻物种或物种组合可能存在很大差异,这可以作为水源的识别标志。由于硅藻富含硅,因此经常被人类作为研磨剂添加到清洁剂、抛光剂和其他产品中。古代的海洋硅藻矿床(称为硅藻土)正是为此目的而开采的。

当溺亡发生时,硅藻会随着水进入人体肺部,并通过血管扩散到人体其他器官(Verma,2013;图10.11)。残留于肺、胃甚至骨髓中的硅藻可以用来证明死者是否在入水时还活着(死前浸泡)。体内无硅藻残留或者体内硅藻与打捞地点的硅藻种类不匹配的情况表明死者在被放入水中之前就因其他原因死亡(死后浸泡),或者在其他地方溺亡,但也不排除人在溺水时没有吸入藻类。

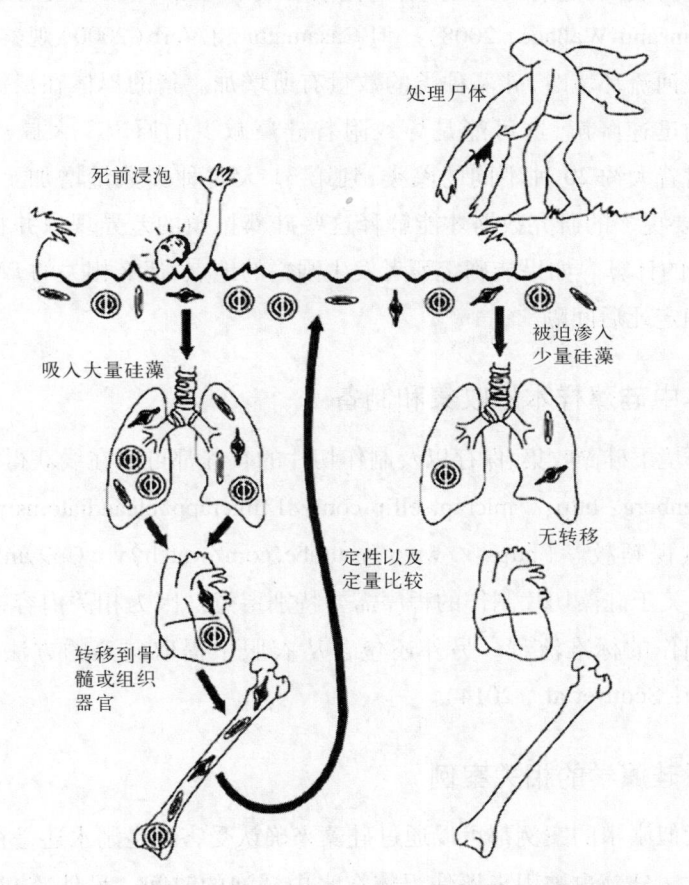

图10.11 死前浸没与死后浸没的内脏器官中硅藻分布的差异。经Anu和Resmi(2014)许可修改。

可以提取尸体股骨中的硅藻用于验证是否死于溺水,尤其是当尸体上的大部分软组织消失时(Pollanen, 1998; Pollanen et al., 1997; Vinayak et al., 2013)。如果死者死于溺水,那么在胃内容物中也会有发现硅藻的可能。但有记录表明,死于其他原因的人的肺部和组织中也可能存在来自洗涤产品的硅藻(Kumar et al., 2012)。因此,准确的环境数据(例如,相关水体中同一物种的比例)是重要的参考指标。

当身体浸入水中(死前浸泡或死后浸泡)时,硅藻会与衣服、皮肤和头发接触(Vinayak et al., 2013)。某些物种可以提供尸体在被发现之前浸泡的时间证据(死后浸没间隔 postmortem submersion interval, PMSI)。将死猪尸体浸泡于咸水池的实验表明,随着时间的推移,附着在身体上的硅藻种类的数量会减少(Zimmerman and Wallace, 2008)。但 Casamatta 和 Verb(2000)观察到,将大鼠尸体浸入在河流环境时,硅藻种类的数量有所增加。猪的尸体在浸泡于微咸水池后 2 周内迅速降解,这可能是导致附着硅藻减少的原因。大鼠尸体在浸泡 1~2 周后附着大约 20 种不同的藻类,到第 31 天时种类数量增加至 50 种。显然,我们需要更多的研究数据才能解释这些硅藻拓殖的差异现象并将其数据应用于 PMSI 的计算。如果能确定死者发生溺亡的地点,那么相关的 PMSI 信息可能有助于确定死后间隔。

2.1 水体中硅藻样本的收集和制备

不同环境下硅藻收集、保存以及制作切片的教程都可以在线获得(Franchini, 2013; Sterrenberg: http://micrap.selfip.com:81/micrapp/cleandiatoms.pdf)。有些网站还提供视频教学(https://www.youtube.com/watch?v = Cp9ym5M0RUc)。Sterrenberg 关于硅藻切片制作的程序需要特别留意。因为相关内容被业内视为硅藻切片制作的标准流程。另外还包含从衣服中提取硅藻的方法(Uitdehaag et al., 2010; Scott et al., 2014)。

2.2 法医硅藻学的相关案例

许多疑似溺水的案例都可以通过硅藻来确认受害者是溺水还是在入水之前就已经死亡。硅藻也被用来评估尸体在水中浸泡的时间。另外,硅藻也能将受害者或嫌疑人与特定位置联系起来。

2.2.1 溺亡认定

一般情况下受害者的死因确定至关重要,具体包括是否为入水前已经死亡、是否被抛入水中、是否为被困水下溺亡或是否意外溺亡。例如,印度报告了许多使用硅藻来确定死因的案例。2013 年,Malik 等人总结了几种情况:在有硅藻存在于骨骼中时,死亡原因确认为溺亡。反之,可以确定受害者在浸入水中之前就已经死亡。

2.2.2 硅藻确定婴儿死因

在加利福尼亚北部,一位年轻的母亲声称,她的幼子在城市公园的喷泉附近玩耍时被一群男孩绑架了。孩子的尸体被发现面朝下漂浮在附近的溪流中,显然是溺水身亡。这位母亲声称她和儿子没有到过小溪边,尽管有目击者说在喷泉和小溪边都见过她。而当时孩子的父亲早已遗弃了她们。

出于对她供述的怀疑,调查人员向我们移送了喷泉和溪流中的水体样本及孩子胃内容物样本。在喷泉和溪流样本以及孩子的胃中都发现了硅藻。而这两种水体来源的硅藻都存在于孩子的胃内容物样本中(图 10.10)。我们将我们发现的各种硅藻的照片发送给加州警察局,并让那里的警员观察,看看是否得到与我们一致的比对结论。他们确认了我们的比对结果。当有证据表明孩子从喷泉和溪流中都摄取过水时,这位年轻的母亲承认了自己试图将孩子淹死在喷泉中,当她认为孩子已经死亡便把他扔进了溪流,而当时孩子其实还活着。然后她编造了绑架案。案发时,她正怀着另一个男人的孩子。

2.2.3 新英格兰的不幸

1991 年夏天,新英格兰的两个男孩在郊区池塘里钓鱼时,遭到几名青少年的袭击。袭击者用胶带把他们绑起来,并用棒球棒殴打他们,然后准备将他们拖到池塘里淹死。其中一个男孩成功逃出向人求救,并救出了他的伙伴。随后,三名嫌疑人被抓获。他们运动鞋黏附的样本与池塘中发现的硅藻和金藻(另一类浮游藻类)在种类和占比方面相同。这些植物子证据足以确定他们的犯罪事实(Siver et al., 1994)。

参考文献

Anu, S., Resmi, S., 2014. Forensic diatomology. Health Sciences 2014, 1–10.
Bhattacharya, K., 2011. A Textbook of Palynology, third ed. New Central Book Agency.

Brown, A. G., 2006. The use of forensic botany and geology in war crimes investigations in NE Bosnia. Forensic Science International 163, 204–210.

Bryant, V. M., 2015. Pollen. In: Presented at the Texas State Historical Society Annual Meeting in 2015. http://www.tshaonline.org/handbook/online/articles/sop.

Bryant, V. M., Jones, G. D., 2006. Forensic palynology: current status of a rarely used technique in the United States of America. Forensic Science International 163, 183–197.

Casamatta, D. A., Verb, R. G., 2000. Algal colonization of submerged carcasses in a mid-order woodland stream. Journal of Forensic Sciences 45, 1280–1285.

Felde, V. A., Bjune, A. E., Grytnes, J.-A., Birk, H. J. B., 2014. A comparison of novel and traditional numerical methods for the analysis of modern pollen assemblages from major vegetation landform types. Review of Palaeobotany and Palynology 210, 22–36.

Franchini, W., 2013. The Collecting, Cleaning and Mounting of Diatoms. Modern Microscopy How to Tutorial Series.http://www.modernmicroscopy.com/main.asp? article=107.

Horrocks, M., 2004. Sub-sampling and preparing forensic samples for pollen analysis. Journal of Forensic Sciences 49, 1–4.

Horrocks, M., Coulson, S. A., Walsh, K. A. J., 1998. Forensic palynology: variation in the pollen content of soil surface samples. Journal of Forensic Sciences 43, 320–323.

Horrocks, M., Coulson, S. A., Walsh, K. A. J., 1999. Forensic palynology: variations in the pollen content of soil on shoes and in shoeprints in soil. Journal of Forensic Sciences 44, 119–122.

Kumar, M., Deshkar, J., Naik, S. K., Yadav, P. K., 2012. Diatom test-past, present and future: a brief review. The Indian Journal of Research and Reports in Medical Sciences 2, 28–32.

Malik, M. K., Pooja Jakhar, P., Kadian, A., 2013. Role of diatoms in forensic investigation: case studies from Haryana. International Journal of Forensic Science & Pathology. 1 (3), 11–12. http://scidoc.org/IJFP-01-302.php.

Mildenhall, D. C., 1990. Forensic palynology in New Zealand. Review of Paeleobotany and Palynology 64, 227–234.

Mildenhall, D. C., 2006a. Hypericum pollen determines the presence of burglars at the scene of a crime: an example of forensic palynology. Forensic Science International 163, 231–235.

Mildenhall, D. C., 2006b. An unusual appearance of a common pollen type indicates the scene of a crime. Forensic Science International 163, 236–240.

Mildenhall, D. C., Wiltshire, P. E. J., Bryant, V. M., 2006. Forensic palynology: why do it and how it works. Forensic Science International 163, 163–172.

Milne, L. A., Bryant Jr., V. M., Mildenhall, D. C., 2005. Forensic palynology. In: Coyle, H. M. (Ed.), Forensic Botany: Principles and Applications to Criminal Casework. CRC Press, pp. 217–252.

Morgan, R. M., Davies, G., Balestri, F., Bull, P. A., 2013. The recovery of pollen evidence from documents and its forensic implications. Science and Justice 53, 375–384.

Montali, E., Mercuri, A. M., Grande, G. T., Accorsi, C. A., 2006. Towards a "crime pollen calendar" —Pollen analysis on corpses throughout one year. Forensic Science International 163, 211–223.

Pollanen, M. S., Cheung, C., Chiasson, D. A., 1997. The diagnostic value of the diatom test for drowning 1. Utility: a retrospective analysis of 771 cases of drowning in Ontario, Canada. Journal of Forensic Science 42, 281–285.

Pollanen, M. S., 1998. Forensic Diatomology and Drowning. Elsevier, Amsterdam, The Netherlands. pp. 1–157.

Scott, K. R., Morgan, R. M., Jones, V. J., Cameron, N. G., 2014. The transferability of diatoms to clothing and the methods appropriate for their collection and analysis in forensic geoscience. Forensic Science International 241, 127–137.

Siver, P. A., Lord, W. D., McCarthy, D. J., May 1994. Forensic limnology: the use of freshwater algal community ecology to link suspects to an aquatic crime scene in southern New England. Journal of Forensic Sciences, JFSCA 39, 847–853.

Szibor, R., Schubert, C., Schöning, R., Krause, D., Wendt, U., 1998. Pollen analysis reveals murder season. Nature 395, 449–450.

Uitdehaag, S., Dragutinovic, A., Kuiper, I., 2010. Extraction of diatoms from (cotton) clothing for forensic comparisons. Forensic Science International 200, 112–116.

Verma, K., 2013. Role of diatoms in the world of forensic science. Journal of Forensic Research. 4, 1–4. http://dx.doi.org/10.4172/2157-7145.1000181.

Vinayak, V., Mishra, V., Goyal, M. K., 2013. Diatom fingerprinting to ascertain death in drowning cases. Journal of Forensic Research 4, 207–212. http://dx.doi.org/10.4172/2157-7145.1000207.

Walsh, K. A. J., Horrocks, M., 2008. Palynology: its position in the field of forensic science. Journal of Forensic Science 53, 1053–1060.

Wiltshire, P. E. J., 2006. Hair as a source of forensic evidence in murder investigations. Forensic Science International 163, 241–248.

Wiltshire, P. E. J., Black, S., 2006. The cribriform approach to the retrieval of palynological evidence from the turbinates of murder victims. Forensic Science International 163, 224–230.

Zimmerman, K. A., Wallace, J. R., 2008. The potential to determine a postmortem submersion interval based on algal/diatom diversity on decomposing mammalian carcasses in brackish ponds in Delaware. Journal of Forensic Sciences 53, 935–941.

延伸阅读:

Dommelen, J. V., 2005. Limnology. Forensic Botany. Dalhousie University.

Horton, B. P., 2007. Diatoms and forensic science. Paleontological Society Papers 14–22.

Sterrenburg, F. A. S. How to Prepare Diatom Samples. http://micrap.selfip.com:81/micrapp/cleandiatoms.pdf (accessed 28.08.15).

花粉图像来源:

美国农业部: http://pollen.usda.gov/Photographs.htm.

亚利桑那大学: http://www.geo.arizona.edu/palynology/polonweb.html.

威斯康星大学: http://www.geography.wisc.edu/faculty/williams/lab/Downloads.html.

加利福尼亚州: http://oag.ca.gov/cci/reference/pollen.

第十一章

总结与展望

法医植物学是一种尚未被充分开发利用的法医学资源,需要执法人员和法医学家更多的关注。法医植物学所采用的多数方法简便易学,成本低廉,且易应用于法庭质证;所采用的方法学原理有着悠久的使用历史,并且这些方法和结论通俗易懂。尽管本书主要基于我们为刑事案件起诉所做的法医工作展开,但这些方法也同样适用于法庭辩护。

我们的另一个收获是发现了如此多爱岗敬业的执法人员。每当有工作过失或丑闻发生时,媒体都会大肆宣传,但他们却忘记了成千上万真正致力于正义事业的人。我们所熟知的美国司法系统的成员包括法官、辩护律师、检察官及其助手、执法人员(尤其是警察和治安官、州和联邦特工)、陪审团和法医科学家,所有群体中都会有害群之马。丑闻往往会被媒体肆意渲染;有些律师专门寻找有影响的案件以增加他们的政治资本;法医中有些人则会伪造实验室结果,以认定他们认为有可能犯罪的人;一些法医科学家则固执地认为他们的结论无懈可击,他们的判断是不容置疑的;还有其他人为了金钱出卖他们的灵魂。但大多数的人一直在努力工作、忠诚并致力于正义的事业。

1 法医植物科学方法概述

我们简述了法医植物学的发展历史(第一章),试图概述植物材料的法医学检验方法,并重点介绍了植物解剖学、植物分类学和植物生态学(第四、六、八和十章)。此外在本文中,我们还提供了一些利用这些植物学方法的实际案例,当然主要是我们参与过的案例(第五、七、九和十章)。

1.1 植物解剖学

植物解剖学更侧重于植物细胞和组织的显微观察。这种方法对于检查胃肠道(GI)内容物、呕吐物及粪便特别有用(参见第四章和第五章)。在多数情况下,显微观察可以识别特定的植物,而在其他情况下,只能用于记录细胞或组织形态。在分析胃肠道内容物样本时,了解受害者最后一餐的食谱并对照检查两者情况是十分重要的,即使只能分辨到大概种属,比如可以确定是豆类植物细胞,但不能确定是哪一种豆(例如,芸豆或菜豆)。虽然粪便样本中的植物样本比胃内容物样本更容易被分离,但多数碎片无法直接与特定物种关联。粪便样本可通过成分和出现频率等方面进行比对。此类检查有助于确定死亡时间(例如胃内容物)及将嫌疑人与特定的主要或次要犯罪现场(例如粪便)联系起来。

1.2 植物分类学

植物分类学主要使用具有强大遗传基础的形态学特征来识别物种。通常利用亲本植物的某个特征可以识别出该物种。例如,可以仅从叶子、果实或树枝识别特定的枫树。双名法通常用于植物的识别。

在涉及药物或与植物有关的中毒案件中,植物种类的鉴定非常重要。特定植物(例如稀有或外来物种)的识别可以将嫌疑人、受害者或物品(例如车辆或衣服)与特定地理位置联系起来。植物分类学也是法医植物生态学的核心内容(参见下文)。

通过花粉或孢子的显微检查来鉴定物种(见第十章)也很有用,但与形态学分析相比存在致命缺点。第一,不是所有特殊物种都能被识别,并且只能识别到其所属的科或属;第二,实际应用过程中缺乏专业人士;第三,检验过程相较于与形态学分类更加费事费力。

植物岩指植物活细胞的二氧化硅内容物,也可以用来识别植物种类(Piperno,2006)。和花粉一样,植物岩可以在植物死亡后在土壤中留存数千年不朽。这些结构有助于确定古植物类型,并提供相关地理位置的气候类型等线索。它们还可用于比较与案件相关的土壤样本。然而,就像孢粉学研究一样,很少有科学家具备鉴定植物岩的专业知识。并且在许多情况下,鉴定可能仅停留于科或属的层次。然而,它们在鉴定草类化石(禾本科)方面特别有用。

1.2.1 DNA 技术可用于物种鉴定

有人可能会问,为什么不使用 DNA 技术来识别植物物种?与人类的 DNA 分析相比,利用 DNA 技术分析、鉴定植物物种,特别是同种属的认定还处于起步阶段(详见第三章)。因此目前该方面仍处于试验阶段,并且成本极高。

用于植物鉴定的核 DNA、线粒体 DNA 或叶绿体 DNA 分析技术正在开发阶段,且仅适用于现存植物物种中的一小部分。植物名录(http://www.Theplantlist.org)包含超过 100 万种已描述的物种,其中仅有约 33% 被确定为有效物种。另外,还有约 200 000 种硅藻以及大约 73 000 种其他发现的藻类(Guiry, 2012)。已知的真菌种类数量约为 100 000(http://www.infoplease.com/encyclopedia/science/fungi-types-fungi.html)。植物名录包括大约 20 000 种已知的苔藓类植物(非维管陆生植物,包括苔藓、地钱和金鱼草)。代表了最原始维管植物群的蕨类植物目前已知约有 13 000 种。裸子植物只有大约 1 000 种,其中大多数是针叶树。虽然物种数量相对较少,但针叶树是非常重要的植物,因为它们在北半球许多生态系统中占主导地位。高等植物群由发现的超过 300 000 种被子或开花植物组成,其中包括人类食物来源中的大部分植物。几乎所有被子植物物种的鉴定都依赖于形态学的标准,只有少数被子植物(不超过 0.003% 的开花植物)和少数其他植物完成了基因组测序(见表 3.1)。

目前,可用于植物物种遗传鉴定的最佳方法是使用叶绿体 DNA 条形码片段分析。最初,叶绿体 DNA 的变异速率过低,因此叶绿体 DNA 在分类学研究中没有实际意义(Chase et al., 2005)。但最近的研究正致力于制定陆生植物叶绿体 DNA 分类的国际标准(Ajmal Ali et al., 2014; Ferri et al., 2015)。尽管条形码技术还无法做到物种的个体识别,但这种方法已被证明可用于识别有毒植物(Bruni et al., 2010;参见表 11.1)。

表 11.1 通过叶绿体 DNA 分析和毒性特征鉴定的有毒植物[a]

物 种	科	通用名称	有毒器官	有 毒 物 质
Nandina domestica Thunb.	小檗科	南天竹	水果及其他部分	氢氰酸和楠竹碱
Ilex aquifolium L.	水飞蓟科	冬青	果实、叶子和种子	可可碱、生物碱和葡萄糖苷
Aucuba japonica Thunb.	石蒜科	花叶青木	果实、叶子	茄碱和苷类物质
Arum italicum Mill.	天南星科	斑点疆南星	所有部分	草酸钙晶体

续表

物　　种	科	通用名称	有毒器官	有毒物质
Arum maculatum L.	天南星科	斑叶疆南星	所有部分	草酸钙晶体
Convallaria majalis L.	蔷薇科	铃兰	所有部分	强心苷和皂苷
Ruscus aculeatus L.	蔷薇科	金雀花	果实	未知
Hedera helix L.	五加科	汗常青藤	所有部分	三萜皂苷和聚乙炔
Hedera hibernica（G. Kirchn.）Bean.	五加科	爱尔兰常春藤	所有部分	三萜皂苷和聚乙炔
Ligustrum vulgare L.	木犀科	普通女贞	浆果	川芎苷、丁香苷和其他糖苷
Ligustrum lucidum W.T. Aiton	木犀科	大叶女贞	浆果	川芎苷、丁香苷和其他糖苷
Ligustrum japonicum Thunb.	木犀科	日本女贞	浆果	川芎苷、丁香苷和其他糖苷
Phytolacca americana L.	商陆科	美国商陆	所有部分	植物漆毒素和相关的三萜皂苷、生物碱和组胺
Ficus benjamina L.	桑科	垂叶榕	各个部位的植物汁液	呋喃香豆素、补骨脂素、无花果苷
Monstera deliciosa Liebm.	天南星科	龟背竹	所有部分	针状草酸钙晶体和其他不明毒素
Philodendron sp.	天南星科	喜林芋	所有部分	草酸钙晶体和其他毒素
Dieffenbachia seguine（Jacq.）Schott	天南星科	哑藤	所有部分	草酸钙晶体和草酸
Spathiphyllum wallisii Regel	天南星科	和平百合	叶子	草酸钙晶体
Trachelospermum jasminoides Lem.	夹竹桃科	星茉莉	叶子	未知
Schefflera arboricola（Hayata）Merr.	五加科	鹅掌柴	叶子、植物汁液	草酸盐
Sansevieria trifasciata Prain	蔷薇科	沙巴蛇草	所有部分	可能是皂苷和有机酸
Hydrangea macrophylla（Thunb.）Ser.	绣球科	绣球花	所有部分	氰甙，如水仙苷
Wisteria sinensis（Sims）Sweet	豆科	紫藤	种子及其他部分	糖苷（即紫藤素）和有毒树脂
Nerium oleander L.	夹竹桃科	夹竹桃	所有部分，包括新鲜或干枯部分	甙、橙花苷、夹竹桃苷等
Skimmia reevesiana（Fortune）Fortune	芸香科	茵芋	果实	被称为"茵芋碱"的生物碱
Kalanchoë daigremontiana Hamet & Perrier	景天科	墨西哥帽	叶、茎	糖苷，例如代格雷蒙提宁
Anthurium andraeanum Linden	天南星科	尾花	所有部分	草酸钙晶体
Veratrum lobelianum Bernh.	梅花科	假藜芦碱	所有部分	甾体生物碱

续表

物　　种	科	通用名称	有毒器官	有毒物质
Veratrum nigrum L.	梅花科	黑色假藜芦	所有部分	甾体生物碱
Lycianthes rantonnetii (Carrière) Bitter	茄科	蓝色马铃薯灌木	所有部分	不同的生物碱
Atropa belladonna L.	茄科	颠茄	所有部分,主要是浆果	托烷生物碱、阿托品等
Colchicum autumnale L.	秋水仙科	番红花	所有部分	生物碱秋水仙碱
Aconitum lycoctonum L.	毛茛科	狼毒	所有部分	生物碱、乌头碱等
Aconitum napellus L.	毛茛科	舟形乌头	所有部分	生物碱、乌头碱等
Aconitum degenii Gáyer subsp. paniculatum (Arcang.) Mucher	毛茛科	圆锥乌头	所有部分	生物碱、乌头碱等
Aconitum anthora L.	毛茛科	比利牛斯山附子铁棒锤	所有部分	生物碱、乌头碱等
Sambucus ebulus L.	槐科	矮接骨木	水果等部位	氰甙等
Sambucus racemosa L.	槐科	红莓长老	食源水果	植物部位的氰甙
Sambucus nigra L.	槐科	接骨木	食源水果	植物部位的氰甙
Solanum dulcamara L.	茄科	南蛇藤	浆果	茄碱和其他生物碱
Solanum nigrum L.	茄科	龙葵	浆果	茄碱和其他生物碱
Solanum pseudocapsicum L.	茄科	耶路撒冷樱桃	水果等部位	茄碱等生物碱
Prunus armeniaca L.	蔷薇科	杏	食源水果	种子含氰甙
Prunus avium L.	蔷薇科	樱桃	食源水果	种子含氰甙
Prunus cerasus L.	蔷薇科	酸樱桃	食源水果	种子含氰甙
Prunus domestica L.	蔷薇科	李子	食源水果	种子含氰甙
Prunus laurocerasus L.	蔷薇科	月桂樱	植物部分、果实和种子	氰甙、苦杏仁苷等
Prunus persica (L.) Batsch	蔷薇科	桃	食源水果	种子含氰甙

[a] 经 Bruni 等人(2010)许可后修改。

扩增片段长度多态性标记技术鉴定核基因组可能对未知的植物物种的识别有用(见第三章)。使用叶绿体 DNA 的条形码技术似乎是未来植物分类学应用中最有前景的方法,尽管条形码尚不能百分之百成功地识别植物物种。迄今为止,很少有实验室进行这种类型的分析,而且商业试剂盒不太可能很快出现。在那之前,经典的分类学方法仍将是最方便和最经济的物种鉴定方法。

1.2.1.1　DNA 与植物个体鉴定

有研究表明,使用核 DNA 可对单个植物进行分型分析(见第三章),并且随着遗传技术的改进,将来肯定能达到个体识别的水平。然而,自然突变和遗传育种增加了实现这一可能的难度。

几千年来人类对植物的选择性育种使得植物物种或品种的识别愈发困难。当植物表现出相同基因型(即相同的等位基因)时,就视其为该基因的纯合子。对于理想特征的选择性近交通常会导致纯合度的进一步提升,这其中包括观赏植物和食源性植物。此外,种子公司生产统一的杂交品种,这样从这些种子发育而来的所有植物在基因上都是相似的。因此,即使相距数百英里,不同田间的杂交玉米在基因上也可能完全相同。

尽管概率很低,但野生植物中可能出现遗传变异、缺失。植物的繁殖特性之一是无性繁殖,这可能导致产生遗传上相同的克隆体。例如,许多植物的树枝在与土壤接触后即可生根。这种模式会使其在脱离亲本后能够形成一个独立的克隆体。其他物种可能会从侧根长出新的植株,这些新生植株表面上是独立的植物,但他们在地下与亲本植物相连。另一些植物可能产生无性繁殖体,从亲本植株上脱落并发育。因此,一个看似有许多个体的植物群落实际上可能是来自单一亲本的克隆体集合,所有植株都与该亲本拥有相同的基因组。例如,对某山区单一白杨林中所有树木的检查表明,这个植物群落是由 47 000 个克隆体组成,占地 43 公顷,使其成为世界上最大的生物(Grant et al., 1992)。

1.2.1.2 转基因生物的鉴定

转基因生物(GMO)是通过将外源遗传物质(有时来自另一个物种)插入到目标植物基因组中而产生的,这些新的遗传物质将为目标植物提供理想性状(即基因工程)。基因工程本质上是传统遗传育种与选择的捷径,这些实验造就了多数目前人类在用的食源性动物和植物作物。但有时,这种基因改造也会导致不良后果。出于种种原因,许多科学家和非科学家反对这项技术的应用。转基因抗药作物的发展抑制了害虫对作物的影响,但也导致抗药的超级杂草的出现,进而增加了农药化学物质对环境的污染,这些化学物质对虫媒物种影响极大。

转基因技术在农业领域的发展催生了许多限制转基因作物发展的运动,例如,转基因产品需明确注明,以便消费者可以选择性地购买。尽管没有证据表明转基因植物或食源性转基因动物饲料具有危害(Nicolia et al., 2014),但有人认为,从哲学意义上为消费者贴上此类产品的标签,是反对转基因生物的存在并希望避免食用转基因生物的行为。这样做无异于要求在超市销售的产品中标明花生、麸质、致癌物或化学防腐剂的存在。因此,涉及基因工程的 DNA 分析很可能在未来用于转基因植物的鉴定,并且在涉及各种类型的诉讼中得到应用。

1.3 植物生态学

  法医植物生态学极度依赖分类学技术,但同时还需要对生态系统及时间变化规律有更广泛的了解。单一植物物种通常不足以将受害者或嫌疑人与特定地点联系起来,除非在数百英里范围内只有一个地点发现了该物种(例如高尔夫球场上的百慕大草;参见第七章)。因此,通常情况下将物种与特定栖息地类型联系起来的都是特异的物种组。即便如此,已识别的物种组可能只能提供具有相似栖息地环境的线索,例如沿溪流的河岸区域或与特定海拔或纬度相关的植被类型。这些信息可以极大地增加案件证据的关联性。例如,Michelle Wallace 的头发中特殊种类的云杉树叶和另一种稀有的针叶树的发现有助于确定掩埋其尸体的栖息地类型(见第九章)。

  大多数涉及植物的生态学案例都与开花植物(或被子植物)有关,因为它们是干旱草原、热带雨林等大多数陆地生态系统主要植物群的组成成分。有研究表明,硅藻(见第十章)和苔藓(Virtanen et al., 2007)的检验工作在法医学方面非常有用,尽管它们尚未得到充分利用。

  雄蕊是特异性叶片,是开花植物中与花粉发生相关的部位。在裸子植物中,这个过程是对孢子叶的异化。小孢子形成导致花粉粒内形成精子细胞。同样,大孢子形成导致发育中的植物卵巢内形成卵细胞。开花植物和针叶树(裸子植物)花粉的分析(见第十章)对于确定事件发生的时间段及识别特异的生态环境非常有帮助。花粉可以指示本地区药用植物的来源。当花粉与尸体相关联时,就可以用来指示死亡发生当年的时间段,或者提供谋杀的地点线索。甚至花粉化石也可以被用于犯罪现场的甄别(见第十章)。

  多数孢粉学家只专注于花粉分析,而忽视了对孢子的研究。因为非种子植物的孢子分析可能需要掌握植物科学中多个子学科的专业知识或需要得到多学科专家的帮助。例如:蕨类学、苔藓学、地衣学、硅藻学、藻类学,特别是真菌学。

  孢子和花粉鉴定方面的专家,尤其是那些同时具有法医经验的专家将成为法医学团队的常规配备。这些科学家通常与自然历史博物馆联系紧密,必要时可以通过博物馆馆长来与他们取得联系。另外,某些具有花粉或孢子鉴定经验的地质学家通常与院校有联系或在石油和天然气行业工作。

2 如何成为法医植物学家

目前的法医实验室几乎没有全职的法医植物学家。因为法医植物学的工作量不足以促使实验室聘请专职的植物学专家。在此我们只想提醒大家注意植物学专业知识对于法医实验室相关工作的作用。在州和联邦层面配备受过法医植物科学训练的人员尤为重要。法医植物科学专业培训要求：使之成为掌握一般性的科学技能、植物学知识及法庭科学技能的专业从事法医活动的人员。

2.1 科学和植物学培训

对法医植物学感兴趣的人，我们的第一个建议是获得植物学包括植物生态学、植物系统学、园艺学、植物病理学、植物形态与解剖学、孢粉学、统计学等学科的研究生学位，同时接受法医学的通识性培训。这样的话，一旦进入该领域就可以参与法医植物学的临时工作。已经在法医实验室工作的人员也可以通过正式的法医培训，以及学习大学的专业课程了解科学方法和植物学的常识。

2.2 参与专业法医组织

我们强烈呼吁对法医感兴趣的北美植物学家加入法医学协会，例如美国法医学会（AAFS）或国际鉴定协会（IAI），它们每年都会举行全国性的会议以及区域性的会议商讨法医事务。例如，AAFS 经常举办侧重于证据技术和其他实用技术（如证据处理、犯罪现场勘验流程等）的研讨会。然而，这些法医学专业组织并不承认法医植物学是一门独立的学科，法医植物学家或有志于法医植物学工作的人必须为自己的研究找到适合的方向，例如，在 AAFS 中可能是病理学/生物学领域。

同样，法医学专业组织的成员也可以加入现有的植物学研究组织，例如美国植物学会或其他类似的国家级学会。作为成员，他们可以呼吁这些组织设立专门的法医植物学小组。

2.3 法医分析中团队合作的重要性

团队合作是进行取证分析高效的工作方式。通常，在团队中会有人进行初步检验分析,另外一些人检查他的结果和结论。有时我们会与外面的植物学家进行合作。团队合作有助于错误的发现或分歧的讨论,然后形成解决意见。当然这样做会增加工作量。当团队成员可以独立处理证据时,团队的效率是最高的。如果出现分歧且无法达成一致时,您可能需要审查或重复检验工作,直到形成一致的意见。

通常,同一案件会有多个调查团队独立工作,不会互相干扰。您的取证数据有时可能会是指认罪行的关键性证据,有时仅在逮捕或审判前的调查中使用,但不管怎样您都要做好自己分内的工作。一旦嫌疑人的谎言被识破,嫌疑人便会认罪。其他情况下可能不需要您的数据和结论。但有时您会被要求出庭作证。作为辩护团队时,我们发现如果需要出庭作证,前期召开调查结果的协调会是有必要的。作为检方时,您应该从检察官那里收集对被告不利的证据汇总。团队合作可以在法庭判决时发挥积极的作用。

3　法医植物学的法庭实践

作为学者,我们习惯性地将法庭想象成特殊的教室,而我们的工作是对陪审团、法官和律师进行常识性的讲解。因此,在法庭上您必须尽可能谨慎地使用精练的词语和类比来定义复杂的科学术语,以免使法庭上的听众错误地理解您的结论。陪审团成员的学历参差不齐,既可能有学历低的成员,也可能有高知人士。你所做的就是帮助他们理解相关内容而不是恶意贬低他们。文字简练的PowerPoint演示文稿能提供非常丰富的信息(图11.1)。过多的图片反而会导致观众专注于阅读幻灯片上的内容,而忽视您所要阐述的观点。

法官会非常尊重陪审团成员,特别是当他们被隔离,并且在重罪案件审理过程中付出的努力。尽可能在您提供证据时观察一下陪审员的反应。您可以尝试询问他们是否明白您在说什么。如果他们在您作证时做笔记就会是一个好的开始。陪审团成员通常会在您作证时向您提问。正式审判中,部分法官也允许陪审员提问。如何回答陪审员、律师或法官的问题需要深思熟虑,因为您的回答会对判决产生重大影响。

第十一章　总结与展望　　163

(A)

辣椒　豆瓣酱

受害者
受害者衣物
嫌疑人衣物

(B)

Agricultural Plants not used directly for food	Cannabis	*Canabis sativa*	Marijuana
	Sugar beet	*Beta vuqaris*	Agricultural crop for sugar
	Rapeseed	*Brassica napa*	Agricultural crop for canola oil; Var. *naprobrassica* is rutabaga
	Other *Brassica* species	*Brassica oleracea*	In progress; Other Brassica plants: brocolli cauliflower, kale, brussel sprouts, cabbage
	Flax	*Linum usitatissimum*	Agricultural crop for seeds, oil
	Castor bean	*Ricinus communis*	Source of castor oil & ricin
	Soybean	*Glycine maxi*	Legume; Argicultural crop
	Cotton	*Gossyoium raimonddi*	"D" genome of *G. hirsutum*, major crop
	Chocolate	*Theodroma cacao*	Varieties *croillo* & *matina*
	Foxtail millet	*Setaria italica*	C4 grass related to corn & sorghum
Wild plants	Barrel medic or barrel clover	*Medicaqo truncatula*	Legume used in genomic research
	Thale cress/mouse-eared cress	*Arabidopsis thaliana*	Brassicaceae; annual weed
	Lyre-leavced rock-cress	*Arabidopsis lyrata*	Brassicaceae; annual weed
	Field mustard	*Brassica rapa*	*B. r. rapa* is garden turnip
	Moso bamboo	*Phyllostachys heterocycla*	Represents 70% of bamboo forests
	Shepherd's purse	*Capsella rubella*	2n; related to *Arabidopsis*
	Salt cress	*Thellunaiella paryula*	Related to *Arabidopsis*
	No common name	*Amborella trichopoda*	Rare shrub of New Caldonia
	Columbine	*Aquileqa formosa*	Flower
	No common name	*Lotus japonicus*	wild legume reference genome

(C)

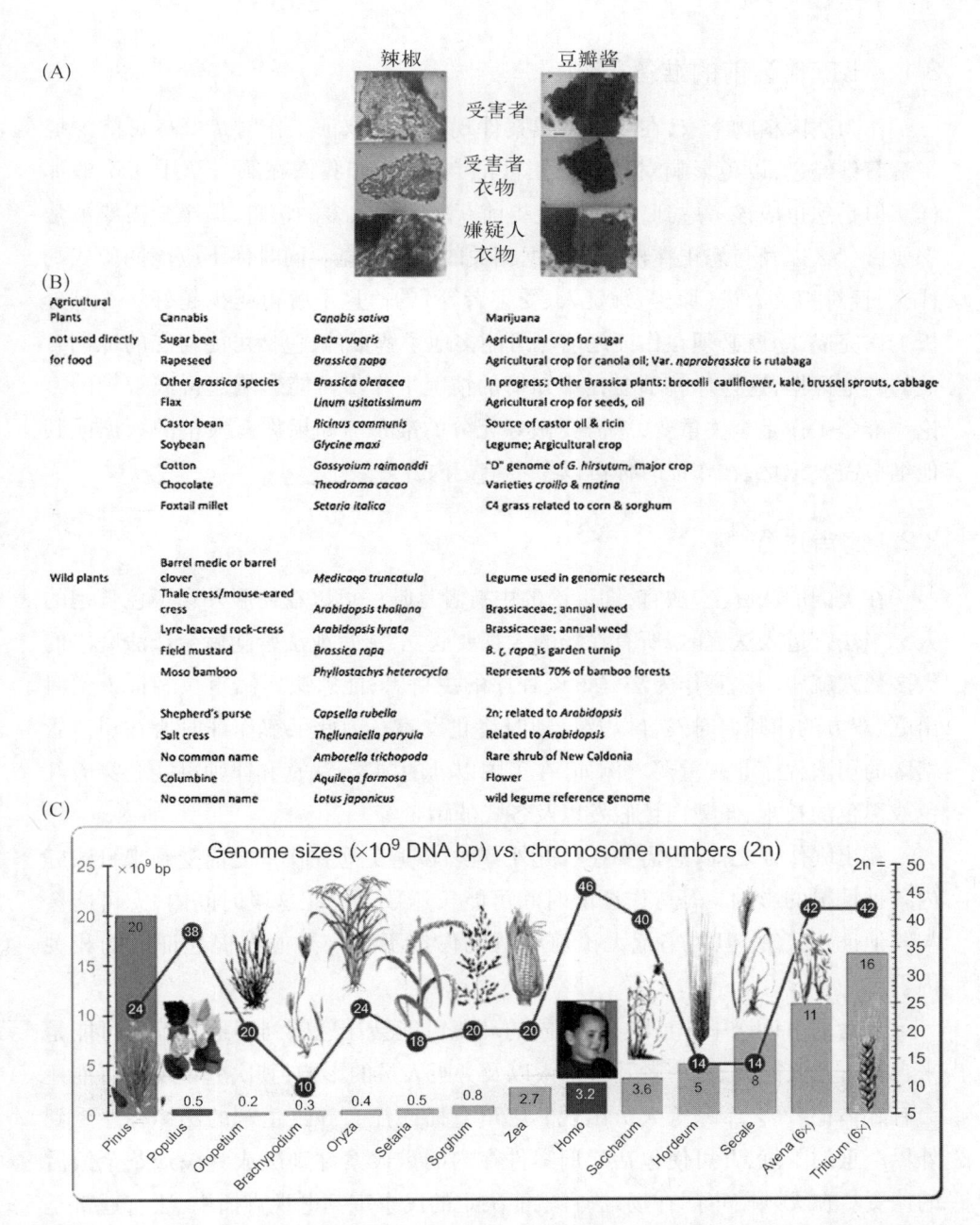

Genome sizes (×10⁹ DNA bp) vs. chromosome numbers (2n)

图 11.1　(A) 幻灯片显示,嫌疑人身上粪便样本与受害者饮食有联系;(B) 信息繁杂且文字较小的幻灯片,内容难以识别;(C) 插图和概念较多会使观众在简短的视觉演示过程中难以掌握关键信息。经 Ajmal 等的许可转载 (2014)。

3.1 出庭作证前的准备工作

作为法医植物学家,在实验室或案件现场进行取证工作时最好尽可能少地了解案件经过,以免影响对数据公正性的判断,正如我们在第二章中讨论的那样。但是您也应该考虑到,虽然不应提前获取案件太多的信息,但至少需要清楚您要做什么以及与您正在检查的证据相关的一些信息。同时你不应该期望找到什么,且对相关人员(原告、嫌疑人、受害者等)的信息了解得越少越好。一旦分析工作完成,您就必须在作证之前尽可能多地了解案件,包括可能与您的证词有关的其他证据,这样你就不会在不知情的情况下作出可能影响起诉或辩护的言论。准备工作是至关重要,您需要做好充分的准备。如果你有大量的数据或其他细节需要记忆,在作证时你可以参考笔记内容。

3.2 庭审过程

在美国的法庭上,法官,即诉讼的主持者是唯一可以在便服外穿黑色长袍的人。当法官进入法庭时,所有在场的人都要起立,法官或法警随后会让法庭内的大多数人就座。法官作为法庭诉讼程序的主持者,能够决定陪审员和证人何时出庭、双方的律师何时发言以及可随时终止发言。因此了解作证时所在司法管辖区的司法程序非常重要。例如,在美国以外的国家,法官和律师可能会穿着红色或黑色的长袍、佩戴白色假发以及各式的帽子等。

在出庭作证之前,您需要在法庭外等候,以避免您在作证之前受到来自法庭内各种情况的影响。等待作证的时间可能长达数天。在这段时间内,您可能会与其他证人接触,但请牢记无论何种情况你都不应该与他人提起证词的相关内容。

在为刑事诉讼中作证时,法庭内的环境可能会让您感到不适。首先可能是来自被告及其同伙、受害者及其家人以及旁听人员的影响;其次庭审现场可能还会有媒体记者、艺术家等人员出现。庭审直播往往会导致正常的法律程序受到外界严重的干扰,并可使包括死刑案件在内的重大案件判决成为民众茶余饭后的谈资。在无须陪审团在场,法官就能决定的民事审判电视直播中,法官通常是由司法经验有限的专业演员扮演的。在电视转播的重大案件中,缺乏法律专业知识背景的评论员也会对审判程序的特定部分发表非专业的评论。因此,要避免在审判期间的影视节目参与,尽可能消除媒体对法庭审判的干扰。

我们建议专家证人在任何情况下都慎言,因为您可能被问及非所学专业知识的问题,如法医植物学家可能会被问到机械类领域的问题。必要时您应该向法庭解释清楚无法回答的原因。例如,在近期的一起案件中,控方和辩方都聘请了法医植物学家。在双方植物科学家勘验犯罪现场之前,现场和周边地区的所有植被都被刮光了。刮取下来的材料被联邦和地方执法人员堆积在一起检查并随之丢弃,因为他们只是在寻找尸骨。这样的情况意味着许多潜在的重要植物线索遭到破坏,如凶手途经时踩踏的植物证据。此外,人类遗骸被动物干扰的生态线索也被破坏了。法医植物学家必须从犯罪现场调查人员的照片中确定受害者尸体周围的植被类型,其中一些照片显示调查人员破坏现场环境。在这种情况下,法医植物学家应该清楚地指出这些问题,避免对方在法庭辩护时给您设下圈套。

如果被问到一个您无法理解的问题时,请向法官或陪审团示意进行解释或干脆回答"我不明白这个问题"或"请您改述一下这个问题",因为对方的问题旨在误导您,因此您必须绝对清楚对方到底要您解释什么。同时您还可以向法庭请求将您的回答作为非必要证词。无论是哪种情况您都要牢记,冗长的回答可能会降低证词的作用。O. J. Simpson 案中 DNA 专家的冗长而详细的证词就是典型的反面例子。

3.3 阻碍植物科学家参与司法调查的因素

大多数科学家都接受过检验假设、统计分析等方面的专业培训。植物及动物领域科学家也是如此。法医实验室技术人员也接受过类似技术培训,但培训通常不是很严格。虽然美国法医学委员会(NCFS)已经认识到犯罪调查实验室应与大学建立合作伙伴关系的重要性,并借此为法医学实验室提供专业方面的保障。但大学的科学家多数不愿参与其中,究其原因是:科研工作量与奖励之间的关系、对出庭作证的担忧以及对报复的恐惧。

3.3.1 科研工作量

通常科学家的教学和研究任务有很高的要求。教学工作不仅包括课堂教学,还包括培训本科生和研究生的实验技能或实践能力。此外,科学家必须不断努力获得资助以支持他们的研究。尽管在过去的几十年里,大学教师的教学奖励有所提高,但科研成果通常会带来更丰厚的回报(即职级晋升、任期、薪水等)。科研经费还能提供大学运行的间接成本。因此,当科学家的每周工作量超过40小时时,他们可能不愿意承担额外的工作。大学鼓励他们参与公共服务事业的政策将会十分有用。公共服务通常被大学的行政部门视为教师的一项必要工作。

3.3.2 对出庭作证的担忧

证词,即出庭的正式书面内容,正在失去法庭的青睐,因为反方律师没有机会盘问证词中包含的内容。因此,它被认为是不公正的表现。首先法庭证词不仅是法医工作者的工作预期,而且也是法医团队众多成员共同的心血;其次科学家几乎没有出庭经验,且影视节目的描述会使人们对法庭运作程序的描述产生困扰。因此,植物学家通常不愿意参与法医工作,因为他们担心不得不出庭作证。当然,学术机构的科学家习惯于在科学会议上阐述他们的研究成果,并提出问题来检验他们的知识和研究结果。在某种程度上,法庭证词和盘问类似于科学陈述,虽然在法庭上出现可能会改变一个人的命运。

对方律师在法庭上通常不会像您的同事和学生那样友好。他们会尽可能诋毁您或试图让您在陪审团面前毫无可信度,这样您的证词就可能因质疑而被视为无效。所幸的是有许多资源可以缓解您作证时的焦虑,并帮助您作证(例如,Bowers,2013; Brodsky, 1999, 2004; Cohen, 2007; MacHovec, 2012; Matson, 1994)。

3.3.3 对潜在报复的担忧

植物科学家可能会因为害怕遭到对方的报复,而在刑事案件被告及其支持者发表意见时选择沉默。从历史上看,在作出推测性结论时,针对犯罪分子的作证可能会引起犯罪分子对专家证人的报复。专家证人通常不是报复的目标。这种报复更有可能发生在美国之外的国家和地区。从业30多年来,我们只在为辩方作证时受到一次威胁。威胁往往是以匿名信的形式出现的,完全可以忽视。如果您确实感到生命受到威胁,请立即通知警察或其他执法人员。报复行为的确有可能存在,但发生的概率极小。

3.3.4 决定是否受理案件

该建议特别适用于非司法系统专业人士,同时也可使专业人士受益。首先,您应该仔细听取相关人员对于案件处理的意见;其次,您应尽量避免受他人所希望"发现"或"证明"信息的影响,那么您就会做出相对客观的判断;最后,如果您决定使用专业知识为案件提供帮助,那么您通常需要获取与案件相关的文件,包括尸检报告、犯罪现场工作人员拍摄的照片及收集的相关材料(包括从与受害者、嫌疑人和犯罪现场有关的车辆、房屋、衣服和鞋子中采集的植被样本)。

4　21世纪的法医植物学

美国国家科学院报告成功促成法医学领域建立"科学"的职业原则。科学家在接受专业培训之后才能进行预测假设的制定。然后对预测假设进行实验检验,看看它是否得到相关数据的支持。在检验假设时,科学家必须进行适当的质控。了解质控的正确方法是科学家培训的另一个重要部分。如果新数据不支持该假设,则否定或重新制定假设,然后重复进行测试。不幸的是,法医技术人员没有接受过这种培训,而只是被教导如何执行某些标准测试程序。

从美国国家科学院报告和建议(NCFS,2015;表11.2)中可以明确,美国将在法医实验室涵盖的诸多领域大力构建标准程序,特别是在纵火、头发、飞溅血痕和咬痕分析等方面。DNA技术已日渐成熟,而且基于DNA技术的鉴定并不像某些研究声称的那样具有排他性(Hsu,2015b)。推动法医技术人员的培训以及扩展大学与执法系统之间多方面的合作将是未来法医工作前进的基本途径。同样应该明确的是,我们无法控制世界人口增长和化学污染导致的环境持续恶化及退化,并且随着时间的推移,农业、工业和日常生活中可持续性发展观念的缺乏将导致世界贫困的加剧。如果说以上能使我们学到什么,那就是贫困与犯罪息息相关。

表 11.2　拟公布的美国法医学机构及从业人员职业准则[a]

《国家职业准则》(The National Code of Professional Responsibility)(以下简称"准则")定义了促进形成一个以诚信和尊重科学为原则,并鼓励以研究为基础的框架。为了提高公众对法医服务的信心,每个法医学和法医学服务提供者必须满足下列要求:

1. 准确地展示他/她的教育背景、培训经历、工作经验和专业领域
2. 通过培训、能力测试、认证以及研究成果提高专业能力
3. 致力于法医学工作的不断学习,并与新发现、设备和技术保持同步
4. 促进新技术的验证和整合,防止在个案中使用无效方法和误用已验证的方法
5. 避免篡改、掺假、丢失或不必要地消耗证据材料
6. 避免参与任何有关人、财、工作或其他利益冲突的情况
7. 进行全面、公平和公正的审查,得出独立、公正和客观的意见和结论
8. 制作并保留所有进行的检查和测试以及得出结论的完整、同步、清晰和准确的书面记录,其详细程度要满足该领域的独立调查人员进行有意义的审查和评估
9. 结论基于有足够数据、标准和质控支持的通用程序,而不是基于政治或其他外部影响

	续表
10.	不要得出超出个人专业知识的结论
11.	以明确的方式准备报告,清楚地区分数据、解释和意见,并告知不熟悉的专业领域,以防止无效推论或误导法官或陪审团
12.	不要更改报告或其他记录,或为了诉讼策略优势而隐瞒报告中的信息
13.	根据科学实践和方法,在报告、口头和书面陈述以及证词中提供准确和完整的数据
14.	除非法律允许,否则禁止在发布报告后与各方(调查人员、检察官、辩护律师和其他专家证人)进行沟通
15.	通知管理人员或质控人员并记录不良行为,例如意外错误或违反道德、法律、科学标准或可疑行为
16.	确保通过正当渠道向所有涉事科学家和法律服务方报告任何影响先前发布的报告或证词的不利事件

[a] 基于2015年国家标准与技术研究院国家法医学委员会的草案,http://www.regulations.gov/#!docketBrowser;rpp=25;po=0;dct=N%252BFR%252BPR %252BO;D=DOJ-LA-2015-0004

4.1 科学守则:法医工作者的职业准则

继2009年美国国家科学院报告发布之后,美国国家科学技术委员会法医学小组委员会教育、伦理和术语跨机构工作组(EETIWG)在2010年提出了道德和科学守则。工作组审查了现有许多专业法医组织的道德守则。尽管各个学科之间的规范存在很大差异,但都明确了以下核心原则:① 在专业能力范围内工作;② 提供清晰客观的证词;③ 避免利益冲突;④ 避免偏见和主观或客观的影响。

4.2 美国国家科学院建议

美国国家科学院已经发布了一份初步文件,其中包含一些建议。预计这些建议将在本书出版时正式公布,除非美国国会暂缓实施或进行更改,就像过去在美国刑事司法系统类似改革尝试中发生的那样。美国国家科学院的建议包括职业准则、庭审前证据发现过程的一些要求及国家培训机构的建立。

4.2.1 职业准则

根据工作组的建议,美国国家科学院制定了统一的职业准则,以规范法医学所有的工作(表11.3)。美国国家科学院拒绝使用"道德"一词,因为它被认为过于宽泛且无法准确定义。然而,由于没有管理植物学家法医工作的官方组织,因此在初稿中没有涉及法医植物科学。这一遗漏凸显了建立专业法医植物学家组织的必要性。

表 11.3　美国国家法医学委员会关于法医检材审前建议[a]

1. 当一方提议在刑事案件中使用法医证据时,应向对方提供:基础项目的检查权(合法的情况下);有关分析的种类和用于评估这些项目方法的详细信息;对这些项目进行的测试权;所作观察的结论意见;所达成的意见、解释和结论;这些观察、意见、解释和结论的理论基础。
2. 应给予足够的时间访问上述信息,以便对方有效地了解信息。
3. 无论哪一方提议使用证据,双方都应该平等地获得此类信息。
4. 当事人应通过法院强制获取此类信息。

[a] 基于 2015 年国家标准与技术研究院国家法医学委员会的草案,http://www.regulations.gov/#!docketBrowser;rpp=25;po=0;dct=N%252BFR%252BPR %252BO;D=DOJ-LA-2015-0004

4.2.2　审前建议

美国国家科学院还提出了提高庭审公平性的建议。如果美国国家科学院关于审前建议被政府采纳(见表 11.3),那么法医科学家可能不得不适应新的工作规则。例如,当没有足够的检材供双方分别进行独立分析时,刑事案件的检方必须允许辩护团队的专家直接参与分析。

4.2.3　拟建的国家培训机构

2015 年,美国国家科学院提议建立一个能够同时为律师、法官、执法人员和法医技术人员等群体提供法医学标准培训的国家机构。此提议是以得克萨斯州的一个项目为模型,涵盖了表 11.4 中列出的所有方面。值得注意的是,建议中缺少如毛发分析、咬痕分析和笔迹学(分析笔迹的物理特征和模式)等方面的内容。近期有研究针对毛发及咬痕分析中缺乏严谨性和准确性(参见 Balko,2015a,b,c,d,e;Hsu,2015a)频频发难。通过"无罪计划"(参见第二章)的努力,许多涉及毛发分析和咬痕的相关证词的联邦案件判决被推翻。

表 11.4　首次跨学科培训机构提议的领域

该培训设施将同时培训律师、法官、执法人员和科学家[a]
1. 数字多媒体
    a. 声音识别
    b. 图像技术
    c. 数字证据
    d. 面部识别
2. 生物学/DNA
    a. 人体 DNA 分析

续表

3. 化学/仪器分析
   a. 管制物质
   b. 火灾碎片和爆炸物
   c. 地质材料
   d. 材料(微量)
   e. 枪击残留物
   f. 毒理学
4. 物理/模式
   a. 枪支和工具痕迹
   b. 鞋类和轮胎胎面
   c. 摩擦脊
   d. 被质疑的文件
   e. 血迹模式分析
5. 犯罪现场/死亡调查
   a. 法医人类学
   b. 狗和传感器
   c. 火灾现场和爆炸物
   d. 医疗/法律死亡调查
   e. 牙科学

[a] 基于2015年国家标准与技术研究院国家法医学委员会的草案,http://www.regulations.gov/#! docketBrowser; rpp=25;po=0;dct=N%252BFR%252BPR%252BO;D=DOJ-LA-2015-0004。

遗憾的是,美国国家科学院提出的生物技术培训仅限于人类DNA的分析,并不涉及非人类动物DNA(核和线粒体)或植物DNA(核、线粒体以及使用cpDNA的最新进展)方面。尽管本书概述的植物学分析在法医工作中的应用很多,但在正式出版的包括"病理学及生物学"的相关书籍中并未提及植物学内容。在美国国家科学院建议撰写时,因为没有专业协会认可植物科学家对法医学所作的贡献及帮助,而导致植物科学被忽视。

5 将法医植物学作为法医学和植物学的一个分支

扩大法医植物学应用和建立专业的法医植物学协会可能是21世纪刑事司法系统建设的重要目标。法医植物学应用重点应该放在相对便宜和传统的植物学研究上,尽管DNA技术应该会更便捷、更经济。由于在提供法医证据方面孢粉学潜力巨大,且尚未得到充分利用,因此执法部门和学术界应该齐心协力制定法医孢粉学的培训计划。

法医学中另一个重要的应用领域是细菌研究。科罗拉多大学的科学家发现,埋葬重约20 kg的死猪或死老鼠会导致埋葬地点土壤细菌群落发生可预测的变化,这将有助于确定埋葬尸体的地点(Carter et al., 2015; Metcalf et al., 2013)。

未来的法医植物学培训应强调对传统方法的使用,同时探索目前未充分利用的领域。

培训植物学家应了解他们的专业领域以及可能对法医分析的贡献。同样,对执法调查人员以及法医学家的培训应包括植物科学的基础知识培训。

目前,美国国内还没有法医植物学的培训项目,法医界也很少提及法医植物学。虽然我们已经举办了一些法医植物学研讨会,但并没有达到培训的真正目的。美国国家科学院2009年的报告没有将法医植物学视为一门法医学科,并且相关内容也没有出现在如何最好地处理和保存法医生物证据的公开出版物中(Technical Working Group on Biological Evidence Preservation, 2013)。

对于那些对法医植物学有兴趣的人来说,涉及法医植物学的印刷资源很少。我们呼吁法医入门课程应包括法医植物学单元,同时高级法医植物学课程也应有所涉。目前出版的法医学教科书中没有关于法医植物学的章节,这在一定程度上也影响了法医植物学的发展(例如Houck and Siegel, 2010; James and Nordby, 2014; Saperstein, 2015)。目前已知一部再版的环境取证教科书有一个关于植物的章节涉及树木生态学,这仅对确定树木的年龄有用(Murphy and Morrison, 2015);还有一本声称专注于法医生物学的教科书(Gunn, 2009)确实描述了植物的一些法医用途及一些案例,包括我们的一些工作,但这个主题需要在未来的版本中扩展。两本以《法医植物学》为题的再版书籍(Coyle, 2005; Hall and Byrd, 2012)尽管阐述的重点与我们的有很大不同,但其中确实提供了一些关于田间收集植物材料的有用技巧(Hall and Byrd, 2012),并且也提供了植物生物学的基本介绍。此外,Coyle在2005年对法医孢粉学进行了详细的讨论。

5.1 建立法医植物科学组织的必要性

法医植物学认证认可工作需要由专业的法医植物科学家团队执行,并建立法医植物学的培训标准和责任体系,但目前在美国还没有这样的全国性组织。美国植物学会(BSA; botany. org)内部成立了法医植物学小组,该小组已经意识到法医植物学对解决犯罪的重要贡献(参见 http://botany.org/PlantTalkingPoints/Crime.php)。如果您加入了专业的科学组织(例如 BSA、美国生态学会或其他国家的类似组织),请呼吁该组织参与或建立法医植物科学分支机构。全国性组织的建立有助于使法医界更加了解植物证据的作用。也许在不久的将来,建立法医植物科学组织这一愿望能够实现,但在那之前,法医植物学仍将是一项临时性的法医活动。

参考文献

Ajmal Ali, M., Gyulai, G., Hidvégi, N., Kerti, B., Al Hemaid, F. M. A., Pandey, A. K., Lee, J., 2014. The changing epitome of species identification—DNA barcoding. Saudi Journal of Biological Sciences 21, 204–231.

Balko, R., February 13, 2015a. How the Flawed 'Science' of Bite Mark Analysis has Sent Innocent People to Jail. The Washington Post. http://www.washingtonpost.com/news/the-watch/wp/2015/02/13/how-the-flawedscience-of-bite-mark-analysis-has-sent-innocent-people-to-jail/.

Balko, R., February 18, 2015b. Attack of the Bite Mark Matchers. The Washington Post. http://www.washingtonpost.com/news/the-watch/wp/2015/02/18/attack-of-the-bite-mark-matchers-2/.

Balko, R., February 17, 2015c. It Literally Started with a Witch Hunt: A History of Bite Mark Evidence. The Washington Post. http://www.washingtonpost.com/news/the-watch/wp/2015/02/17/it-literally-started-with-a-witchhunt-a-history-of-bite-mark-evidence/.

Balko, R., February 20, 2015d. The Path Forward on Bite Mark Matching — and the Rearview Mirror. The Washington Post. http://www.washingtonpost.com/news/the-watch/wp/2015/02/20/the-path-forward-on-bite-markmatching-and-the-rearview-mirror/.

Balko, R., April 8, 2015e. A Bite Mark Matching Advocacy Group Just Conducted a Study That Discredits Bite Mark Evidence. The Washington Post. http://www.washingtonpost.com/news/the-watch/wp/2015/04/08/a-bitemark-matching-advocacy-group-just-conducted-a-study-that-discredits-bite-mark-evidence/.

Bowers, C. M., 2013. Forensic Testimony: Science, Law and Expert Evidence. Academic Press.

Brodsky, S. L., 1999. The Expert Expert Witness. American Psychological Association.

Brodsky, S. L., 2004. Land Plants and DNA Barcodes: Short-Term and Long-Term Goals. Coping with Cross-Examination and Other Pathways to Effective Testimony. American Psychological Association.

Bruni, I., De Mattia, F., Galimberti, A., Galasso, G., Banfi, E., Casiraghi, M., Labra, M., 2010. Identification of poisonous plants by DNA barcoding approach. International Journal of Legal Medicine 124, 595–603.

Carter, D. O., Metcalf, J.L., Alexander Bibat, A., Rob Knight, R., 2015. Seasonal variation of postmortem microbial communities. Forensic Science, Medicine, and Pathology 11, 202–207.

Chase, M. W., Salamin, N., Wilkinson, M., Dunwell, J. M., Kesanakurthi, R. P., Haidar, N., Savolainen, V., 2005. Land plants and DNA barcodes: short-term and long-term goals. Philosophical Transactions of the Royal Society of London Series B, Biological Sciences 360, 1889–1895.

Cohen, K. S., 2007. Expert Witnessing and Scientific Testimony: Surviving in the Courtroom. CRC Press.

Coyle, H. M., 2005. Forensic Botany: Principles and Applications to Criminal Casework. CRC Press.

Ferri, G., Corradini, B., Ferrari, F., Santunione, A. L., Palazzoli, F., Alu', M., 2015. Forensic botany II, DNA barcode for land plants: which markers after the international agreement? Forensic Science International: Genetics 15, 131–136.

Grant, M. C., Mitton, J.B., Linhart, Y.B., 1992. Even larger organisms. Nature 360, 216.

Guiry, M. D., 2012. How many species of algae are there? Journal of Phycology 48, 1057–1063.

Gunn, A., 2009. Essential Forensic Biology, second ed. Wiley.

Hall, D. W., Byrd, J. H., 2012. Forensic Botany: A Practical Guide. Wiley-Blackwell.

Houck, H. M., Siegel, J. A., 2010. Fundamentals of Forensic Science, second ed. Academic Press.

Hsu, S. S., April 18, 2015. FBI Admits Flaws in Hair Analysis over Decades. The Washington Post. http://www.washingtonpost.com/local/crime/fbi-overstated-forensic-hair-matches-in-nearly-all-criminal-trials-for-decades/2015/04/18/39c8d8c6-e515-11e4-b510-962fcfabc310 _ story.html.

Hsu, S. S., May 29, 2015. FBI Notifies Crime Labs of Errors Used in DNA Match Calculations since 1999. Washington Post. http://www.washingtonpost.com/local/crime/fbi-notifies-crime-labs-of-errors-used-in-dna-matchcalculations-since-1999/2015/05/29/f04234fc-0591-11e5-8bda-c7b4e9a8f7ac_story.html.

James, S. H., Nordby, J. J., 2014. Forensic Science: An Introduction to Scientific and Investigative Techniques, fourth ed. CRC Press.

MacHovec, F. J., 2012. The Expert Witness Survival Manual. iUniverse self publishing. www.iuniverse.com.

Matson, J. V., 1994. Effective Expert Witnessing. CRC Press.

Metcalf, J., Wegener-Parfrey, L., Gonzalez, A., Lauber, C. L., Knights, D., Ackermann, G., et al., 2013. A microbial clock provides an accurate estimate of the postmortem interval in a mouse model system. eLife 2, e01104.

Murphy, B. L., Morrison, R. D., 2015. Introduction to Environmental Forensics, third ed. Academic Press. NAS, 2009. Strengthening Forensic Science in the United States: A Path Forward. National Research Council of the National Academies, National Academies Press, Washington, DC.

附录 I

解剖分析所需的材料

1. 配备具有 4×、10×、25×或 30×、40×物镜的三目(两个目镜和一个光电管)复合显微镜〔图 I.1(A)〕。就观测植物细胞形态而言,最有用的是 10×、25×物镜;除非需要观测花粉形态,否则油浸物镜也可以暂不配备。

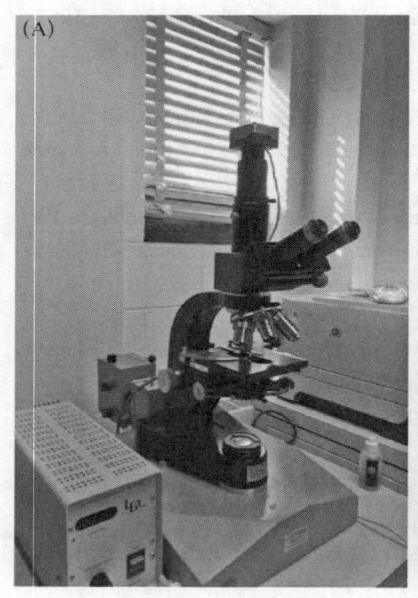

图 I.1 (A) 配备光电管和可以连接到的计算机数码相机的双目型复合显微镜;(B) 40×的目镜。

2. 推荐配备可以连接到电脑并具备数码拍照功能的显微镜,以方便对观察结果进行拍照记录。
3. 带光电管的双目解剖显微镜,用于观察种子或其他个体较大、不透明的物体。
4. 玻璃材质的显微镜载玻片(30×100 mm)。选择贴有标签或普通的磨砂端类型〔图 I.2(A)〕。普通类型的玻片比较便宜,可以使用记号笔进行标记。相

附录 I 解剖分析所需的材料 175

比之下,推荐使用磨砂型载玻片,可以直接在玻片磨砂端记录信息,而且成本较彩色标签型玻片更低。最好用锋利的铅笔直接在玻片磨砂端记录信息,因为石墨不会溶解在使用的任何溶剂中,而有些记号笔的墨水是可溶于乙醇和/或清洁剂的。最后,用透明胶带覆盖在铅笔标注的标签上,可以有效防止标签被涂污或意外擦除。

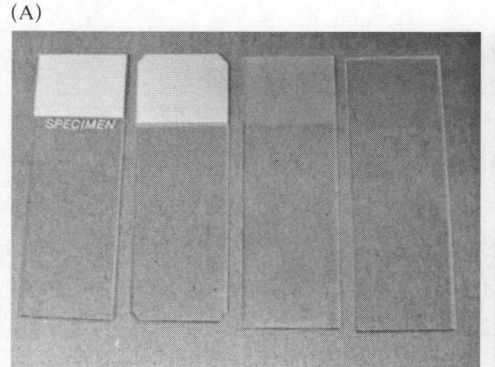

图 I.2 各种玻璃显微镜载玻片类型(A)左侧的三种载玻片可以用铅笔做标记。右边的普通载玻片最便宜,但需要一个石英头的记号笔在幻灯片上蚀刻标签。末端有彩色标记的载玻片更昂贵,有多种颜色可用于跟踪来源。末端为磨砂的载玻片(左三)是一个很好的折中方案;(B)盖玻片有很多种大小和厚度。主要使用 1 号厚度的 22 mm×22 mm 和 22 mm×30 mm 两种尺寸。22 mm 或 24 mm×60 mm 可以覆盖大多数标准的显微镜载玻片。

5. 可购买各种尺寸和厚度的玻璃盖玻片(盖玻片)(1 号是最薄的)。推荐使用 1 号厚度的盖玻片,因为它的使用效果最好。最常用的尺寸是 22 mm× 22 mm 和 22 mm×30 mm[图 I.2(B)]。虽然载玻片是按数量出售,但盖玻片通常按重量出售。

6. 用于温和研磨已知植物样品的小型研钵和杵。

7. 用于清洁显微镜镜头的镜头纸和镜头清洁剂。

8. 带卡扣盖(1 mL、2 mL 和 3 mL)的 Eppendorf 管或带紧螺帽的玻璃瓶,用于储存样品。

9. 同时需要准备以下工具:

   a. 一次性移液管

   b. 解剖针(首选直针)

   c. 小镊子

d. 单刃刀片

 e. 细剪刀

10. Kimwipe 或其他吸水纸（切勿在显微镜镜头上使用）

11. 解剖分析需要的化学品（见附录Ⅳ）

 a. 乙醇（95% 和 100%）

 b. 福尔马林（100%）

 c. 清洁剂

 d. 封片剂（例如 Permount®）

 e. 植物细胞壁污渍

附录 II

用于复合光学显微镜镜检胃肠道标本或新鲜/冷冻/煮熟的食品样品的载玻片制备技术

1. 胃肠道样本的制备程序

检查前应对人体胃肠内容物样本进行消毒。

无论在接收样品之前进行何种处理，都要定期向所有液体样品中添加足够的 100% 福尔马林，使福尔马林的最终浓度达到 5%~10%。通常在分析这些样品之前，还要用 10% 福尔马林对样本进一步稀释。

冷冻样品需要在 10% 福尔马林中解冻。干燥样品在 10% 福尔马林中水合。这样确保了所有潜在的传染源都已经被固定中和。

2. 镜检片的制备程序

分析前，浓缩样品可能需要用 10% 福尔马林稀释。尺寸较大的颗粒物（可见的团块、种子等）应移除并保存以供单独检查。移除较大颗粒物后，应彻底混合剩余样品并稀释以进行显微镜分析。为验证样本是否充分混合，可以用平行样本的方式进行验证。

将一滴或多滴胃内容物、肠内容物、呕吐物或粪便物质的水溶液或 10% 福尔马林（或其他固定剂）悬浮液直接涂在预先标记的、放在水平表面上的玻璃载玻片上。在检查和测试之前，应将干燥材料水合，尽可能地分散成更小的碎片，也可以使用干净的解剖针分离样本。

根据液滴的大小选择一个尺寸适宜的盖玻片，将盖玻片首先接触载玻片上溶液一端(图Ⅱ.1)，然后轻缓地降低盖玻片，以便将液体推向载玻片的另一端，注意动作要轻缓，以免产生任何气泡。

(A)

含水滴的样本

(B)

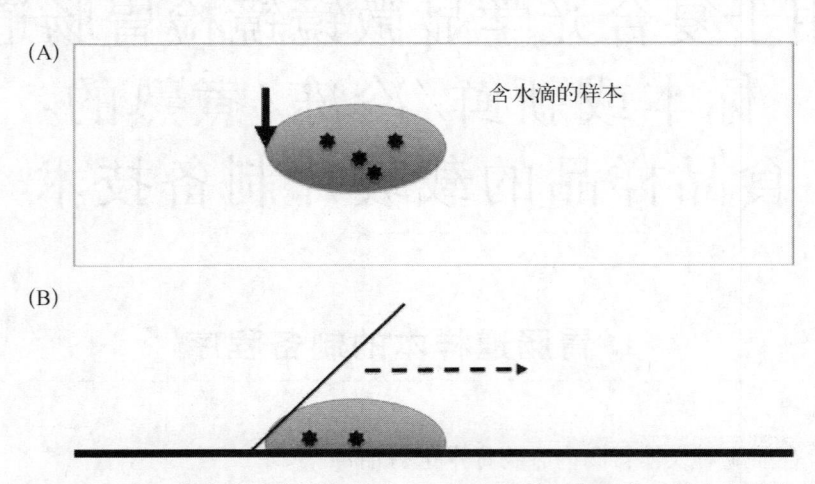

图Ⅱ.1 （A）在玻璃显微镜载玻片上观察含有样本的水滴。箭头指示在何处放置盖玻片边缘；（B）侧视图，将盖玻片以一定角度放置于载玻片一端，并用解剖针沿虚线箭头方向缓慢下移。

解剖针是一种很好的装置，可以插入盖玻片的下方辅助盖玻片缓慢放下。盖玻片放下后，将针头从盖玻片下方慢慢抽出即可。可能需要用针或镊子轻轻地推动盖玻片并将材料弄平。盖玻片上多余的水应该用吸管或纸巾移除。

制作完成后需要立即观察，因为液滴可能会很快干涸，这样就无法找到的所有物品，并记下每件物品的相对丰度。这在检测粪便样本时尤其重要。

3. 制备永久玻片的程序

该程序可以将胃肠道样本中提取的植物样本制作成永久性玻片，用于长期储存和/或供其他人以后检查。由于乙醇和一些溶剂具有挥发性，在制作玻片时需要在通风柜中进行。此外，尽管某些液体介质价格低廉，但其并不适合作为制作永久玻片的固定剂来使用。表Ⅱ概述了该程序。

附录Ⅱ 用于复合光学显微镜镜检胃肠道标本或新鲜/冷冻/煮熟的食品样品的载玻片制备技术

表Ⅱ 永久性材料制备程序概述

步　　骤	时　长	备　注
1. 取一滴或几滴胃肠物悬浮液样本加入10%福尔马林中,然后直接将其滴在预先标记好的、放在平坦表面的载玻片上（如有需要,请染色）		
2. 干燥,使悬浮液中的待检物固定在玻璃上	适时	通过干燥可以将植物黏附在玻片表面
3. 用70%乙醇冲洗脱水	5 min	用于清除残余水分
4. 用95%乙醇冲洗脱水	3~5 min	继续脱水
5. 用无水乙醇冲洗脱水	3~5 min 或直至完全脱水	继续脱水
6. 用 Histo-Clear® 置换无水乙醇	3~5 min	清除样本中残留的乙醇成分
7. 添加封片剂（例如 Permount®、Fisher Scientific）和盖玻片		
8. 让载玻片在平放至少24小时后硬化,然后再用显微镜观察。此时可以通过使用蘸有清洁剂的纸巾将多余的封装介质从载玻片或盖玻片上清除下来		

注：由于我们通常将植物材料保存在70%乙醇中,我们只需在载玻片上完全干燥样品,然后直接进入无水乙醇步骤。虽然这会导致动物细胞大量收缩,但这不会影响植物细胞壁,尽管细胞质会收缩。

3.1　准备永久玻片

（1）将一滴或多滴胃、肠、呕吐物或粪便物质的水或10%福尔马林（或其他固定剂）悬浮液直接涂在预先标记的载玻片上。

（2）让载玻片上的液滴完全干燥（这可能需要几个小时,可以在40~50℃的温度下使用加热托盘来加速干燥）。干燥后植物样本会附着在玻璃表面。

（3）尽管载玻片表面很干燥,但仍可能有残余水分滞留在植物细胞内并影响成片质量。为了制作一个清晰、持久的玻片,可以使用高浓度（70%、95%、100%）的乙醇依次对样本进行脱水处理。或者将载玻片在加热板上彻底干燥几个小时,这样就不需要更高百分比的乙醇。

（4）要从载玻片上置换溶液,请握住贴有标签的一端并倾斜载玻片,使溶液从另一端流出,进入适当的废物容器（遵循当地处理化学废物的指南）。用移液管或滴管小心地将需要置换的下一种溶液注入载玻片,小心不要影响到玻片上的材料。

（5）乙醇必须用其他清洁剂彻底置换，如 Histo-Clear®，因为乙醇无法与永久性封片剂混合。在 Histo Clear®蒸发之前，添加永久性封片剂（我们建议使用 Permount®，如果使用得当，可以使用多年）。封片剂可以与清洗剂混合，但不能与乙醇或水混合。添加刚好足够的封片剂，以填充将要使用的盖玻片尺寸以下的区域为宜。封片剂过多将需要更长的干燥时间，封片剂也可能会渗出，并将载玻片黏合到玻片盒中。

注：使用水溶性封片剂可忽略干燥过程，但根据实践经验，使用水溶性封片剂的载玻片不像使用 Permount®的载玻片那样可以长期储存。

（6）新制备的永久性载玻片应放在平坦的表面上硬化 24~48 小时或更长时间。载玻片硬化之前，应使用浸泡在清洗剂中的纸巾小心地去除可能黏附在载玻片背面或盖玻片表面的多余封片剂。移动新制作的载玻片时应小心，因为在封片剂硬化之前，盖玻片很容易移动或滑脱。硬化后，盖玻片的任何移动都可能损坏盖玻片和植物材料。在将载玻片放入玻片盒储存之前，应至少让封片剂硬化一周。如果封片剂仍然柔软，它可能会流入玻片盒并硬化，从而在玻片盒和玻片之间形成永久性黏合。

4. 观察前对植物材料进行染色

可以不使用染料直接观察植物材料或胃肠内容物，但如果在观察前对植物细胞进行染色以增加对比度，那么可以获得更好的显微照片。建议使用番红 O（红色）对植物细胞壁进行染色，因为番红 O 尤其适合染色纤维素。

用番红对粪便样本进行染色也有助于确定存在的碎片中哪些是植物碎片。番红也会弄脏皮肤，所以在使用这种染料时最好戴上手套。另一种染料甲苯胺蓝，其可以染色与细胞壁相关的一些附加成分（例如木质素）。

番红 O 在乙醇中制备，用水稀释，以便直接用于载玻片上已经浸在水中或 70%乙醇中的材料。染色之前，必须确定染料的正确稀释度（见附录Ⅳ），以防止过度染色（图Ⅱ.2）。实验前，必须事先确定染色的程度，然后根据染色强度稀释染料，因为着色是一个非常短暂的过程，最好先在已知材料上进行染色预实验，以确定染料的稀释度。如果制作永久性载玻片，将染料添加到载玻片上的样品中，然后按照表Ⅱ.1 的步骤进行操作。

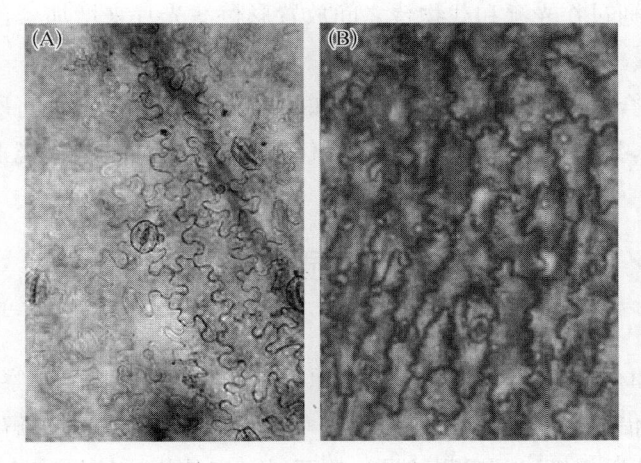

图 II.2 未染色的莴苣叶表皮（A）与被番红过度染色的叶子（B）比较。显微照片由原作者提供。

5. 对新制备的切片进行染色及将新鲜玻片制作成永久切片

对新制备的切片进行染色及将新鲜玻片制作成永久切片，需先取下盖玻片，并遵循染色和/或制作程序制作永久切片。把黏附在盖玻片上的材料小心取下后放置在载玻片上，同时让材料尽可能地均匀分散，最后，用尺寸适宜的盖玻片重新覆盖样本区域。

6. 用复合显微镜检查载玻片

检查临时玻片或永久玻片通常只需要使用 4×、10× 和 25× 物镜即可。由于与大多数动物细胞相比，植物细胞的尺寸要大得多，所以很少需要 40× 物镜。新制备的玻片在观测前要擦干表面。永久玻片只能使用 10× 或 25× 物镜观测，注意不要将物镜接触到玻片。如果封片剂黏附在载物台或物镜上，应立即用少量清洗剂清洗并干燥。但是请注意，清洁剂可能会渗透到物镜的透镜中并损坏它们。

通常，还可以通过在光源和载物台之间放置彩色滤光片来增加染色或未染色材料的对比度。

此外，复合显微镜如果配备光电管和数码相机，就可以方便将所有图像存储在计算机上。数码相机和软件也可以在任何配备光电管的显微镜上使用。

7. 用双目解剖显微镜检查材料

不透明和/或较大的物品由于尺寸原因无法用复合显微镜观察，但又难以用肉眼观察，可借助解剖显微镜进行观察。最好使用带有光电管的解剖显微镜，这样就可以用数码相机记录观测结果。拍照时可以使用比例尺以验证尺寸（另见附录Ⅲ）。同样，一台具有微距拍照功能的数码相机也可以用于此目的。

附录Ⅲ

使用显微镜精确测量

用复合三目显微镜(或带数码相机的双目复合显微镜)观察细胞或其他物体时有几种方法可以获得观测物体的尺寸。通常,所有测量均以毫米(mm)或微米(μm)为单位。最准确的方法是购买一个带有嵌入式刻度的显微镜载玻片,称为"镜台测微计",使用它为每个显微镜校准目镜测微计(十字线)即可。镜台测微计与任何载玻片一样可以直接放置在显微镜台上使用。

将一个目镜千分尺或十字线放置在其中一个目镜内,如果在购买显微镜时没有包括这些物品,通常可以从显微镜制造商或科学用品公司获得。校准程序可以在网上找到(参见下面的示例)。但是,如果希望在最终的数字或拷贝图片上显示尺寸信息,建议按照以下步骤进行测量。

使用每个显微镜物镜拍摄镜台测微计,并将其与物体的照片直接比较(图Ⅲ.1)。根据制造参数及显微镜上光电管的长度,不同的数码相机可以增加不同的放大倍数。需要注意的是,相机的放大率通常低于目镜物镜的放大率。因此,当摄影师以250倍(25倍显微镜物镜乘以10倍目镜)的总放大率观看对象时,拍摄的显微照片可能只有100倍(例如25倍4倍)的总放大率。由于显微照片的打印通常需要额外增加放大倍数,因此这种方法对于提供与最终复制相关的合理准确测量尤其有用。只需使用给定的显微镜物镜(例如25×)打印载物台测微计的数字图像,以及打印使用相同显微镜物镜拍摄的物体即可(图Ⅲ.2)。

解剖(立体)显微镜也可以使用摄影技术进行校准。只需使用各种可用的放大倍率拍摄一把毫米级的尺子,然后将比例尺叠加在图像上(图Ⅲ.3)。编辑软件,甚至是幻灯片制作软件都可以用来将比例尺直接叠加在显微照片上。

注:如果使用上述显微镜,应在测量前进行校准,因为每台显微镜物镜的放大率、相机使用的光电管长度等都可能存在差异。

184　　　　　　　　　　法医植物学

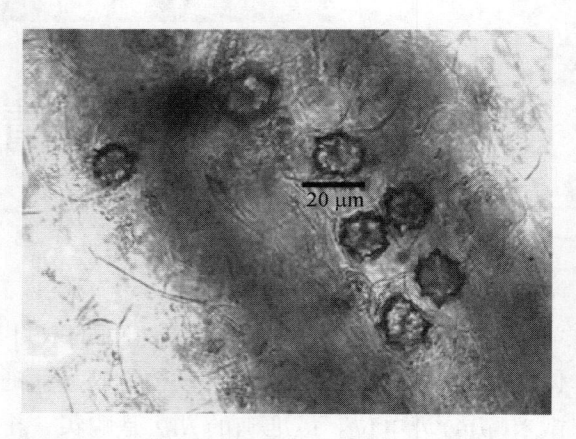

图Ⅲ.2　40×拍摄的秋葵德鲁塞晶体。显微照片由原作者提供。

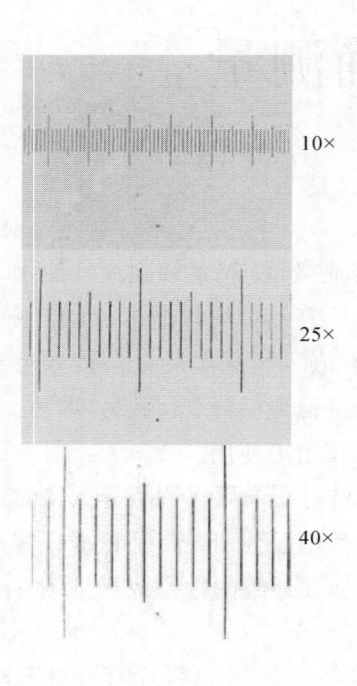

图Ⅲ.1　用三种复合显微镜物镜（10×、25×和40×）观察的镜台测微计。每个单元为 10 μm。一个大格的间距为 0.1 mm（100 μm）。

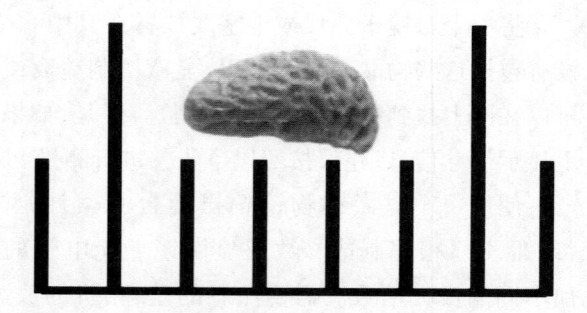

图Ⅲ.3　分别拍摄树莓种子和毫米级比例尺，并在相同放大倍数下叠加。种子的长度约为 2.5 毫米。作者使用 10×物镜的立体显微镜拍摄。

附录 IV

制备植物细胞显微镜检查用的溶液组成

1. 复方碘溶液（鲁氏碘液）

复方碘溶液是碘和碘化钾（KI）的水溶液混合物，可用于植物细胞中的淀粉染色（见第四章，图 4.17）。可以事先制备储备溶液，并根据需要稀释。

复方碘溶液（1.5%）。先溶解碘化钾，然后加入碘晶体，这样有助于碘晶体溶解。

碘晶体 0.3 g
碘化钾（KI）1.5 g
蒸馏水 100.0 mL

2. 番红 O 溶液

储备溶液

番红 O 2.5 g
95% 乙醇 100.0 mL

镜检前，用 90 mL 蒸馏水稀释 10 mL 储备溶液。注意，根据待染色的材料，可能需要进一步稀释。

3. 甲苯胺蓝溶液

可购买 1% 甲苯胺蓝（toluidine blue）溶液的商业制剂。

4. 乙醇溶液

乙醇是用于保存组织和处理样品及制作永久性载玻片的首选。有100%或95%两种浓度可以选择。如购买了95%乙醇,那么需要使用化学物质去除95%乙醇中的水分,使其达到100%。同时,必须将100%乙醇保存在密封的容器中,因为水蒸气会稀释无水乙醇(100%乙醇)。

此外,因为95%乙醇比100%乙醇便宜得多,可以选择稀释95%乙醇以得到较低百分比的溶液。一个简单的方法是将95%乙醇的毫升数与想要制备的最终百分比进行配比,然后稀释到需要的浓度。例如,通过添加25 mL 水将70 mL 95%的乙醇稀释至95 mL 70%的乙醇溶液。同样,700 mL 95%的乙醇稀释到950 mL 可以产生几乎1 L 70%的乙醇。

5. 清 洁 剂

制作永久性载玻片时,在添加封片剂之前,可以用清洗剂置换组织中的乙醇和任何残留水分(见附录Ⅱ)。在制作永久性载玻片之前,它们还需要准备组织块,嵌入蜡中,以便用切片机进行常规切片。最好的清洁剂是二甲苯,但由于其高毒性,现已被许多其他商业产品所取代,这些产品毒性更低(有些声称没有毒性),并且比二甲苯更不易燃,经常使用的如 Histo Clear®。

6. 福尔马林溶液

福尔马林是甲醛气体在水中的溶液。100%的福尔马林即浓度为37%的甲醛水溶液。100%福尔马林的商业制剂可以用水稀释以制备10%福尔马林工作溶液。或者,可以从许多化学品供应公司购买10%中性缓冲福尔马林(NBF)的商业制剂。NBF是单纯的福尔马林溶液中添加了额外的化学物质以降低溶液的酸度。也可以用100%福尔马林自行制作NBF:

10%中性缓冲福尔马林

磷酸一氢钠 4.0 g

磷酸二氢钠 6.5 g

37%的甲醛水溶液(100%福尔马林) 100 mL

蒸馏水 900 mL

附录 V

粪便和呕吐物检验方法

1. 粪 便

可通过使用埃德尔曼试剂检测疑似粪便样本中的尿胆素原来验证样本中是否存在粪便成分。可购买尿胆素原稀释溶液作为对照。

2. 呕 吐 物

胃液的快速筛查测试可用于识别疑似呕吐的污渍。已知的呕吐物样本直径只有 0.5 毫米,使用该程序检测样本呈阳性。将一小部分可疑污渍连同一个干燥的呕吐物对照物一起移到一个黑色斑点板上的孔洞中,用移液管将几滴全脂牛奶滴入每个孔中。将斑点板放置在 38℃的温度下约 30 分钟,然后用双目立体显微镜目视检查斑点板孔洞,其中如果出现凝固或凝块表明样品中存在胃酶(见图 6.8)。

经 Schneck, W. M., 2004.许可转载。

Spokane 谋杀案摘自:Houch, M. M. (Ed.) Trace Evidence Analysis:More Cases in Mute Witnesses, Academic Press,pp. 165–190.

附录 Ⅵ

用显微镜检查浸渍木材样品

以下流程由 William(Ned)Friedman 博士研发。

第一天

用无菌刀片将每种树种的木材切成薄片,将木材薄片段转移到标记的 2 mL Eppendorf 试管中。向每个试管中加入 1 mL 过氧化氢∶去离子水∶冰醋酸 (1∶4∶5) 的溶液,然后将样品置于 60℃ 的烘箱中 48~60 h。最初放入烘箱时,打开试管盖,用铝箔轻轻封住管口,避免试管内气体积聚导致液体喷出。1 h 后,取下金属箔,盖紧试管盖。在此过程中,木材薄片内的中胶层被溶解,细胞被溶解物黏合在一起。

第三天

用去离子水(1.5 mL)置换试管中的溶液,注意不要把管底的细胞冲洗掉,静置 1 h,再次更换去离子水(1.5 mL)。该程序可清洗细胞中残留的乙酸或过氧化氢。

第四天

第三次用去离子水(0.75 mL)置换溶液。

1 h 后,向现有溶液中添加 0.75 mL 100%乙醇,放置 1 h。

用 1.5 mL 100%乙醇替换上述溶液,放置 1 h。

用 1.5 mL 1%番红 O 乙醇溶液(100%乙醇)置换上述溶液。然后将试管放置在 60℃ 的烘箱中恒温 20 h,使用与第一天相同的处理方案。

第五天

用 1.5 mL 100%乙醇冲洗两次,每次 5 min,再用 1.5 mL 乙醇∶HemoDe® 溶

液（1∶1）置换 2 min。随后，用 1.5 mL Hemo-De®溶液进行清洗，第一次清洗 2 min，第二次清洗 5 min。Hemo De®是一种与 Histo Clear®类似的清除剂（见附录Ⅳ）。

将样品超声处理约 5 s，以永久分离组织。由于有些样品可能需要更多的超声波处理，因此应仔细检查每个样品。然而，应避免过度超声，因为这可能会导致细胞被破坏。

样品可以使用 Permount®封装在载玻片上，以便以后使用复合显微镜进行检查（程序见附录Ⅱ）。

细胞可以根据类型进行鉴定，或根据表征测量为特定物种。

附录Ⅶ

植物名录

通用名	系统分类名	科
茴芹	*Pimpinella anisum* L.	伞形科
苹果	*Malus* Mill.	蔷薇科
杏	*Prunus armeniaca* L.	蔷薇科
洋蓟	*Cynara scolymus* L.	菊科
菊芋	*Helianthus tuberosus* L.	菊科
芝麻菜	*Eruca vesicaria* (L.) Cav.	十字花科
芦笋	*Asparagus officinalis* L.	百合科
鳄梨	*Persea americanum* Mill.	樟科
香蕉	*Musa acuminata* Colla	芭蕉科
黑豆	*Phaseolus vulgaris* L.	豆科
鹰嘴豆	*Cicer arietinum* L.	豆科
绿豆	*Phaseolus vulgaris* L.	豆科
芸豆	*Phaseolus vulgaris* L.	豆科
利马豆	*Phaseolus lunatus* L.	豆科
羽扇豆	*Vicia sativa* L.	豆科
黑白斑豆	*Phaseolus vulgaris* L.	豆科
甜菜	*Beta vulgaris* L.	藜科
黑莓	*Rubus* L.	蔷薇科
蓝莓	*Vaccinium* L.	杜鹃花科
西兰花	*Brassica oleracea* L. var. *Italica*	十字花科
卷心菜,紫包菜和绿包菜	*Brassica oleracea* L. var. *capitata*	十字花科
哈密瓜	*Cucumis melo* L.	葫芦科
藏茴香	*Carum carvi* L.	伞形科
胡萝卜	*Daucus* L. (spp.)	伞形科
花椰菜	*Brassica oleracea* L. var. *botrytis*	十字花科
芹菜	*Apium graveolens* L.	伞形科
樱桃	*Prunus cerasus* L.	蔷薇科

续表

通用名	系统分类名	科
四季葱	*Allium schoenoprasum* L.	百合科
云莓	*Rubus chamaemorus* L.	蔷薇科
香菜	*Coriandrum sativum* L.	伞形科
玉米	*Zea mays* L.	禾本科
蔓越莓	*Vaccinium macrocarpon* Aiton	杜鹃花科
黄瓜	*Cucumis sativus* L.	葫芦科
刺角瓜	*Cucumis metuliferus* E. Mey. ex Naud.	葫芦科
孜然	*Cuminum cyminum* L.	伞形科
蒲公英	e.g., *Taraxacum officianale* L.	菊科
莳萝	*Anethum graveolens*	伞形科
茄子	*Solanum melongena* L.	茄科
茴香	*Foeniculum vulgare* L.	伞形科
无花果	*Ficus carica* L.	桑科
亚麻	*Linum usitatissimum* L.	亚麻科
蒜	*Allium sativum* L.	百合科
葡萄	*Vitus* L.	葡萄科
葡萄柚	*Citrus paradisi* L.（hybrid origin）	芸香科
蜜露	*Cucumis melo* L.	葫芦科
羽衣甘蓝	*Brassica oleracea* L. var. *acephala*	十字花科
猕猴桃	*Actinidia chinensis* Planch.	猕猴桃科
韭葱	*Allium porrum* L.	百合科
柠檬	*Citrus limon*（L.）Burm（hybrid origin）	芸香科
小扁豆	*Lens culinaris* Medik.	豆科
莴苣	*Lactuca* L.（many varieties）	菊科
芥菜	*Brassica napus* L. var. *napus*（many species）	十字花科
秋葵	*Abelmoschus esculentus*（L.）Moench	锦葵科
橄榄	*Olea europaea* L.	木犀科
葱	*Allium cepa* L.	百合科
洋葱	*Allium cepa* L.	百合科
牛至	*Origanum vulgare* L.	唇形科
木瓜	*Carica papaya* L.	番木瓜科
欧芹	*Petroselinum crispum*（Mill.）Fuss	伞形科
桃	*Prunus persica*（L.）Batsch	蔷薇科
砂梨	*Pyrus communis* L.	蔷薇科
香水梨	*Pyrus ussuriensis* Maxim.	蔷薇科

附录Ⅶ 植物名录

续表

通用名	系统分类名	科
豌豆	*Pisum sativum* L.	豆科
荷兰豆	*Pisum sativum* L.	豆科
辣椒	*Capsicum annuum* L.	茄科
甜椒	*Capsicum annuum* L.	茄科
菠萝	*Ananas comosus*（L.）Merr.	凤梨科
李子	*Prunus domestica* L.	蔷薇科
石榴	*Punica granatum* L.	石榴科
罂粟	*Papaver* L.	罂粟科
马铃薯	*Solanum tuberosum* L.	茄科
番薯	*Ipomoea batatas*（L.）Lam.	旋花科
覆盆子	*Rubus coronarius*（Sims）Sweet	蔷薇科
迷迭香	*Rosmarinus officinalis* L.	唇形科
牛至	*Origanum vulgare* L.	唇形科
芝麻	*Sesamum orientale* L.	胡麻科
菠菜	*Spinacia oleracea* L.	藜科
西葫芦	*Cucurbita pepo* L.	葫芦科
南瓜	*Cucurbita moschata* Duchesne	葫芦科
杨桃	*Averrhoa carambola* L.	酢浆草科
草莓	*Fragaria chiloensis*（L.）Mill.	蔷薇科
狭叶青蒿	*Artemisia dracunculus* L.	菊科
西红柿	*Solanum lycopersicum* L.	茄科
芜菁	*Brassica rapa* L.	十字花科
菱角	*Trapa natans* L.	菱科

主 题 词 表

A

AAFS 见 American Academy of Forensic Sciences
非生物环境　Abiotic environment
乌头碱　Aconitine
腺嘌呤　Adenine
扩增片段长度多态性　Amplified fragment length polymorphism markers（AFLP）
载玻片制备酒精　Alcohol for slide preparation
藻类　Algae
　保存方法　preservation methods
硅藻学　Algology
生物碱　Alkaloids
　乌头碱　aconitine
　阿托品　atropine
　卡茄碱　chaconine
　莨菪碱　hyoscyamine
　东莨菪碱　scopolamine
　茄碱　solanine
　辣茄碱　solanocapsine
　甾族　steroidal
　士的宁　strychnine
　莨类　tropane
毒伞肽　Amatoxins
美国法医科学院　American Academy of Forensic Sciences（AAFS）
苦杏仁苷　Amygdalin
锚定效应　Anchoring effects
被子植物　Angiosperm
　定义　definition

死前浸泡　Antemortem immersion
抗凝剂　Anticoagulants
水生生态系统　Aquatic ecosystems
　法医样本　forensic examples
　淡水　freshwater
　海水的　marine
阿托品　Atropine
珊瑚木苷　Aucubin
专家　Authority

B

绿豆荚　Bean, green pod
人名　Beaumont, William
底栖带　Benthic zone
双名法　Binomial nomenclature
生物群落　Biomes
食团　Bolus
淡盐水　Brackish water
溴鼠灵　Brodifacoum
苔藓学　Bryology
苔藓植物　Bryophytes

C

草酸钙　Calcium oxalate
形成层　Cambium
细胞结构　Cell structure
纤维素　Cellulose
　结构　structure
纤维素消化　Cellulose digestion
CEQ 见 Council on Environmental Policy
卡茄碱　Chaconine

主题词表

叶绿体 DNA　Chloroplast DNA（cpDNA）
遗址老化的隐秘墓穴　Clandestine grave aging of site
　定位　locating
清洁剂　Clearing agents
气候数据源　Climate, data sources
植物碎片关联的衣服　Clothing, plant fragments associated with
责任法典　Code of responsibility
可待因　Codeine
植物命名规则　Codes of botanical nomenclature
秋水仙碱　Colchicine
收集袋　Collecting bags
生态学证据收集　Collection, ecological evidence
厚角组织　Collenchyma
　顶层群落　Community climax
　定义　definition
针叶树　Conifer, definition
确认偏差　Confirmation bias
从众效应　Conformity effects
香豆素　Coumarin
环境质量委员会　Council on Environmental Quality（CEQ）
盖玻片　Coverslips, attachment to side
cpDNA 见 Chloroplast DNA
犯罪现场、关系、衣服　Crime site, connection, clothing
簇状晶体　Crystals, druse
棱柱状晶体　Crystals, prismatic
针晶体　Crystals, raphides
犯罪现场调查效应　CSI effect
生氰糖苷　Cyanogenic glycosides
胞嘧啶　Cytosine

D

$C_{26}H_{30}O_9$ 化学名　Daigremontianin
多伯特与法医植物科学　Daubert and forensic plant science
多伯特调查　Daubert inquiry
多伯特三部曲　Daubert trilogy
多伯特诉美林陶氏药业案　Daubert versus Merril Dow Pharmaceuticals, Inc.
Deoxyribonucleic acid 见 DNA
真皮组织　Dermal system
硅藻学家　Diatomologist
硅藻学　Diatomology
硅藻　Diatoms
　真实案例　actual cases
　骨髓　in bone marrow
　流程　processing of
二分检索法　Dichotomous key
双子叶植物　Dicots
双羟香豆素　Dicoumarol
消化系统　Digestive system
数码摄影机　Digital camera
地高辛　Digoxin = digitalis
双倍体　Diploid
解剖工具　Dissecting kit
脱氧核糖核酸　DNA
　叶绿体 DNA　chloroplast（cpDNA）
　核外　extranuclear
　用作法医工具　as forensic tool
　线粒体 DNA　mitochondrial（mtDNA）
　非基因组　nongenomic
DNA 指纹技术　DNA fingerprinting
粗壮晶体　Druse crystals
尽职调查　Due diligence
十二指肠　Duodenum

E

世界地球日　Earth Day
景观生态　Ecological landscapes
生态学　Ecology
　定义　definition
　法医样本　forensic examples
　综述　overview
生态系统　Ecosystem

定义　definition
淡水　freshwater
海洋的　marine
陆生生物　terrestrial
土壤因子　Edaphic factor
扫描电镜　Electron microscope scanning（SEM）
被子植物胚胎　Embryo of angiosperms
濒危物种法　Endangered Species Act（ESA）
胚乳　Endosperm
环境保护署　Environmental Protection Agency（EPA）
EPA 见 Environmental Protection Agency
表皮细胞　Epidermal cells
ESA 见 Endangered Species Act
真双子叶植物　Eudicots
花粉粒外壁　Exine of pollen grain
专家意见　Expert opinion

F

动物　Fauna
粪便　Feces
　实案分析　analysis of actual cases
　收集方法　collection method
　法医处理　forensic processing
　识别　identification of
蕨类　Ferns
受精　Fertilization
纤维　Fibers
无花果蛋白酶　Ficin
　细胞核的　nuclear
　植物种属识别　plant species identification
　DNA 扩增　DNA amplification
　DNA 条形码　DNA barcoding
　解剖学　anatomy
　细胞类型　cell types
　定义　definition
　发育　development
　物种数量　number of species

花　Flowers
　定义　definition
法医植物学　Forensic botany
　法庭　in the courtroom
　定义　definition
　阻碍参与　deterrents to participate
　专业组织　professional organization
　统计学作用　role of statistics
　培训　training
　在二十一世纪　in the 21st century
Forensic plant science 见 Forensic botany
法医科学　Forensic science
　现状　current state
　定义　definition
　客观性　objectivity
　难题　problems
福尔马林　Formalin
　定义　definition
水果　Fruits
　定义　definition, 2-3
硅藻细胞　Frustule
弗莱伊标准　Frye Standard
人名　Funderberg, Jacklyn
真菌　Fungi
呋喃香豆素　Furocoumarins
野外工作笔记本　Field notebook
野外采集　Field pack
植物志　Flora
开花植物　Flowering plants

G

配子　Gametes
配子体　Gametophyte
　女性　female
　男性　male
胃排空　Gastric evacuation
胃肠道内容物　Gastrointestinal（GI）contents
胃肠通道　Gastrointestinal（GI）tract
藻类基因组　Genomes, algal

苔藓基因组　Genomes, bryophytes
食源性植物基因组　Genomes, food plants
植物种基因组　Genomes, plant species
树木基因组　Genomes, trees
野生植物基因组　Genomes, wild plants
属　Genus
GI 见 Gastrointestinal content; Gastrointestinal tract
全球定位系统　Global positioning system
糖苷　Glucosides
配糖体　Glycosides
　贲门　cardiac
　生氰的　cyanogenic
　苦杏仁苷　amygdalin
　亚麻仁苷　linamarin
　定义　definition
　地辛高　digoxin
　倒千里光裂碱　retronecine
草　Grass
　百慕大草的阿尔蒙德变种　Bermuda, almond variety
人名　Grew Nehemiah
Ground system 见 Tissue system
鸟嘌呤　Guanine
保护细胞　Guard cells
裸子植物　Gymnosperms
　定义　definition

H

单倍体　Haploid
植物标本馆　Herbarium
植物标本　Herbarium specimens
海洛因　Heroin
希波克拉底誓言　Hippocratic Oath
组胺类　Histamines
胡克　Hooke, Robert
氰化氢　Hydrogen cyanide
莨菪碱　Hyoscyamine

I

IAI 见 International Association for Identification
植物种属鉴定　Identification of plant species
全心　Immersion
　临死前的　antemortem
　尸检　postmortem
内含物　Inclusions
遗传特征　Inheritance
　叶绿体的　of chloroplasts
　线粒体的　of mitochondria
无罪计划　Innocence Project
国际鉴定协会　International Association for Identification（IAI）
国际命名规则　International Code of Nomenclature

J

管辖权　Jurisdiction considerations

K

邱园　Kew Gardens Herbarium
人名　Koehler Arthur
锦湖轮胎诉卡尔迈克尔案　Kumho Tire Ltd versus Carmichael

L

材料标号　Labeling materials
结肠　Large intestine
落叶痕迹　Leaf litter clues
凝集素　Lectins
地衣学　Lichenology
木质素　Lignin
女贞素　Ligustrin
亚麻苦苷　Linamarin
林德伯格绑架案　Lindbergh kidnapping
人名　Linnaeus, Carolus（= Carl Linné）
脂肪酶　Lipase
海岸带　Littoral zone

苔类　Liverworts
碘溶液　Lugol's solution
石松　Lycophytes

M

木材浸渍工艺　Maceration of wood procedure
人名　Malpighi, Marcello
大孢子　Megasporogenesis
减数分裂　Meiosis
墨尔本命名规则　Melbourne Code of Nomenclature
墨斯卡灵（三甲氧苯乙胺）　Mescaline
甲基肼　Methylhydrazine
微距尺　Micrometer scales
显微切片准备　Microscope slide preparation
　永久涂片　permanent mounts
　湿涂片　wet mounts
显微切片 Microscope slides
　making measurements with, 179－181
Microsporogenesis, 155－156
　染色　staining
显微镜　Microscope
　校准　calibration of
　光电复合　compound binocular with phototube
小孢子叶　Microsporophyll
胞间层　Middle lamella
人名　Mirabel, Natalie
密苏里植物园　Missouri Botanical Garden
线粒体 DNA　Mitochondrial DNA（mtDNA）
单子叶植物　Monocots
吗啡　Morphine
苔藓　Mosses
mtDNA 见 Mitochondrial DNA
蝇蕈碱　Muscimol
蘑菇　Mushrooms
真菌学　Mycology

N

南丁宁碱　Nandenine

美国国家科学院报告　NAS Report
　建议　recommendations
　回应　response to
National Academy of Science（NAS）Report 见 NAS Report
国家法医科学院　National Commission of Forensic Science（NCFS）
　建议　recommendations
国家环境保护法　National Environmental Policy Act（NEPA）
NBF 见 Neutral buffered formalin
NCFS 见 National Commission of Forensic Science
NEPA 见 National Environmental Policy Act
Nerioside
中性福尔马林缓冲液　Neutral buffered formalin（NBF）
中和样本治病源　Neutralizing infectious agents in samples
核苷酸　Nucleotide
零假设　Null hypothesis

O

观察者效应　Observer effects
欧夹竹桃苷　Oleandroside
麻醉剂　Opium
奥来毒素　Oreleanine
子房　Ovary
胚珠　Ovule

P

孢粉学家　Palynologist
孢粉学　Palynology
　实案　actual cases
　定义　definition
　法医学　forensic
　孢粉形态　Palynomorph
胰淀粉酶　Pancreatic amylase
薄壁组织　Parenchyma

PCR 见 Polymerase chain reaction
远洋带　Pelagic zone
蛋白肽　Peptidases
植物药理学历史悠久　Pharmacology of plants, historical
韧皮部　Phloem
商陆毒素　Phytolaccatoxin
植物岩　Phytoliths
雌蕊　Pistil
植物解剖学　Plant anatomy
　所需材料　materials needed for
　小结　summary
植物基础要素　Plant basics
植物胞状结构　Plant cell structure
植物群落　Plant communities
植物生态学家　Plant ecologist
　定位　locating one
　训练　training
植物生态学　Plant ecology
　实案　actual cases
　小结　summary
植物地理学　Plant geography
植物形态学定义　Plant morphology, definition
植物气候学定义　Plant phenology, definition
植物压制　Plant press
植物种类　Plant species
　识别　identification
　辅助识别　identification aidsv
　认定　verification
植物分类学　Plant taxonomy
　实案　actual cases
　收集方法　collection methods
　野外工作　field work
　小结　summary
植物界　Plants
　化学重金属分析　chemical analyses, heavy metals
　常见食物　common food

胃部样本识别　identification from stomach samples
消化道样本收集参考方法　reference collection for gut samples
陆生系统演化　terrestrial, evolution of
胚芽　Plumule
PMI 见 Postmortem interval
毒芹　Poison hemlock
投毒信件　Poisoned pen letters
中毒　Poisonings
　历史悠久的　historical
有毒植物　Poisonous plants
有毒物质　Poisons
　生物碱　alkaloids
　苷类　glycosides
花粉　Pollen
　特征　characteristics
　收集　collection of
　多伯特规则　Daubert criteria
　法医学应用　forensic uses
　识别　identification
　定位遗骸　location in skull
　万人坑　mass graves
　未使用的原因　reasons for not using
　季节性　seasonal patterns
　土壤中　in soil
花粉粒定义　Pollen grains, definition
花粉压片　Pollen prints
花粉雨　Pollen rain
授粉　Pollination
聚乙炔　Polyacetylene
聚合酶链式反应　Polymerase chain reaction (PCR)
群落定义　Population, definition
细致的尸检　Postmortem immersion
死后时间间隔　Postmortem interval (PMI)
胃内植物　from plants in stomach
植物演替　Plant succession
死后浸泡时间间隔　Postmortem submersion

interval (PMSI)
碘化钾反应　Potassium iodide, stain for starch grains
初生细胞壁　Primary cell wall
棱柱状晶体　Prismatic crystals
科学概率　Probability (p) in science
生态财产纠纷　Property disputes, role of forensic ecology
蛋白酶　Proteases
原生质体　Protoplast
氢氰酸　Prussic acid
感光剂　Psoralens
蕨类植物学　Pteridology
Ptyalin 见 salivary amylase
幽门括约肌　Pyloric sphincter

R

胚根　Radicle
针晶体　Raphide crystals
致幻剂　Recreational drugs
地区植物志　Regional floras
科学重复性　Repeatability in science
倒千里光裂碱　Retronecine
蓖麻毒素　Ricin
规则第702条　Rule 702

S

番红O染色　Safranin O stain
唾液淀粉酶　Salivary amylase
皂素　Saponins
闪烁扫描法　Scintigraphy
厚壁组织　Sclerenchyma
　　纤维　fibers
　　石细胞　sclereids
东莨菪碱　Scopolamine
次生细胞壁　Secondary cell wall
种皮　Seed coat
　　豆类　bean
种子植物器官　Seed plant organs

种子植物　Seed plants
　　定义　definition
种子　Seeds
　　罂粟属植物　poppy
SEM 见 Electron microscope scanning
性侵　Sexual assault
短串联重复序列　Short tandem repeats (STRs)
茵芋碱　Skimmianin
小肠　Small intestine
茄碱　Solanine
辣茄碱　Solanocapsine
植物解剖用品来源　Sources for plant anatomy supplies
种　Species
种名形容词　Specific epithet
孢子　Spores
孢粉素　Sporopollenin
人名　St. Martin, Alexis
淀粉粒　Starch grains
淀粉固定方法　Starch, staining method
柱头　Stigma
气孔　Stoma
胃　Stomach
胃内容物　Stomach contents
　　实案　actual cases
　　收集方法　collection method
　　法医学处理　forensic processing
气孔　Stomate
STR 见 Short tandem repeats
士的宁　Strychnine
花柱　Style
生态学演替　Succession, ecological
向日葵,时间的测定　Sunflowers, determination of time passed
紫丁香苷　Syringin

T

陆地生态系统　Terrestrial ecosystems
　　法医学样本　forensic examples

四氢大麻酚　Tetrahydrocannabinol（THC）
THC 见 Tetrahydrocannabinol
二甲基吗啡　Thebaine
可可碱　Theobromine
胸腺嘧啶　Thymine
Tissue system 1 见 Dermal tissue
组织系统2　Tissue system 2
Tissue system 3 见 Vascular tissue
甲苯胺蓝固定　Toluidine blue stainv
液泡膜　Tonoplast
燃烧的躯体　Torso, burning
Toxalbumins 见 Lectins
管胞　Tracheids
树木指南　Tree guides
毛状体　Trichome
三萜皂苷　Triterpenoid saponins
四氢异喹啉生物碱　Tropane alkaloids

U

尿酸　Uric acid

V

液泡　Vacuole
维管植物演化　Vascular plants, evolution of
维管组织　Vascular tissue

韧皮部　phloem
管胞　tracheids
北美植物带　Vegetation zone, North America
交通工具关联的植物　Vehicles, plants associated with
导管　Vessels
呕吐物　Vomitus
　收集方法　collection method
　法医学处理　forensic processing
　识别　identification of

W

人名　Wallace, Michelle
湿地　Wetlands
紫藤苷　Wisterin
木材　Wood
　针叶树与被子植物　conifer versus angiosperm
　横截面　cross section
　法医学匹配　forensic matching
　碎片识别　fragment identification
　食道内　in esophagus
　浸泡流程　maceration procedure

X

木质部　Xylem

方言名表

A

藻类　Algae
　　蓝绿色　blue-green
　　褐色　brown
　　绿色　green
　　莱茵衣藻　green (*Chlamydomonas reinhardtii*)
　　绿藻门水棉属　green (*Spirogyra*)
　　红色的　red
扁桃　Almond (*Prunus dulcis*)
美洲商陆　American pokeweed (*Phytolacca*)
曼陀罗　Angel's trumpet (*Brugmansia* ssp.)
苹果　Apple (*Malus × domesticus*)
杏　Apricot (*Prunus armeniaca*)
紫花南芥　Arugula
白杨　Aspen
澳松　Australian pine
美国红枫　Autumn blaze maple
牛油果　Avocado (*Persea americanum*)

B

竹子　Bamboo, moso (*Phyllostachys heterocycla*)
小果野芭蕉　Banana (*Musa acuminata*)
大麦　Barley (*Hordeum vulgare*)
豆子　Bean
　　黑色的　black
　　蓖麻　castor (*Ricinus annus*)
　　蓖麻　castor (*Ricinus communis*)
　　菜豆　common (*Phaseolus vulgaris*)
　　肾脏　kidney
甜菜　Beet, sugar (*Beta vulgaris*)
桦树　Birch
欧白英　Bittersweet (*Solanum dulcamara*)
藜芦　Black false helleborine (*Veratrum nigrum*)
龙葵　Black nightshade (*Solanum nigrum*)
蓝花茄　Blue potato bush (*Lycianthes rantonnetii*)
蓝莓　Blueberry (*Vaccinium* spp.)
金雀花　Butcher's broom (*Ruscus aculeatus*)

C

卷心菜　Cabbage
加拿大红樱　Canada red flowering cherry
印度大麻　Cannabis (marijuana) (*Cannabis sativa*)
胡萝卜　Carrot (*Daucus* spp.)
木薯　Cassava (*Manihot esculenta*)
樱桃　Cherry (*Prunus avium*)
月桂樱　Cherry laurel (*Prunus laurocerasus*)
鹰嘴豆　Chickpea (garbanzo bean) (*Cicer arietinum*)
中国紫藤　Chinese wisteria (*Wisteria sinensis*)
韭黄　Chives (*Allium schoenoprasum*)
可可　Chocolate (*Theobroma cacao*)
圣诞玫瑰　Christmas rose (*Helleborus niger*)
云莓　Cloudberry (*Rubus chamaemorus*)
苜蓿　Clover, barrel (barrel medic) (*Medicago truncatula*)
拓殖物种　Colonizing species
耧斗菜　Columbine (*Aquilegia formosa*)
紫草科　Comfrey (*Symphytum* spp.)
欧洲榛子　Common hazel (*Corylus avellana*)

汗常青藤　Common ivy（*Hedera helix*）
香菜　　Coriander（cilantro）（*Coriandrum sativum*）
玉米　　Corn（*Zea mays*）
棉花　　Cotton（*Gossypium raimondii*）
蔓越莓　Cranberry（*Vaccinium macrocarpon*）
七叶水芹　Cress, lyre-leaved rock（*Arabidopsis lyrata*）
拟南芥　Cress, mouse-eared（thale cress）（*Arabidopsis thaliana*）
条叶蓝芥　Cress, salt（*Thellungiella parvula*）
番红花属　Crocus spp.（*Colchicum* spp.）
黄瓜　　Cucumber（*Cucumis sativus*）
刺角瓜　Cucumber, African horned（kiwano）（*Cucumis metuliferus*）
孜然　　Cumin（*Cuminum cyminum*）

D

蒲公英　Dandelion（*Taraxacum officinale*）
海枣　　Date（*Phoenix dactylifera*）
颠茄　　Deadly nightshade（*Atropa belladonna*）
莳萝　　Dill（*Anethum graveolens*）
哑藤　　Dumb cane（*Dieffenbachia seguine*）
矮接骨木　Dwarf elder（*Sambucus ebulus*）

E

茄子　　Eggplant（*Solanum melongena*）
接骨木　Elder（*Sambucus nigra*）
普通女贞　European privet（*Ligustrum vulgare*）

F

阿尔泰藜芦　False helleborine（*Veratrum lobelianum*）
小茴香　Fennel（*Foeniculum vulgare*）
无花果　Fig（*Ficus carica*）
冷杉　　Fir
亚麻　　Flax（*Linum usitatissimum*）
毛地黄　Foxglove（*Digitalis* spp.）

G

大蒜　　Garlic（*Allium sativum*）
天竺葵　Geranium
大叶女贞　Glossy privet（*Ligustrum lucidum*）
葡萄　　Grape（*Vitus*）
酿酒葡萄　Grape（*Vitis vinifera*）
葡萄柚　Grapefruit（*Citrus paradisi*）

H

榛子　　Hazel
天仙子　Henbane（*Hyoscyanus niger*）
冬青　　Holly（*Ilex aquifolium*）
香瓜　　Honeydew（*Cucumis melo*）
绣球花　Hydrangea（*Hydrangea macrophylla*）

I

常青藤　Irish ivy（*Hedera hibernica*）

J

日本女贞　Japanese privet（*Ligustrum japonicum*）
相思豆　Jequirity（*Abrus precatorius*）
冬珊瑚　Jerusalem cherry（*Solanum psuedocapsicum*）
曼陀罗　Jimson weed（*Datura* spp.）

K

甘蓝　　Kale（*Brassica oleracea* var. *acephala*）
猕猴桃　Kiwi（*Actinidia chinensis*）

L

韭葱　　Leek（*Allium porrum*）
柠檬　　Lemon（*Citrus limon*）
小扁豆　Lentil（*Lens culinaris*）
莴苣　　Lettuce（*Lactuca*）
百合　　Lily
铃兰　　Lily of the valley（*Convallaria majalis*）

椴树　Linden
苔纲　Liverworts
火炬松　Loblolly pine (*Pinus taeda*)
曼陀罗　Loco weed (*Datura* spp.)
青霉菌　Lords-and-ladies (*Arum italicum*)
斑叶疆南星　Lords-and-ladies (*Arum maculatum*)
石松　Lycophyte (*Selaginella moellendorffii*)

M

木兰　Magnolia
Maize 见 Corn
大麻属　Marijuana (*Cannabis* spp.)
大麻　Marijuana (*Cannabis sativa*)
印度大麻　Marijuana (*Cannabis indica*)
野大麻　Marijuana (*Cannabis ruderale*)
番红花　Meadow saffron (*Colchicum autumnale*)
香瓜　Melon (*Cucumis melo*)
龟背竹　Mexican breadfruit (*Monstera deliciosa*)
大叶落地生根　Mexican hat plant (*Kalanchoë daigremontiana*)
谷子　Millet, foxtail (*Setaria italica*)
乌头属　Monkshood (*Aconitum* spp.)
舟状乌头　Monkshood (*Aconitum napellus*)
蒙特默伦西樱桃　Montmerency cherry
牵牛花　Morning glory
小立碗藓　Moss (*Physcomitrella patens*)
芜菁甘蓝　Mustard (*Brassica napus* var. *napus*)
野芜菁　Mustard, field (*Brassica rapa*)

N

印度苦楝树　Neem (*Azadirachta indica*)
北方红栎　Northern red oak

O

栎树 橡树　Oak

法斗青冈　Oak (*Quercus geminata*)
秋葵　Okra (*Abelmoschus esculentus*)
夹竹桃　Oleander (*Nerium oleander*)
油橄榄　Olive (*Olea europaea*)
洋葱　Onion
玉葱　Onion (*Allium cepa*)
罂粟　Opium poppy (*Papaver somniferum*)
柑橘　Orange, sweet (*Citrus clementina*)
牛至　Oregano
牛至　Oregano (*Origanum vulgare*)

P

棕榈树　Palm
圆锥乌头　Panicled monkshood (*Aconitum degenii paniculatum*)
木瓜　Papaya (*Carica papaya*)
欧芹　Parsley (*Petroselinum crispum*)
木豆　Pea, pigeon (*Cajanus cajan*)
弯穗苞叶芋　Peace lily (*Spathiphyllum wallisii*)
碧桃　Peach (*Prunus persica*)
白梨　Pear (*Pyrus bretschneideri*)
牡丹 芍药　Peony
辣椒　Pepper, chili
奥佩特掌　Peyote
喜林芋　Philodendron (*Philodendron* sp.)
针栎　Pin oak
松树　Pine
凤梨 菠萝　Pineapple
车前草　Plantain
欧洲李　Plum (*Prunus domestica*)
毒芹　Poison hemlock (*Conium maculatum*)
石榴　Pomegranate (*Punica granatum*)
毛果杨　Poplar (*Populus trichocarpa*)
罂粟属植物　Poppy
土豆　Potato (*Solanum tuberosum*)
报春花　Primrose
紫梣　Purple ash
比利牛斯乌头　Pyrenean monkshood

(*Aconitum anthora*)

R

豚草　Ragweed
油菜籽　Rapeseed（*Brassica napa*）
红果接骨木　Red-berried elder（*Sambucus racemosa*）
红枫 红槭　Red maple（*Acer rubrum*）
红橡木　Red oak
杜鹃　Rhododendron
水稻　Rice（*Oryza sativa*）
巨桉　Rose gum tree（*Eucalyptus grandis*）
迷迭香　Rosemary
皇家桦树　Royal forest birch

S

南天竹　Sacred bamboo（*Nandina domestica*）
鹤掌藤　Schefflera（*Schefflera arboricola*）
荠菜　Shepherd's purse（*Capsella rubella*）
舒氏红栎　Shumard oak
未名　Sildalcia
茵芋　Skimmia（*Skimmia reevesiana*）
虎尾兰　Snake plant（*Sansevieria trifasciata*）
蛇根草　Snakeroot（*Rauvolfia serpentina*）
高粱　Sorghum（*Sorghum bicolor*）
酸樱桃　Sour cherry（*Prunus cerasus*）
大豆　Soybean（*Glycine max*）
菠菜　Spinach
花叶青木　Spotted laurel（*Aucuba japonica*）
南瓜　Squashes（*Cucurbita pepo*）
吕宋果　St. Ignatius' bean（*Strychnos ignatii*）
星芒茉莉　Star jasmine（*Trachelospermum jasminoides*）
野草莓　Strawberry, woodland（*Fragaria vesca*）
草木樨　Sweet clover

T

红掌　Tail flower（*Anthurium andraeanum*）
番茄　Tomato（*Solanum lycopersicum*）
树蕨　Tree fern（*Cyathea*）

W

水葫芦　Water hyacinth（*Eichhornia crassipes*）
凤眼兰　Water hyacinth（*Pontederia crassipes*）
西瓜　Watermelon（*Citrullus lanatus*）
垂叶榕　Weeping fig（*Ficus benjamina*）
小麦　Wheat（*Triticum* spp.）
图小麦　Wheat, einkorn（*Triticum urartu*）
垂柳　Whispering willow
水曲柳　White ash
白蛇根草　White snakeroot（*Eupatorium rugosum*）
白桦　Whitespire birch
狼毒　Wolf's bane（*Aconitum lycoctonum*）

Y

日本樱花　Yoshino flowering cherry

Z

类似于奶油泡芙的食物　Zinger

科 学 名 表

A

秋葵　*Abelmoschus esculentus*
相思豆　*Abrus precatorius*
红枫　*Acer rubrum*
乌头属　*Aconitum* spp.
比利牛斯乌头　*Aconitum anthora*
圆锥乌头　*Aconitum degenii paniculatum*
狼毒　*Aconitum lycoctonum*
舟状乌头　*Aconitum napellus*
猕猴桃　*Actinidia chinensis*
玉葱　*Allium cepa*
韭葱　*Allium porrum*
大蒜　*Allium sativum*
韭黄　*Allium schoenoprasum*
鹅膏菌属　*Amanita* spp.
无油樟　*Amborella trichopoda*
莳萝　*Anethum graveolens*
红掌　*Anthurium andraeanum*
耧斗菜　*Aquilegia formosa*
七叶水芹　*Arabidopsis lyrata*
拟南芥　*Arabidopsis thaliana*
青霉菌　*Arum italicum*
斑叶疆南星　*Arum maculatum*
颠茄　*Atropa belladonna*
花叶青木　*Aucuba japonica*
燕麦属　*Avena*
印度苦楝树　*Azadirachta indica*

B

甜菜　*Beta vulgaris*
油菜籽　*Brassica napa*
芜菁甘蓝　*Brassica napus var. napus*
甘蓝　*Brassica oleracea var. acephala*
西蓝花　*Brassica oleracea var. botrytis*
卷心菜　*Brassica oleracea var. capitata*
青花菜　*Brassica oleracea var. Italica*
甘蓝　*Brassica oleracea*
芜菁　*Brassica rapa*
曼陀罗属　*Brugmansia* spp.

C

木豆　*Cajanus cajan*
大麻属　*Cannabis* spp.
印度大麻　*Cannabis indica*
大麻的另一物种　*Cannabis ruderale*
大麻　*Cannabis sativa*
荠菜　*Capsella rubella*
木瓜　*Carica papaya*
鹅耳枥属　*Carpinus*
莱茵衣藻　*Chlamydomonas reinhardtii*
鹰嘴豆　*Cicer arietinum*
西瓜　*Citrullus lanatus*
柑橘　*Citrus clementina*
柠檬　*Citrus limon*
葡萄柚　*Citrus paradisi*
番红花属　*Colchicum* spp.
番红花　*Colchicum autumnale*
毒芹　*Conium maculatum*
铃兰　*Convallaria majalis*
香菜　*Coriandrum sativum*
丝膜菌属　*Cortinarius* spp.

科　学　名　表　　　　　　　　　　　　　　　**207**

榛属　*Corylus*
欧洲榛子　*Corylus avellana*
香瓜　*Cucumis melo*
刺角瓜　*Cucumis metuliferus*
黄瓜　*Cucumis sativus*
南瓜　*Cucurbita pepo*
孜然　*Cuminum cyminum*
桫椤属　*Cyathea*

D

曼陀罗属　*Datura* spp.
哑藤　*Dieffenbachia seguine*
毛地黄属　*Digitalis* spp.

E

水葫芦　*Eichhornia crassipes*
巨桉　*Eucalyptus grandis*
白蛇根草　*Eupatorium rugosum*

F

山毛榉　*Fagus*
垂叶榕　*Ficus benjamina*
无花果　*Ficus carica*
小茴香　*Foeniculum vulgare*
野草莓　*Fragaria vesca*

G

大豆　*Glycine max*
棉花　*Gossypium raimondii*
鹿花菌属　*Gyromitra* spp.

H

汗常青藤　*Hedera helix*
常青藤　*Hedera hibernica*
圣诞玫瑰　*Helleborus niger*
大麦　*Hordeum vulgare*
绣球花　*Hydrangea macrophylla*
天仙子　*Hyoscyanus niger*

I

冬青　*Ilex aquifolium*

J

胡桃　*Juglans*

K

大叶落地生根　*Kalanchoë daigremontiana*
山龙眼科　*Knightia excelsa*

L

莴苣　*Lactuca*
小扁豆　*Lens culinaris*
日本女贞　*Ligustrum japonicum*
大叶女贞　*Ligustrum lucidum*
普通女贞　*Ligustrum vulgare*
亚麻　*Linum usitatissimum*
百脉根　*Lotus japonicus*
蓝花茄　*Lycianthes rantonnetii*

M

苹果　*Malus*
海棠家蝇　*Malus x domesticus*
木薯　*Manihot esculenta*
苜蓿　*Medicago truncatula*
龟背竹　*Monstera deliciosa*
小果野芭蕉　*Musa acuminata*

N

南天竹　*Nandina domestica*
夹竹桃　*Nerium oleander*

O

油橄榄　*Olea europaea*
牛至　*Origanum vulgare*
水稻　*Oryza sativa*

P

罂粟　*Papaver somniferum*

牛油果　Persea americanum
欧芹　Petroselinum crispum
菜豆　Phaseolus vulgaris
喜林芋属　Philodendron sp.
海枣　Phoenix dactylifera
竹子　Phyllostachys heterocycla
小立碗藓　Physcomitrella patens
美国商陆　Phytolacca americana
云杉　Picea
红松　Pinus
火炬松　Pinus taeda
罗汉松　Podocarpus
凤眼兰　Pontederia crassipes
毛果杨　Populus trichocarpa
李　Prunus
杏　Prunus armeniaca
樱桃　Prunus avium
酸樱桃　Prunus cerasus
欧洲李　Prunus domestica
扁桃　Prunus dulcis
月桂樱　Prunus laurocerasus
碧桃　Prunus persica
蕨菜　Pteridium aquilinum
石榴　Punica granatum
白梨　Pyrus bretschneideri

Q

法斗青冈　Quercus geminata

R

蛇根草　Rauvolfia serpentina
蓖麻　Ricinus annus
蓖麻　Ricinus communis
云莓　Rubus chamaemorus
金雀花　Ruscus aculeatus

S

矮接骨木　Sambucus ebulus
接骨木　Sambucus nigra

红果接骨木　Sambucus racemosa
虎尾兰　Sansevieria trifasciata
鹅掌藤　Schefflera arboricola
卷柏　Selaginella moellendorffii
谷子　Setaria italica
茵芋　Skimmia reevesiana
苦茄　Solanum dulcamara
番茄　Solanum lycopersicum
茄子　Solanum melongena
龙葵　Solanum nigrum
珊瑚樱　Solanum psuedocapsicum
马铃薯　Solanum tuberosum
高粱　Sorghum bicolor
弯穗苞叶芋　Spathiphyllum wallisii
绿藻门　Spirogyra
吕宋果　Strychnos ignatii
马钱子　Strychnos nux-vomica
聚合草属　Symphytum spp.

T

药用蒲公英　Taraxacum officianale
条叶盐芥　Thellungiella parvula
可可　Theobroma cacao
络石　Trachelospermum jasminoides
小麦属　Triticum spp.
图小麦　Triticum urartu

V

越桔属　Vaccinium spp.
蔓越莓　Vaccinium macrocarpon
阿尔泰藜芦　Veratrum lobelianum
藜芦　Veratrum nigrum
葡萄　Vitis vinifera
葡萄　Vitus

W

紫藤　Wisteria sinensis

Z

玉米　Zea mays